总法律顾问手记

智胜职场

李熠 著

General Counsel's Notes

知识产权出版社
全国百佳图书出版单位
—北京—

图书在版编目（CIP）数据

总法律顾问手记．智胜职场 / 李熠著．— 北京：知识产权出版社，2022.1
ISBN 978-7-5130-7637-1

Ⅰ.①总… Ⅱ.①李… Ⅲ.①法律—基本知识—中国 Ⅳ.①D920.4

中国版本图书馆 CIP 数据核字（2021）第 150367 号

内容提要

本书是《总法律顾问手记》系列之三，包括职业规划、法务管理、律师之道、海外留学四个板块共37篇文章，着力解决法律职业发展的困惑与瓶颈，全力聚集职场思维的精华要点，助力读者在职业发展的不同阶段少走弯路，胜在职场。同时，作者精选法律职业发展中的11个典型问题，通过层层剖析，手把手教会读者化解职场难题与危机，智胜职场。

责任编辑：武　晋　　**责任校对**：潘凤越
封面设计：北京乾达文化艺术有限公司　　**责任印制**：刘译文

总法律顾问手记
智胜职场
李熠　著

出版发行：知识产权出版社 有限责任公司　　**网　　址**：http：//www.ipph.cn
社　　址：北京市海淀区气象路 50 号　　**邮　　编**：100081
责编电话：010−82000860 转 8772　　**责编邮箱**：windy436@126.com
发行电话：010−82000860 转 8101/8102　　**发行传真**：010−82000893/82005070/82000270
印　　刷：三河市国英印务有限公司　　**经　　销**：各大网上书店、新华书店及相关专业书店
开　　本：720mm × 1000mm　1/16　　**印　　张**：19.75
版　　次：2022 年 1 月第 1 版　　**印　　次**：2022 年 1 月第 1 次印刷
字　　数：280 千字　　**定　　价**：72.00 元

ISBN 978−7−5130−7637−1

去摘遥不可及的星

（一）

2019年8月11日，我结束了留学生涯，带着对纽约的恋恋不舍和一枚纽约大学法学院颁发的范德堡奖章，从肯尼迪国际机场返程回国。

这是我人生中第二次往返美国，两次往返心境却截然不同。第一次因私旅行往返波士顿经停纽约，参观向往了二十年的梦校——哈佛大学法学院，想到内心尚存的梦想，我有无法言说的感慨；但成就一件事讲究天时地利人和，那时留学时机尚未成熟，我唯有耐心等待。但就在第一次往返美国不久，这个时机竟随着我的第一本著作《总法律顾问手记——律政职场胜经》的出版而到来；没有丝毫犹豫，我走上了申请留学之路。

第二次往返美国则是因为我在纽约大学法学院留学和毕业。在飞离曼哈顿的凌晨两点半，想到在纽约的每一天，我仿佛在梦境之地穿行，忍不住回头眺望渐行渐远的不夜城曼岛，滋生出此去经年竟不知何日再相见的伤感。

留学前我的第二本著作《总法律顾问手记——百战归来再读书》刚刚出版上市一周，安顿完我就匆忙赶赴纽约了。

求学期间，因为已出版的《总法律顾问手记》系列丛书在法律界的影响力，我因缘际会受邀哈佛大学法学院亚洲法学会，于2019年4月中旬再次造访波士顿；这一次，我步入哈佛大学法学院的课堂，用英文给J.D.和LL.M.同学做了一个小时关于总法律顾问作用的分享。虽然很遗憾没能成为梦校一员，但登上哈佛大学法学院的讲坛做正式分享，这亦是对我的鼓励。

我特别想把我的海外收获、感触和体会，无论是留学方面的，还是了解美国法务圈的新鲜理念后的一些思考，趁热打铁写成文章，迫不及待地分享给读者朋友。于是，在回国一年后我创作完成了这部即将和读者见面的《总法律顾问手记——智胜职场》，并再次受到知识产权出版社资助出版。

（二）

在写书这件事情上，我自从2015年动笔以来经历了三层意义上的升华。第一层是以实用主义为目的的写作，贯穿在我前两本《总法律顾问手记》系列著作中。

相比较公司法务的标准成长路径——律所工作若干年再转去法务部落脚，我从四川大学法学院毕业后直接去了吉利集团法务部工作，走的不是寻常路；法务在十五年前是稀缺职位，我既幸运但又没什么前人经验可参考，靠自己的悟性和善于思考总结的特点不断前行。

等我成了法务管理者、完成吉利并购沃尔沃交易案后，再次因为机缘巧合，我到了沃尔沃汽车中国区任职，后又跳槽去了法国雷诺汽车中国区任总法律顾问；相比大多数总法律顾问从跨国公司空降民企的职业发展路径，我走上一条少有人走的路。

每一次在事业转型的关口，我均有感于有效指引信息的匮乏，为此少不了走弯路；也有感于国内法务水平的参差不齐，以及一些业内共有的集体职业困惑和迷思，我斗胆动笔写了一系列的“总法律顾问手记”专栏，希望能给后来者提供一些职业指引和帮助。因此，文章的实用主义的指引性很强。

再说到海外留学，我的障碍在于我是1995年的大专毕业生，没有学士学位。20世纪末我自考本科，当时的政策是为了将自考生和正规本科生区别开来，并没有给自考生申请学士学位的机会。等到政策放开的时候，我已经以大专同等学历考生的身份考上全日制研究生。在国内，用人单位一般以考察最高学历为主，这对我没什么影响；但要走出国门、进入一个以学位为准的教育体系时，我的学历就给留学申请带来了一连串的问题。

留学申请对教育背景考察最为核心，因为我在这方面走了一条不寻常的路，我必须面对和标准申请者不一样的疑问，在申请的过程中我最大的遗憾依然是有效信息的匮乏。譬如如何解释每一段学历，包括参加自考本科但没有申请学士学位的政策原因，同等学历考研在中国至今是可行的，以及有没有无学士学位但有硕士学位的申请者被接受的先例，关于这类问题的指引和答疑，我当时搜遍全网都没找到可适用于我的情形！

有感于诸多此类遗憾，也想到未来或许有与我教育背景类似的法律人鼓起勇气踏上属于自己的星辰大海的征途，我写了几篇申请相关文章，收录在第二本已出版著作《总法律顾问手记——百战归来再读书》中，希望它们成为后来者的路标。

（三）

写《总法律顾问手记》的第二层意义是榜样的力量，这在第二本书《总法律顾问手记——百战归来再读书》中更为明显。

我是个脑子里想的事情比较宏大的人，敢想也敢干，读书如此，做事业亦是如此。以留学为例，留学美国法学院是我老早就小心翼翼地珍藏的梦想，但我读书时男友曾毫不客气地指出我这是白日做梦，至亲的人尚且如此，更何况旁人！

但白日梦是有力量的！在我人生中的灰暗时刻，譬如考研多次连考不中的时候，我会冥想那些美好而遥远的白日梦实现后的场景，想象中的未来，竟能神奇地跨越时空照亮了当时灰暗的现实，熠熠生辉。

我个人也在梦想的激励下不断地完成自我进化，从大专生成为研究生，成为世界五百强的总法律顾问，再蜕变为一名高龄留学生，直到转型为法务管理专家和法律职业发展教练。但梦想实现的时间轴太长了，在过去的二十年之间，我难免有怀疑它是否真能实现的时刻。既受到它的激励，克服种种困境不断向前，又在追逐星辰大海的征程中间歇性地克服对梦想成真可能性的怀疑，这是我一路走来最真实的心灵写照。

因为有过这样的心路历程，我希望后来者读到文章的时候，从中既能得到工作中直接上手应用的实用经验，又可感知我从小法务专员成为跨国公司中国区总法律顾问的真实的心路历程，体会到榜样的力量！尤其是当他们面临自我怀疑、暂时看不到出路的时刻，能够从我的心路历程中明白，自我怀疑和否定是梦想实现过程中的一部分，而最终这是一条通向希望的路！由此，激励他们坚定内心的愿望，直至梦想成真。

（四）

第三层意义，也是我在写第三本书《总法律顾问手记——智胜职场》中最看重的，我希望在给予读者实用经验、榜样力量的基础上，再给那些同道中人带去一些精神层面的关怀。

我在学业和事业上走得都坎坷。实际上不仅是我，普通人要成事，因为现实和理想之间的差距很大，都会遇到各种严峻的挑战，或者和我一样，完成一件事的时间轴拉得很长，需要勇气去开始，更需要韧性去坚持。在这个过程中我们都需要在精神层面被鼓励、被关怀。

坦白说，在美国上法学院，对我而言情况远没有想象的乐观。求学过程中，我教育底子薄的问题凸显，加上语言、文化、教育理念的差异，一度令我非常沮丧。

记得我在开学两周后第一次英语测试就遭受了打击。109分的托福成绩只是说明我通过了标准化考试，并不等同于我具备足够应付法学院学习与考试的法律英语水平，而法律英语写作能力的高低又会影响你考试输出能力，进而影响成绩。尤其是纽约大学法学院遵循J.D.与LL.M.成绩混合在一起按照成绩曲线来打分的传统，“A”只属于少数出众的佼佼者。毕竟我的教育底子是1995年的大专，英文一路靠自学，包括法律英语，这是一个方面；另一个方面是，我骨子里是要强的人，面对比想象中大得多的学习困境，人都到异国他乡了，逃回去不是我的风格，浑水摸鱼混毕业更是不可能，怎么办就成了一个问题。

最终我从第一个学期四门课没一个“A”到第二个学期两个“A”，离不开几位纽大同学的帮助，在此表示真诚的感谢。其中一位和我同届的税法LL.M.同学Alex，最令我感动。他少年随同父母移民美国，读了J.D.后到纽约大学读税法项目；他见到我的窘境，得知我想克服困难写好美式essay时，一周两次给我讲解法律英文写作的要点。我们经常约在学生公寓附近的咖啡馆讨论和思辨。如果当时你刚好经过，你会隔着玻璃窗远远地看到一位高大的水瓶男和一名上了年纪的摩羯女在飞快地讨论什么议题，有时候甚至是激烈地争论；讨论结束后我再抽出时间根据他所传授的写作原则，纠正英文写作上的缺点。

他很直率地指出我的中式思维所导致的两个比较明显的写美式essay时的缺点：第一，得出结论太快、论证不够充分，教授看不到我的思辨过程；第二，我没有掌握美国法学院求生必备方法论。

听他说完我才恍然大悟！的确，我在写法律英文时不仅有直接从问题给出答案的习惯，而且给结论的速度很快，这会导致教授看不见我的论证和思考过程，会觉得结论很奇怪。另外，美国是判例法国家，有引用先例的规则，但刚开始我不懂美国法学院论文中引用前案所确立的规则时应该对本案和所引用的案例加以区分和对比，我不懂该怎么应用；而教我们法律英语的教授压根儿想不到国际学生的学习难点竟然在这里！因为这是他们从小养成的逻辑习惯。

这段经历让我受益匪浅。第二个学期，因为我渐渐能做到有效输出，具有实操经验的优势就能通过法学院所要求的写作规范体现出来；印象深刻的是，教我反垄断法的老教授在读了我写的反垄断小论文之后写了封邮件给我，大意是：完美，我竟想不到有可反驳你观点之处。读到教授的鼓励邮件时我正在华盛顿利用周末看国会山的樱花，那是我到美国读书后仅有的两次旅行之一；短短几句鼓励却令我瞬间红了眼眶，我知道我终于还上了过去教育底子薄弱欠下的学习债。

留学生群体的悲喜和困境大体是共通的，回国后我把在美国读书所思所想总结在这本书中的“海外留学”章节，希望读者能感受到我作为过来人对后来者的一份善意、一份敬意，和一点关怀。

同时，在我事业发展之路上，得到过多得数不清的来自同事、朋友，甚至是陌生人的宝贵的帮助，我想通过写文章的方式，把曾得到的善意传递下去。萍水相逢非亲非故，见到我事业和学业上的困境，他们本可以忽略，但他们帮了；同理，我的经验既可成独家秘笈也可分享，在于我的选择，我之所以愿意分享是因为我一想到陌生的你，要浪费时间在我曾走过的弯路、犯过的错误上，就感到痛心，应该避免这类试错成本。

因为人类重复前人走过的弯路和错误，是不会产生进化价值的，这是一种资源浪费。人生短暂，而我希望读者能及早懂得正确的学习、做事业的方法，一早走上正确的职业发展之路，获得更大的成就。

（五）

放下国内虚名和事业去纽约求学，身边亲友很小心翼翼地问我：事业中断了，即便你留学回来也不一定能找到比现在更好的工作，非去不可吗？

非去不可！虽说留学不一定对事业发展有什么特别实际的帮助，但于我自己，既然内心坚持的锋芒尚存，就要有勇气从一个山顶走下来，并开始另外一座高山的攀登，这是一段帮助我圆满的自我实现之旅！

首先，纽大求学的一年让我将体能使用到了极限。做作业到凌晨两点过是常事，然后五点刚过又迎着公寓外纽约天边的朝霞做当天课程预习，至今我的手机里还留有各种各样绚烂的纽约朝阳照。

但那个阶段我并不觉得苦，反而回味甘甜。记得法学院公寓的保安有天特意叫住我说了段话，大意是：我在这里工作十多年了，进进出出的法学院学生大多数显得愁眉苦脸，我知道读法律对我们美国人都很难，对外国人更甚；而你，每次进进出出总是面带笑容，见到你的笑容我感觉眼前一亮，宛如清风拂面。这些话中多少都有老外说话不吝赞美的成分，但我当时的注意力确实不在感知艰苦上。一想到自己多年不懈努力，才换来在曼哈顿华盛顿广场纽约大学法学院内的一个座位资格，聆听一流的教授讲授美国法，与来自世界各地的卓越青年同学为伍，吃苦的机会于我，反而是一种荣光。

其次，我格外庆幸在年过四十之后，依然保有单纯和理想主义的一面，并因此在身边同龄人开始盼望退休的年龄，在理想指引下到纽约大学法学院重新做回学生，有机会看到更广阔的世界。纽约大学法学院在美国是Top Law School的一员(俗称T6)，我在不同的课程上遇见过来自哈佛大学和牛津大学本科的同学，美国名校本科毕业的同学就更多了，中国学生绝大多数也来自传统意义上的名校。坐在教室里、成为纽大法学院学生中的一员，这真正地治愈了我因高考失利在学业上遗留的自卑，以后再也没有什么能够动摇我内心的自信和坚定。

最后，有学业上的合作，就不可避免地有考试竞争，在这个过程中我体会到了用生命力扩张知识面带来的喜悦，也看到了自己能力的边界。过去我在事业上运气极佳，好像只要我想我就能做到，这难免让我产生一种自己无所不能的错觉；但在纽约的那一年，哪怕竭尽全力，我依然感知到自己力所不能及的极限，我明白我有所能也有所不能，因此而懂得了敬畏，真正地变得谦逊。

（六）

回国的飞机上，望着机舱外闪烁的群星，我有种一伸手就能触碰到繁星的错觉。但如果把我所追寻的事业和学业梦，比拟成天边的繁星，摘星过程又是如此地漫长！最终我幸运地摘到了属于我的那颗遥不可及的星，至此，人生已无大遗憾。

我没有摘星捷径可分享，我所做的仅仅是把宏大的目标化作日常践行，一点点进化和蜕变，坚持多年，终于有机会通过书籍和读者分享个人职业成长路上的经验感悟。

需要强调的是，第三本新书的书名虽然是《总法律顾问手记——智胜职场》，但我个人推崇和践行守正出奇做事业的理念，智胜是建立在守正的基础上的，正为本。在我看来不走正道的智胜，最多不过小伎俩而已，我分享的是以正道为基础的方法方式上的创新，用它来帮助读者开拓事业思路，最终取得持久的进步。

另外，与前两本专著中很多文章在成书前已经由我的个人公众号“律政职场私董会”发布不同，第三本书中有不少内容来自只对会员开放的“律政职场私董会知识星球”，并增加了经典职业问答栏目“职业发展问Lily”作为附录。愿这些文章，能给带给读者更深刻的心灵冲击。

（七）

回国后，有感于以文字传授经验、激励他人的方式虽细水长流但欠直接，我放弃回归法务圈的机会开始转型创业，开始了对企业的法务管理咨询和对个人的职业咨询事业；换一种身份和存在方式，通过一对一个案咨询和长期导师计划，帮助身边的法律人。

身份的转变也带来很多变化，包括我自己内在对新身份的认同和外在资源对它的认同。但写文章六年来感到非常幸运的是，我一直得到知识产权出版社领导和前后两任责任编辑独具慧眼的支持，感恩他们继续投资我的第三本专著，这才有了《总法律顾问手记——智胜职场》。至此，《总法律顾问手记》系列丛书终成三部曲。

如果你学习法律、有梦想，也愿意脚踏实地去实践，我的书就非常适合

你作为职业发展丛书来阅读收藏，作为你的私人职业发展宝典。

陆游有诗云："古人学问无遗力，少壮工夫老始成。纸上得来终觉浅，绝知此事要躬行。"对我而言，和我在纽大读书时遇到的年纪轻轻就学业有成的小同学相比，我算得上"少壮工夫老始成"；对读者而言，书读得再多而不采取行动，那我的经验终究无缘成为读者人生体验的一部分。我鼓励读者在读我的书中内容之余，更有勇气去实践，去寻梦！

愿我的书能传递给读者日复一日坚持躬行的力量，终能守正出奇，智胜职场！用我微信签名中的一句话来结束：Work hard in silence, let your success be the noise!

李熠（Lily LI）

2021年9月8日于杭州初秋

THE LAW

总法律顾问手记

目录 /CONTENTS

去摘遥不可及的星

职 | 业 | 规 | 划
——谋定后动，取舍有道

法 | 务 | 管 | 理

——运筹帷幄，润物无声

律 | 师 | 之 | 道
——客户至上，合作双赢

海 | 外 | 留 | 学
——星辰大海，逐梦万里

附 | 录
职业发展问Lily

职业规划

——谋定后动，取舍有道

从职业发展的角度来考察，转换跑道需要消耗能量，而且需要面对不确定的未知；不如从一开始就根据自己的兴趣规划好职业方向，选择好平台和师傅，在一个跑道上深耕下去。

第一学历为什么会困扰你？换个角度看伤口

心理学有一句话：你思考问题的方式里藏着你的伤口。我十分认同。

做职业辅导时有一个问题反复被提到："Lily姐，第一学历给我带来很大困扰，怎么办？"

去法学院做讲座，总有学生默默地等到人少一些了才不好意思地过来小声地问："李老师，我第一学历不理想，虽然现在读研究生的这个学校很有知名度，但是找工作的时候依然会被人不停地盘问第一学历的问题，很苦恼。"

作为同样第一学历不理想的我，对于他们提到的这些"伤口"，感同身受。

我的人生桥段很曲折。如果说我童年和少年的底色是以蜜糖色为主，那么我青年时代的底色可以说是纯黑色。青年时期经历过人生大起大伏的十年之后，后来再遇到事，我都不觉得是什么大事，比较淡定。

上小学之前，我经常吃不饱饭，记忆中就是酱油汤下饭，能吃上个包子都可以回味一年；好在改革开放后父母抓住了时代给予的机遇开始经商，生活条件改善很多，1981年我家就有了两台彩色电视机，要知道当时整个县里也没几户人家有电视，更别说还是彩色的。

记得小学快毕业时我去一位叫汉萍的女同学家做作业，应邀留在她家吃午饭，汉萍爸爸说了句我一辈子都记得的话："你们就是现在年纪还小，还能做朋友，汉萍你初中毕业就得离开学校去打工，我只能供你读完九年义务教育，但李熠她爸爸要培养她上大学，你们将来是两个世界的人。”当时已经读过语文课本中的鲁迅小说《少年闰土》，我对汉萍爸爸的这句话似懂非懂，但至今想起还是感到莫名的伤感。

谁知命运偏不按设定好的剧情来演。我比同龄孩子早几年上学，读书时年纪比同学小两三岁，不适应高中那种激烈的学习竞争，加上年龄小心智不是太成熟，在临考心理素质方面不过关，先是经历了高考数学失利；我对自己很失望又缺少去克服困难的勇气，一心想着高中三年的辛苦、不快乐和对未来的未知的恐惧，不愿再复读，后来就自暴自弃地选择就读已经够线的大专。大学毕业后，我又意外地经历了家中企业破产，体验了人穷困潦倒的时候别说亲戚，连鬼神都嫌弃的生活。

我曾经因为对人性绝望而任由情绪带着我走；也遇见过善良的人，在他们的鼓励下，学会将黑暗、绝望、无助的负能量转化为正能量；实际上负能量也是能量的一种，有人一蹶不振，有人在被逼“渡劫”时重生，关键在于经历这一切的人是否有凤凰涅槃的勇气走出困境。

而这一切刚刚发生的时候，我面对重大变故没有心理准备，我的本能反应是假装看不见，假装依然岁月静好，假装这些事从没有在我身上发生过。

当时的想法是等我内心强大到能面对这个深不见底的泥潭的时候，再去处理。后来学习了心理学才知道，那是人的大脑在极端环境下产生的心理保护机制，大脑感受到个体无法承受突如其来的变故，在其心理崩溃前启动了心理保护机制将个体保护起来。

现在看来，这种心理保护机制有点自欺欺人，但当时确实帮我渡过了心理难关。然而，心理保护机制一旦启动，人心就宛若有了硬壳，切断了我和外界的情感联系，有很长时间我感受不到心理上的疼痛和喜悦，从一个高度敏感的人变成了情感麻木的人。直到自己内心强大后主动卸下心灵盔甲，我对情绪的感知机能才逐渐恢复正常，但那已经是2012年前后的事了。

家庭生活方面，当时家庭所欠的外债数额足以吓退普通人，结婚成了一块考验对方的试金石。虽然也能理解对方的立场，但有过几次不太舒服的经历后，我决定把心思全部放在事业上。好在事业对我不薄，收入看涨后我有能力把家事处理妥当，随后在别人步入中年危机渴求安定的年龄决定去美国读书。从某种意义上说，40岁去美国读书才是我真的开始为自己而活。

这些就是我的学历、家庭和事业的伤疤。它们对我的影响是如此之深，以至于我在中欧国际工商学院毕业课“幸福课”上，当场情绪崩溃；也就是在那次情绪崩溃后，我在教授的启发下被治愈。

在那堂课上，每个人都要上台和同学们分享自己的过去、现在和未来。按照要求，每个人上课前要画三幅代表这三个方向的画；别的同学的画都是充满了幸福的元气，而我的三幅画中只有代表未来的一幅是色彩丰富的。面对相处两年的同学介绍自己过去的时候，我没有控制住情绪，潸然泪下。

教授课程的是一位女教授，她在总结时告诉我，企业家人群中大约有15%的人有各种各样不幸的人生际遇，但他们将不幸的打击力转化成积极向上的力量，开创了自己的事业，从绝境中反击是一种很强的力量。她提醒我，闯关成功的那15%的人基本上都是男性，女性极其少见。

而且她意味深长地告诉我，那些闯关的女性基本上是在没选择的前提下绝地反击的；你自身条件很好，本来可以不选择最难的路，但你选择了靠自己，这是伤口，但也是值得骄傲的事！

人类有些孤独和绝望，是因为你就是不明白，自己什么都没做错，怎么就这么倒霉！“幸福课”上，我第一次得知自己还有同类。当我确认自己不是天下独此一份的“倒霉蛋”，而是那15%被老天爷筛选出来的通过考验的人时，心里轻松了很多。

实际上当你被引导后，换一个角度去看自己曾非常介意、怕人看到的伤口时，无论是学历不佳、婚姻不顺，还是其他，如果你的聚焦点不再是伤口，而是它的价值，伤口就会变得顺眼许多，甚至成为见证奇迹的一部分。

内心不再介怀时，你就不再需要揭开伤口去不断地剖析自己哪里做错了，那些伤口才能真正地结痂。慢慢地，你甚至可以给它做些小小的“装饰”，“纹上”各种好看的“图案”。最终，当你真正为伤口骄傲的时候，那些注意到你伤口的人也会感受到你的骄傲，他们会说：“这很酷！”

过去的伤口结痂后留下的疤会伴随我们一生，是我们无法抹去的历史，也无须试图去掩饰，而是应该正视它们，并转换一个视角看过去。当一个人能把对过去积极的观点传递给他人时，他人也会被感染。

面对第一学历方面的盘问，我的做法是大大方方地承认：是，我学历起点不高，但我走到今天已经证明了我的实力、毅力和能力，以及无论在什么环境中都能生存下来的生命力，我为我自己感到骄傲。

一份工作，只要是不需要天才型选手的职位，选手的智商重要性只占20%，而情商和逆商占80%。一个人学历背景特别顺，只能证明他智商不错；我曲折的过去却证明了我智商之外的80%的情商和逆商，而且我20%的智商部分也很好，只不过是没有那么顺而已，这对公司没有坏处，因为我比别人更懂得机会来之不易。

靠着这个解释，我成功应对了不少面试时的盘问。学历不应该成为困扰我们的心魔，尤其是当你说第一学历时，说明你后续还有很多努力，那就更不应该介怀了。

心理学上说，你曾经被怎么对待，会在你身上留下痕迹。那些来问我关于第一学历困扰的人，我很心疼他们；正因为有过去在这方面不顺和不被接纳的历史，他们才对这个问题如此耿耿于怀。

但不管外部世界怎么对待我们，我们首先要接纳自己，如果我们自己都不能拥抱和接纳自己的伤口，又如何去说服和改变别人呢？

伤口，无论是学历背景上的，还是个人生活上的，都不该成为事业和人生发展的心理障碍。当你认同这些伤口是你身上的一部分，能看到它们积极的价值时，你会为此雀跃，只有这样你才能感染身边的人对待伤口的态度，这些伤口也最终将不再困扰你。

法学院毕业，
我为什么选择吉利汽车的offer？

不知道大家有没有过这样一种体会，有些事情要么不来，要么就扎堆来，比如感情上的桃花，比如工作上的offer。

毕业那年，自从我收到吉利汽车第一份工作offer后，找工作的运气暗搓搓地旺了起来。那年5月，我临时应考某省高院的招聘职位，结果笔试成绩排名第二、面试成绩排名第一。

但最后在约定去体检的那个早上，我放弃了。记得组织部的一位领导还特意打电话做我的思想工作，说我成绩和表现都好，不参加体检就放弃了太可惜，并破格给我去补体检的机会。但当时我主意已定，就把真实想法和这位领导说了，不能耽误别人工作。

经过这件事情，我知道了用人单位对于他们想要的人，会千方百计地把人才吸引过去；对于他们不想要的人，则会从他的过往中找出各种理由拒绝。这一点，百试不爽。

但当时在吉利汽车和省高院之间的就业选择，我是认真地纠结过十天的。因为，省高院那份工作是我当时的男朋友觉得很体面的工作，如果选择那份工作而留蓉，可能两个人就朝结婚生子的路走了；不留的话，一点可能性也没有，我回我的浙江，他留他的四川，毕业分手成定局。

顺便说一句，当时的男朋友各方面挺出色，长相格外眉清目秀，是周末在宿舍楼下等我的时候，令来往的女生多看几眼的那种。我们是在学校食堂吃饭时无意中认识的。他硕士比我高一年级，喜欢从华西骑车十分钟到望江校区来吃饭，估计是来打望美女的，刚开始都没怎么正眼看我。巧的是他当时刚找到宁波一家三甲医院的工作，而工作找到后，接下来就要找女朋友，并且他很实际地想找本地姑娘恋爱结婚。我的宁波本地姑娘这个身份吸引了他。谁知道和他一起谈谈人生理想后，他受我影响去考博士，竟然考上了，这就尴尬了！

一方面，正式交往后我见了他家人，他的家人一直催我们好好发展，早点进入人生另一阶段；另一方面，他考上博士后，我们之间的现实问题就凸显出来了，我研究生毕业的时候他才读博士一年级，当初促使我们交往的现实因素发生了变化，因为“情势变更”而变得不现实了。

报考省高院的职位，是我做的最后一次努力。我报考的时候没和他说，成绩出来后打电话说了声，他只说“这个工作不错”后就再没下文，只剩下我自己决定了。

两个事业机会，通往两个不同的方向。事业选择和个人生活选择纠缠不清的时候，我的情绪起伏比较大，也有很多心力上的自我消耗，但总体上遇事比较冷静。那段时间我经常在凌晨四五点就醒了，在宿舍阳台上看着天渐渐亮起来，想着自己的心事发愁。但天亮吃过早饭后，我就画表格，列出每个offer的优势和劣势，我的长期规划和近期目标，哪些是确定因素，哪些是不确定因素，每个选择最好的结果是什么，最坏的结果是什么，自己做各种分析。

我的想法是，不管我做什么选择，尽量把能想到的一切可能性提前想到，包括好的方面和坏的方面，这样将来无论遇到什么情况，自己都愿赌服输。

吉利汽车属于当时身边的同学和朋友提到它的时候，大家都知道但同时又笑得很意味深长的一家公司。这家汽车公司以董事长李书福的几句“狂言”而闻名，比如“汽车就是四个轮子加两个沙发”。但不知道为什么，我竟然不觉得好笑，可能是当时我对汽车业也处于相当无知的状态。我心想，把汽车的零部件拿掉后，不就是这样吗？吉利汽车当时总体上以生产低端车为主，质量常受攻击，而且听说公司现金流很紧张，我去那里会有前途吗？

想归想，决定还是要自己做，我尝试着琢磨了几个思路。**一是选个好平台比个人的努力更重要**。个人的努力是“1”，好平台则能给你加上无数个“0”，这太重要了。**二是什么是好平台？产业也是有发展周期的，要选成长期的产业**。早年上大学学习国际贸易的时候，我学过产品生命周期理论，这一理论同样可以用在产业周期上。选成长期而不是成熟期的产业，事业机会会更多，因为从成长期到成熟期，不可避免地对应扩张和发展；而成熟期的产业，接下来可能就步入衰退期了，个人再有能力也是要依托产业和平台发展的。这是方向性的两个前提。决定了方向，再考虑老板是否值得你跟随，最后才是薪水。

如果用产品生命周期理论来考察中国的汽车业，2006年的汽车产业在中国尚处于成长期。首先，吉利汽车刚起步，虽然当时口碑不如其他车厂，但有潜力。其次，吉利汽车是民企，比大型汽车国企和汽车外企用人灵活，这样我才有法学院毕业后直接去法务部上班的机会。大家都知道，法务一般是你得干了几年律所律师后再去应聘的一个岗位。再次，企业现金流虽不太好，但我也没打算在一家公司工作一辈子，吉利汽车也不提供“铁饭碗”，我工作的那段时间能正常发工资就好。最后，我觉得和直接老板还算有缘分。这样一考虑，我就基本决定去了。

省高院的工作虽然稳定，但在那样的环境里，我很有可能一辈子都在一个小位置上不温不火地奉献着。这和我的长期事业目标有冲突。

首先，在省高院工作，将来读博是少不了的，而且那里本来就博士扎堆，即便我读完博士也只是平平而已；其次，有博士学历且有能力的人多，这种机关之地，想升职没有领导看重是很少有机会的；最后，工作量大，工资相对较低，收入很难满足我的需求。

另外，在事业和家庭观念上，我一直认为，两个人的世界需要彼此的肯定、认定和尊重。肯定对方才会彼此靠近，也因为彼此的认定，才会去协调、尊重、支持对方的决定。

退一步讲，即使我去了机关单位，如果工作环境让我觉得很难发挥自己的能力，工作气氛让我工作得不开心，那我很难相信家庭气氛会很好；而比较压抑的家庭气氛也无益于夫妻关系及未来孩子的教育和培养。

一个残酷但真实的结论是，去不去机关单位上班，和我们是否打算组织家庭没有太大关系。家庭关系要长期和睦，我认为更需要的是双方在各方面的“势均力敌”、相互支持，而不是失衡的、以牺牲一方的事业为代价去成全另一方的事业。而且，如果夫妻双方中有一方的潜能是被刻意压制的（自愿放弃发展除外），彼此不能共同成长，共同语言势必越来越少，关系迟早会出问题。

说得更直白点，父母费尽心力培养我，我自己也经历千辛万苦一路读书考学，不是仅仅奔着结婚嫁人相夫教子的目的去的。我觉得除传统上女性所承担的家庭角色外，女性的社会角色和事业角色，也需要得以发展。

想明白了这些，再重新考虑我们当时的情况，很多之前看似艰难的决定就不再是问题。最后，我挥一挥衣袖，不带走一片云彩地独自回到浙江。

我知道我的不少读者是女性，面对事业选择时不仅要考虑不同事业机会之间的优劣，还要考虑结婚生子和事业之间的平衡，非常为难。我的以上想法，也许可以提供思路上的启发。

遇到职业选择的时候，要考虑的东西很多，最重要的是厘清思路，明白什么是自己在意的，并需要在某个人生阶段优先考虑的。在意的和优先顺序清楚了，选择也容易多了。

另外，如果遇到某个选择会导致婚姻家庭和事业发生冲突的情况，我的想法是事业和婚姻同等重要，事业能为我们提供底气和经济基础，务必考虑清楚，别被传统观念和外在压力所裹挟而做出习惯性的牺牲。我个人认为，低质量的婚姻，不如高质量的单身。

当我想辞职的时候，我在想什么？

十多年前，我从四川大学法学院毕业进入吉利汽车任法务专员，坦白说起初我很不满意那份工作；比起我那些毕业后当法官、检察官和进入高校当老师的同学，我有点儿小自卑。

吉利汽车是我法律职业生涯中的第一站，法学院毕业后我的工作地点在宁波郊区城乡接合部，吉利旗下一个最重要的子公司所在地。从学校所在地成都，一个繁华但十分安逸的大都市，到城乡接合部，我的心理落差自然是很大的。记得报到那天，从宁波市区坐公交车一个多小时才到站，结果到站后一问路人，还要走20分钟才能到厂区，而进入厂区还要走15分钟才到宿舍。7月，站在近40 ℃的骄阳下，那种失望和快被晒得热晕过去的状态，恐怕是我终生难忘的。

说说宿舍。宿舍是公司自建、没装修的白坯房，我分到一个单间，这算是对当年几万人的吉利汽车中仅有的五个研究生给了额外照顾。既然是白坯房，那我搬进去以后的第一件事就是装饰。由于囊中羞涩，加上当时在乡下也没有什么像样的装饰物可以采购，买的都是夜市上路边杂货摊可见的东西，一块塑料地毯，一套简陋粗糙的写字用的桌椅，一幅看着挺俗气的装饰画。我把同事送我的花瓶也利用起来，插了几枝白百合，把房间收拾妥当。

但当我收拾妥当、略带喜悦地去卫生间洗手时，厕所里坑坑洼洼的水泥地面，忽然把我拉回到沉重的现实中，再抬头一看，各种管道乱七八糟地纵横在屋顶，如此粗糙；宿舍也没有空调，想到冬天在宿舍洗澡肯定会冻得瑟瑟发抖；当我想安静地看会儿书的时候，隔壁传来新邻居——几位合住的车间工人通宵打麻将的声音。想到现实和理想之间的差距，我的眼泪就不争气地涌出来了。这一段心境后来被我写在了申请美国留学的个人陈述里，我提到半夜醒来看到大老鼠从床尾爬过时心中生出的绝望，还有绝望过后，我立志要熬出头的野心。

我抱着改变命运的想法千辛万苦地考了三年才考上研究生，却在毕业后来这么偏远的地方工作，究竟是为了什么？当时我只有一个念头，辞职！

还有薪水，公司当时几乎是拖两个月左右发放薪水，这给我造成了不大不小的困难。毕业前我把仅有的现金留给一位还在学校读书的朋友，他家庭很困难，我希望他能安心读书，反正我自己马上就有工资了，谁知道是这样一种工资发放制度，导致那段时间我穷得只能白饭就榨菜勉强度日。

不巧的是，领导要我马上和他及几个同事去北京出差，要知道那是我人生中第二次去北京，所以还是有些许兴奋和期待的。当时机票由公司统一预定，备用金要去公司借，但像我这样还没过试用期的小员工是借不到的，而自己手头现金又不够，那种尴尬可想而知。好在直接领导人不错，了解情况后给了我1000元备用金，顺便把酒店的费用一起付了，后头回公司统一报销，否则我连从北京郊区打车进城看同学的出租车费都付不出。

工作内容就更糟心了。当时说是招聘我做涉外法务，但到岗后，我在开始时并没什么涉外业务可做，而是改那些采购人员自己写的不成系统的合同和大量的工程建设合同，改好了再和他们沟通。尊重人一点的采购人员还好，总算能好好沟通完并按照我的意见修改；不客气的那种，当面说得好好的把合同改了，背过身去就上领导办公室告状，而且一告状就告到宁波公司的总裁那里，我觉得很是委屈。这段经历也让我明白，在大集团中，人员关系、背景错综复杂，所以做事做人都要尽量滴水不漏，要先和周围的同事打听下，多多收集信息。

尽管天天想着辞职，但我明白，只工作了几个月就换单位，是很难和面试官交代自己为什么不想干的，如果我想给人家一个好印象，比较理想的工作时间是三四年。有人可能会说不一定，机遇来了什么都有了，但这一点上我更相信大概率事件，不认为自己运气有那么好。鉴于当时的情况，我想怎么也得干满一年，再到市场上找找机会，否则的话，我自己都嫌弃自己，所以当时下决心以一年为限。

等到以一年为限的决心下了，再转念一想，既然来都来了，开心是一天，痛苦也是一天，不如开心点过吧，我就改变了心态，给自己满世界找活儿干。后来，正是在我找活儿干的过程中，无意中通过给大领导做翻译的机会打入了宁波公司的管理核心圈，获得了信任，真正接触到了涉外项目，而且是大的涉外新项目。最终，我在吉利汽车工作了远远不止一年，直到完成吉利汽车并购沃尔沃汽车的案子后转去沃尔沃汽车任职。

回头想想，吉利汽车当时有很多的海外项目，但为什么开始的时候我接触不到？很简单，我从最底层的法务专员做起，在高层领导对我能力和品性没有确认之前，我是进入不了核心圈的；走不进核心圈就很难接触到最好的业务。尽管我对那份工作起初是有情绪的，但好在没有过于情绪化，而是及时调整过来，算是比较识时务。我也没有沉浸在不如意的住宿条件、工作环境中，忘记了自己到公司工作是为了获得更好的职业发展；而是说服自己至少干满一年，并改变了心态，最终收获了一些东西。

写这篇文章，是因为最近有几位年轻的朋友感觉工作不如意、想跳槽，来问我观点。**我的想法是，如果真的遇到了特别好的机会，那就换。如果两份工作差不多，并没有本质的提高，那至少给自己一个机会和公司磨合一下，也许一年之后一切都不一样了。**

理想终归是理想，落到现实的工作上，很多人会感受到它们之间的差距，不仅是你，我也一样。**但实际上事业起步不如意很正常，当辞职的想法**

出现的时候，我们可以先接纳这个想法，不和它对抗，更不轻率辞职；等冷静下来的时候，我们再复盘一下在这段职业生涯中的得失，然后决定是否需要将辞职的想法真正地付诸行动。很多时候，如果我们能更客观地看大局，并再给自己一些机会试试，也许结果就会真的不一样。

吸引事业贵人
需要做对的几件事

纽约，感恩节，朋友们纷纷借“感恩”二字表达感恩之意。虽然这和Thanksgiving Day的本意有差距，但常怀感恩之心总是好的。

我早年经历不少挫折，所幸一路得到正直善良的人指点提携，加上自己努力，并赶上了中国经济飞速发展的好时机，许多因素神奇地结合在一起，侥幸走到今天。可以说，除了天道酬勤外，贵人和机遇也非常重要。

讨论职业发展的话，有种普遍流传的说法：**一个人要在事业上有所成就，三分靠能力，六分靠运气，还有一分靠贵人引路**。我赞同此观点。

在美国读书时同学曾问我如何能吸引到事业贵人，当时临近期末考试无暇回答；这次就趁着感恩节，和接踵而来的圣诞节、新年节日气氛，用小文来回应此话题。

01 事业贵人从何而来？

“你遇到的所有人，都是你的特质吸引而来的。”我想用这句话来回应这个问题。我遇到事业上支持我的贵人，是我的优点吸引来的；我遇到事业上阻碍我的小人，是我的弱点吸引来的。根源在于自己。

贵人可能来自熟悉的身边人，如同学、同事。那些人基于过往对你的了解和信任，愿意在你事业发展过程中支持你。贵人也有可能来自你不熟悉的圈子里的人，当你为做成某件事，向世界说出你的想法以寻求支持，而恰好有人和你“英雄所见略同”时，贵人就出现了。譬如那些拿着项目计划书去满世界找投资人的创业者就是很好的例子。

我把事业贵人分两类。**一类是指点迷津性质的**，在我决定事业发展方向的关键时刻能够启发我的思路，帮助我确定适合自己又具有可实现路径的目标；**另一类是过程支持赞助性质的**，在我实施某个具体想法的过程中给予关键性资源和支持。当然，有时某人身上可能同时具有这两种特质。这两类贵人或者他们的结合体，都是我的梦想赞助人。

我的法律职业生涯中的第一位大领导曾是一位武警将军，我的事业成就与他提拔我很有关系，对我而言他是不可多得的过程支持性质的职场贵人。我们工作有默契，当时他愿意提拔而我也没谦虚退让，且没多问原因。很多年后我才知道，我是他一生中提拔的第一位女性，他也跟我分享了当年愿意提拔我的原因。

在他看来，很多女性随波逐流，缺乏清晰的人生目标，但我有清晰具体的职业规划，知道自己要什么；而且我有韧劲，遇到难题没退缩过，反而有着一定要取得成功的一股子劲儿，这一点和他的军人气质很是呼应。他说一是知道我有明确的事业目标，二是看到我有做成事的决心，三是气场相合；有了这几点，无论男女他都提拔。他的一番话很让我回味，也概括了容易吸引贵人的人身上具备的几种特质。

02 容易吸引贵人的几种特质

首先，事业心强，有明确开创一番事业的想法。

贵人是事业上的助力，可以以指导、提携，或以其他形式表现，但事业贵人说的是比我们自身更强的人。当然，强弱在不同的人生阶段是相对的，比你强、比你更有资源的人是你的贵人；如果你有能力有意愿，也可以提携别人。普遍规律是，**强者多数和另外一个强者惺惺相惜，所以有事业心的人**

比较容易遇到贵人。

其次，事业心的目标具体。我的看法是至少得能看到未来三步，有一个清晰可见的职业发展路径，如果有想做的事情或项目商业计划书就更好。因为仅有笼统的想法，或想法尚难自圆其说的时候，外人无从得知你需要什么样的帮助支持；但有了具体的想法和路径，甚至想法自成体系后就不一样了，就有机会吸引贵人现身了。

在四川大学读法律硕士的时候，考虑到未来职业发展，我想把自己过去的国际贸易专业背景和当时攻读的法律专业结合起来；过了一段时间，我又明确了想去大公司做涉外法律事务的想法。**我仅仅是想把两个专业背景结合起来，这就是一种笼统的想法**，当时如果和比我有见识、有能力的人沟通，因为缺乏实施路线，人家即使有心帮助也只能泛泛而谈。**但一旦产生去知名企业做涉外法律事务的想法，那这个想法就是明确而具体的**，如果当时正好遇到有这方面就业资源的人，就很容易对上了。

再者，能力强大的人要处理的事情也更多，如果拿一个笼统的方案和对方讨论，势必是浪费资源。具体到方案来说，至少应具备可讨论的基础，否则极有可能给对方带来困扰；久而久之，会使人对你产生负面印象。但如果你已经具有某种想法，并在此基础上衍生出具备实现可能的路径图，那这样的讨论就会有意义很多。

再次，个人过往表现证明你有获得帮助或者投资的价值。

外人投入时间和精力来帮你，甚至是真金白银地投项目，你的实力和人品配得上是前提条件。一个做事靠谱踏实、诚恳而目标远大的人，即便出身贫寒也能吸引来欣赏他的事业贵人；一个出身不错，但做事不靠谱不诚信的人，只会让人敬而远之。另外，如果一个人展示出来的能力和他要做的事情差距太大，那么他是否值得贵人投入时间和精力去支持，就得画上一个问号了。

当然，看人要用发展的眼光来看，关键看一个人的当下实力、发展潜力和遇到挫折时的抗打击能力。我概括成三点：（1）他过往做成事情的概率；（2）他是怎么做成的，运气好还是其他原因，譬如个人发展潜力？（3）如果运气不好，他有没有展现出特殊的潜质？运气好时他的表现如何？

过往成事的概率，可以佐证此人的眼光，也能表明他目前处于哪个位置，从而可以看到他与自己的目标之间的距离；个人发展潜力是指此人未来发展空间大小，有没有突破的可能性；看运气差的时候一个人的表现，是因为要成一件事，尤其大事，不可能一帆风顺，而人和人之间的差距有时就在于其对待挫折的态度和抗打击能力。

最后一点，那就是彼此投缘。你和贵人可能是天生有好感或气质相互呼应，也可能是气场比较相合。这一点或多或少有点宿命的意味在，此处不多说。

03 如何把一时的贵人转变成一世的贵人？

栽下梧桐树，方可引来金凤凰，吸引来事业贵人后，如何让一时帮助支持你的人，成为事业长路上长期支持你的人，这是人际关系维护层面的事。

记得早年有位领导意味深长地说过，“吸引我在上万员工中注意到你的，是你身上的锐气；但锐气也是一把双刃剑，它的一面可以帮助你脱颖而出，而另一面也会伤人”。**要注意到事物的两面性，做到既被事业贵人在人群中一眼看中，又不伤害到自己和他人。**

更具体点说，如果一个人总能吸引来帮助自己的力量，说明其基本面是靠谱的。但人无完人，某个阶段的优点在另外一个阶段就有可能是致命的缺点。转换一个角度来思考，若能避开那些让帮助你的人感觉到不舒服，甚至忌讳的点，就算是成功。

首先，戒贪。谨记自己的事业主要依靠自己的力量完成，不可过于依赖外力，甚至心生贪念，本末倒置。

我见过不少此类反面例子。资源强的一方在帮助了相对弱的一方后，弱的一方看到了贵人的实力，就想方设法地想要得到更多，不再把主要精力放在踏实做事上，导致最后资源强的一方不得不撤出，令人叹息。

外力再好也终归是借的，先不论需不需要在适当的时候还回去，能拥有是幸运，无缘也是正常的，努力发展自己才是硬道理。和事业贵人之间，尤其是和过程支持赞助型的事业贵人之间，我更愿意通过一件件事情的合作而建立信任关系，细水长流，把一时的贵人变成一世的贵人。

我知道，那些走进我的生命给予我帮助的人，他们也有自己的人生课题和目标需要实现，因此，不可过于麻烦他人。**事业有人帮会产生事半功倍的效果，但这不是常态；真正的常态是一个人默默地坚持打拼，深信水滴石穿的力量，在没有助力的情况下，靠自己的实力去实现个人职业目标**。我是相信自己的内生力量的，相信命运掌握在自己手中。当我们看清楚事情的本来面貌，聚焦于自己，不过于麻烦别人时，关系才能获得正常发展和维护，而不至于变形。

其次，管理好自己的情绪，戒作死。这一点主要针对寻求外力者的性格而言。

贵人不是父母亲人，但却能支持你实现父母亲人无法帮到你的目标，有时候甚至令你脱胎换骨。但是，**贵人不是亲人**。分不清两者之间的区别，在接受帮助后产生了依赖、信任心理，进而发生定位错误，不管什么情绪什么脾气都不加以控制地向外倾倒，最后必然影响彼此长期合作的关系。这很容易使贵人的帮助成为“一锤子买卖”，着实可惜。

积极向上的情绪会感染他人，让人如沐春风，和周围的人形成良性循环；要主动管理好负面阴暗的情绪，避免情绪化。当然，完全没有情绪的人也会给人不可信的感觉，关键还是在于不要过分地外露自己的情绪。如果事业发展过程中控制不住自己的负面情绪，可以找朋友、亲人倾诉；如果没有这类渠道，也可以去寻求心理咨询或者职业辅导。

再次，戒挑剔。**人无完人，贵人也是人，过于挑剔不利于寻求外力的帮**

助和合作。

有的受助者（往往是聪明人）容易在结交贵人的过程中产生竞争心和轻离心，相互熟悉了以后，觉得对方在有的方面还不如自己，不过就是运气比自己好一点，由此心态也发生改变。看到对方的弱点，就忽略对方的长处，带着挑剔的眼光看待外来的助力；时间长了，难免会把这种挑剔通过各种各样的方式传达给对方，最终合作不成，竹篮打水一场空。

说别人这不好、那不好太容易了，但轮到自己做了，很多人做得也好不到哪里去，他们又哪来的资格和底气去挑剔别人呢？我不理解的是，这些“差评师”的底气从何而来。当然，现实中“差评师”在对自己和对他人评价时自觉采用双标，这也可能就是他们挑剔的底气。遇到了不用去理会，更无须迁就。

你我皆非圣人，各自有优点和缺点，拿着放大镜专看别人的缺点而不承认其优点的人，是无法与他人合作的，自然也没什么贵人可言。**真正能成事的人，既能看到人的基本面中所包含的诸多优点，也能看到其中不足，并在此之后依然能包容对方，接纳对方**。更进一步说，凡需要寻求外在合作和帮助为己所用的人，需要取人所长。

最后，开放心态，并心怀感恩。

在事业上需要外力的时候要说出来，不要等着别人看出来，否则会失去很多机会，更何况大部分人是不愿意帮助一个不主动、不积极的人的。

我亦是如此。需要帮助的人太多了，我没有时间和精力去特别照顾某一个人的情绪或者自尊；更何况，一个对外部世界反应过于敏感而具有“玻璃心”的人，其实是不适合做事业的。因为，要成就一件事情太难了，得放下那些所谓的“脸皮”，为了一个目标执着地，甚至能忍辱负重地走下去。只有具备这种素质的人才值得我投入时间和精力。

坦白说，我的事业贵人是不需要我回报的，他们在某个时刻乐意帮助我，是看到了我的发光点，并不是想乘人之危从中图谋点什么，又或者需要得到什么实在的利益回报。他们是我的榜样。但同时，作为实实在在得到事业帮助的我，对他们也心怀感激。

因为困境中的指引和陪伴，那种温暖、笃定和鼓励令我终生难忘，如果没有那些外来的帮助，我的事业也会前进，但我可能会吃更多苦头、走更多弯路，而用这些节省下来的时间我可以去创造更大的价值。这种感激的心意，我喜欢用行动来表达。虽然和我感恩的事业贵人交流不一定多，但我会在适当的时候把自己的感恩之心表达出来。

维护和我生命中的贵人之间的关系，我从不考虑对方于我目前的现实价值；在人际交往中我很难接受势利眼，不喜欢拜高踩低的人，不喜欢用到你的时候才想到你然后打个电话提要求、不需要你的时候音信全无的人。以己推人，对方也一样。

有价值也许是你和贵人联系的开始，但没有现实价值不是彼此关系的结束，做人还是诚恳厚道点比较好。

04 结语

贵人的重要性不言而喻，他们在某个关键时刻或转折时刻给予你机遇，或引导你做出关键选择。譬如周文王对于姜子牙。在认识周文王之前，姜子牙再有本事也只是在渭水河畔钓鱼的世外高人而已；直到他垂暮之年遇到周文王，彼此才成就了一番伟业。

感恩节前后，想到曾帮助我渡过难关、提供给我新的事业机会，甚至是扶上马又送了一程的事业贵人们，我心怀感激。他们以不同的方式走进我的人生，给予我善意的帮助，引导我成为一个更加成熟和睿智的人；他们在我沮丧的黑暗时刻给予鼓励，在我高光时刻施以鞭策，给我带来深远的影响，甚至重塑了我。

十年后事业拉开差距的三个不可不知的“秘密”

晓琳，十几年前三本法学院毕业生，现某知名集团新任法务总监，最近趁着疫情缓和一点，回T市参加了同学聚会。

老同学相聚分外亲切，几杯酒下肚，当年暗恋过晓琳的老同学小丁壮着酒胆问道：“当初咱们俩本科上学的时候怎么着也算是一个起跑线上的，现在差距咋就那么大呢？我都不敢正眼看你了，传授下经验呗！”

晓琳是典型的小城女孩，家底薄、父母靠不上，但工作努力。那些不为人知的经验，是她走了弯路、经了教训、拜了老师后得来的，怎可轻易示人！

然而可能提问人是小丁的缘故，那天她竟然说了两个多小时如何从三本法学院毕业生起步的弯道超车“秘密”。说完她就后悔不迭：这些师从Lily姐得来的经验和“秘密武器”公开了，再过十年我不一定能保持事业领先地位了！

同一个法学院毕业的同学，十来年后事业拉开差距的“秘密”是什么？

01 本科不佳，研究生院排名来助力

人的一生中飞跃（弯道超车）的机会并不多，因此每一次飞跃产生的红利或者带来的质的变化，对个人事业发展不可谓不重要。

对于一个打算以法律为生的人，顶顶要紧的是争取一开始就上个排名靠前的法学院。

也许你会问："Lily姐为什么这么说，您不就是从不起眼的学校逆袭的吗？"确实，我是！只是因为那些吃过的苦、走过的弯路，让我这个性格如此坚毅的人都差点坚持不下去，我的路可复制性不高。

而且，第一个人生转折点走得顺，将节省下来的时间和精力投资在其他地方会有额外的收获，不好吗？

毋庸置疑，牌子过硬的学校不仅师资好，而且学生在就业方面能享受高等教育的红利，譬如更为用人单位所青睐；名牌学校还意味着其他的机会，比如校友资源、人脉圈等，长远看对将来法律业务的开发很重要。

有一句话说得十分中肯，"你现在不吃学习的苦，将来就要吃生活的苦"。如果在教育方面没有好的起点，你步入社会后会吃苦。

法学专业已多年入围"十大就业难专业"，要进红圈所，排名前十的法学专业的研究生只是个起步，LL.M.是加分项，J.D.回国发展的也不少；排名靠前的法学院的毕业生在毕业之初即被录用的概率更高，这是不争的事实。

法学教育方面起点高的好处和机遇是教育红利。用人单位看到堆积如山的简历，需要找个指标快速有效地筛选；能考入一所好学校背后所隐含的，就是一个这样的指标。但万一你和我一样高考考砸了，只上了普通院校，依然可以在研究生、博士生阶段赶超。

强调一点，**在研究生阶段通过教育翻盘的关键在于全日制教育。全日制教育对于获取教育红利而言，是雪中送炭，而非全日制教育则只是锦上添花，毕竟用人单位对此有他们的看法。**

就我本人来说，大专毕业后受限于教育层次，工作单位可选择空间不大，单位的业务盘子普遍小一些，工作变动相对较多。但我在国内研究生毕业后，可选择的单位平台方面就有了很大的改观，工作的稳定性也增强许多，这一点肉眼可见。

一方面，我希望你们从一开始就在教育背景方面占据制高点；但另一方面，万一没能如愿，也不怕！在研究生阶段，甚至年龄再大点，和我一样过了40岁，只要有决心，依然可以远渡重洋去留学。

回到晓琳的例子上，她的学历起点是三本院校法学院，不甚起眼；但晓琳她早早地认清了这个现实，决心通过考研究生翻盘。

虽说考研的过程对她而言很痛苦，考了两次才考上排名前十的法学院；但因为主动翻盘，仅仅几年之后，她和本科同学在事业上就拉开了不小的距离。

02 初入职场，好师傅比好平台更要紧

也许有人会问，那和晓琳一样从一线法学院研究生毕业的那批人，他们现在发展得怎样?

这个问题真问到点上了！当然很不一样！因为他们去了不同的平台，遇到了不同的师傅。

在法学院学的课程，充其量让你了解法律的基本框架、结构、原理；距离你独立开业，中间还缺重要一环——法律实践应用。

法律实践应用能力决定了你提出法律解决方案的能力。而在教育背景相似的前提下，决定同一批毕业生职业水平的，是在毕业之后的最初几年能否遇到一个愿意好好地在法律实践方面带你的师傅。

记得2009年到2010年，我是富而德律师事务所伦敦所的常客。当时我所在企业的并购交易正在伦敦按部就班地运作，作为客户代表我需要和我的外聘律师团队长时间在一起讨论各种方案、确定我们的方案选择。

交易接近尾声的时候，主办合伙人C律师主动带我去他办公室转转。平时，有一个会议室常年为我留着，负责项目不同部分的律师分别和我预约不同的时间段，到那里找我开会，所以我很少去别的办公室。

那次去C律师办公室的经历让我印象深刻。和其他国家的律所常见的办公室布局不同，英国律所的合伙人办公桌外，有一张延伸出来的长长的台面，那是留给年轻律师一起工作用的。

我很好奇地问："为什么要这样布置？不怕小律师会打扰到你的私人

空间吗？”

C律师说：“这是我们培养年轻律师的传统方式。年轻律师和我在一起做项目，在一个办公室内，一是保证信息互通，信息不全就很难执行到位，同时他们做的文件如果有问题，我也可以马上给予反馈和说明原因，效率更高；二是年轻律师可以观察和模仿我跟客户打交道的方式和语气，这样等到他们将来需要独立开展业务的时候，不会不知所措。”

我非常感慨！这不就是类似我国的师傅带徒弟嘛！不愧是大律所，不仅充分意识到师徒制的培养对青年律师的重要性，而且在合伙人办公室的装修细节上体现出传帮带的传统！

虽说法学院毕业后去一家运营规范、业务出众的大律所，或者加入一家大集团公司的业务具有多样性、复杂性的法务团队，基本上就会奠定你的事业格局基础。

但是，谁说进了外资所、红圈所、大集团法务部就能保证，将来从这里出去的年轻律师一定能独当一面？还要看有没有用心的师傅带你啦！

在你还不能独立执业的时候，奠定事业格局基础的核心取决于那个天天和你打交道的师傅，而进入好平台仅仅意味着你遇到好师傅的概率更大而已！实际上律所合伙人、公司的法务总监们，风格千差万别，选人的眼光很重要。

有的人，自己一路摸索，没有得到过好师傅指点，因此也不太愿意主动辅导团队的年轻成员；有的人，受惠于入行后的授业恩师，自己也更愿意在辅导年轻律师上花时间，也更有耐心；还有的人则考虑到团队的长远发展，明白独木难成林的道理，愿意去培养好苗子。

其实，晓琳研究生毕业的时候收到了两家律所的offer。一家红圈所，合伙人口碑一般；另外一家合伙人也还不错，但不在红圈所之列。晓琳问我：“Lily姐，我应该选所，还是该选人呢？”

值得注意的是，这家非红圈所业务发展势头很猛，团队内部气氛比较好。我觉得对晓琳这样略带点儿自卑感和腼腆的女律师，这种发展势头和团队气氛很重要。

于是我说："选人吧！你这位师傅过三五年一定能跳槽去更好的所，如果师傅愿意教你带你，事业发展上冲劲儿很大，选人不选所。"

果然过了三年左右，晓琳的师傅去了红圈所做合伙人，晓琳因为平时表现不错，是团队的中坚力量，也跟着过去了，也算如愿以偿。

而相反，晓琳有同学毕业后慕名去了红圈所，遇到的师傅没心思教，只是一味地让他干活，有时候还少不了苛责，年轻人受不了，一年换了三家所，导致后来的用人单位怀疑他吃不得苦或者水平差。

所以，对于尚未能独立执业的年轻律师，选有潜力、愿意耐心地传道授业解惑的师傅，远比选所的名声来得重要。

大机构、大平台有商誉和品牌效应，但终归是冷的；而师傅是有温度的人。**师傅的格局、思路、为人处事的方式，对你未来的影响比一个律所的牌子更深远。**选择法务圈的工作，道理也是一样的。

03 事业"二次投胎"，借好平台东风

一般情况下，一个人工作三五年渐渐能独当一面之后，事业发展的二次转折点会逐渐显露。

从职业发展的角度来考察，转换跑道需要消耗能量，而且需要面对不确定的未知；不如从一开始就根据自己的兴趣规划好职业方向，选择好平台和师傅，在一个跑道上深耕下去。

然而问题在于，因为年轻时对未来发展方向考虑不深刻，很多人随大流发展，别人去考法学院我也考，别人去国际知名所我也去，前辈去留学我跟上；局限于向外比较，却鲜见向内深邃地探索。

有的人当初也思考过，但局限于自己和身边圈子里朋友的经验认知，思路不够开阔，对自己了解和挖掘也不够深刻，没能看到其他的可能性，因此职业发展过程中出现了反复、推倒重来的现象。

还有的人则是第一次就业时运不佳，没有获得和他的潜能相匹配的事业机会；经过三五年的积累后，稍有职业资本，需要换个平台突破一下。

一个人经过几年职业历练之后，渐渐地对自己的优缺点有了把握，于是及时调整方向，通过跳槽转换到更适合自己的工作环境，或者加盟到更适合自己发挥的事业团队中。也因为新的环境和机遇，人的潜能得到了不同程度的释放，能力提升，令人刮目相看，不少人从此走上了核心岗位。

因此，**工作三五年后做职业转换，能否走上正确的方向很关键；这相当于是事业的“第二次投胎”**。

尤其对于从法学院毕业后发展并不是很如意的法律人，就业后第四五年这个阶段是一个好的转换契机。我曾对过往近百个一对一职业咨询案例进行过分析，分析结果也支持了这个观点。

但什么样的机会属于“第二次投胎”呢？

首先，你有充分的空间去发挥优势。如果自己的优势没有被看见并且得到欣赏，对个人发展而言是能量压抑；一旦遇到可释放的平台和领导，其状态会令人耳目一新。

其次，有高人能指出你的盲区和局限性，并能帮你走过盲区。

每个人都有自己意识不到且容易犯错误的区域，俗称盲区。但如果盲区能够被识别出来，你从意识不到，变成意识到，并获得正确的引导和方法去解决盲区问题，就相当于在你原有的基础上，个人能力方面又扩展增加了一块功能区；能力的边界大大拓宽了。

不是所有的人都有能力帮你识别盲区，并解决盲区问题；如果遇到这样的高手型领导，一定要跟紧抓住。

最后，选择那些在巩固机构优势的前提下，有勇气要求团队承担不确定风险，向业务“无人区”进行探索的机构；因为个人能力发展的边界，在不换职业的前提下，最大就等同于公司提供的平台的边界。

回到晓琳的例子来看，她的确在工作几年后很好地抓住了转法务的机会。

她和我商量后，放弃了去跨国公司做四平八稳法务的机会，而是到一家民营集团公司做高级法务经理。但这家公司发展很快，晓琳的专业能力得到了领导的欣赏和认可，有了用武之地，两三年后就晋升为法务总监。

在外人甚至家人朋友看来，晓琳当时的选择中有冒险的成分在，她自己也是觉得两难；但听我解释完其中的利害关系后，便下决心去了更有野心的民营集团公司。

如果某个法务业务水平在原地踏步的话，八成其所在公司的业务也止步不前；在某个阶段事业突飞猛进的法务，往往其所在公司的业务也在突飞猛进，这几乎就是规律。

一般来说，对跨国公司而言，其中国的分公司只是一个地区子公司，即便中国市场很重要，在它的全球法务架构里也并不是唯一的；当晓琳能独当一面之后，去跨国公司并不是最优选择。加盟有一定规模和雄心的国内集团公司，反而有可能为晓琳的事业创造更多可能性。

律所也是如此，律所品牌头部效应强，高大上、高附加值的案子几乎就集中在那几家；如果想有突破，找对平台很重要。

刚毕业去外资所是好选择，一般那里培训体系完整，是刚走出校门的职场新人打扎实基本功的好地方；但当你能独当一面后想再突破一个台阶时，外资所未必就是好选择了，反而内资所提供的可能性更大。

人是在动态中不断发展的。固定思维建立在过去的经验之上，用它来识别机会，只会让你保持自己过去的样子，不会有突破。

在选择事业机会的时候，只有用开放思维来考量，才能打开崭新的视野并有所突破，创造未来的可能性。

04 结语

没有莫名其妙获得成功的人。

那些十年后事业上令人刮目相看的人，并不是因为时光变了场魔术，奥秘在于他们每一次的选择时机和准确踩点，以及个人的努力，正是这些帮助他们一步步走上顶峰。

不明白这些选择背后的“秘密”时你会说，这是机遇！但事实上，机遇永远属于有准备的人。

错失一次良机你还可以反超，但不可多次错失良机；因为人和人的差距，就是在此之后逐渐拉开的；多次错失后，赶上并实现超越的概率大大降低。

另外，也不要小看一份务实又有前瞻性的职业规划，并且在十字路口时不要羞于启齿，还是要多征求身边人的意见，甚至是职业导师的意见。职业规划是指路明灯，职业导师是那个当你在事业十字路口时，能够结合你个人情况给出具有前瞻性意见的人，因为他/她早已走过这一路。

获得面试机会，你需要做对三件事

我在知乎和微信视频号上创作的求职面试小视频《遇到强势的面试官怎么办？》《老板要我降薪共克时艰，我该怎么办？》火了，这从一个侧面说明在经济形势艰难的2020年，找工作的难度凸显，大家相应地也更重视面试了。

身边有些法律人看上去很普通，但他们的面试机会却相当不错，几年一跳之后他们整个职业路径走得比预期好很多，人称“黑马”；而有些法律人看上去个人基本配置不错，但十年过去了，依然在老位置打转，一深入了解，原来是缺少内部事业机会，外部的面试机会也不多。

其实找工作和找对象很相似，都需要精心准备；**能把自己的职业故事说好、争取到合适的面试机会并一举中标，是一种不容否认的能力。**下面我就梳理一下面试法律职位前三个关键的准备步骤，争取帮助大家快速提高面试通过的概率。

01 面试准备七步曲中的关键三步

在面试之前先要做一些准备工作，这能有效地帮助你获得心仪的面试机会，并在面试中增加个人自信度、提高脱颖而出的概率。为方便大家参照，我整理了一个面试准备七步表。

我的观点是：**工作面试事关个人职业未来，是一个认真思考、准备后采**

面试准备七步表

步骤	内容	责任人及行动
第一步	确定职业目标	自己思考+与职业导师沟通
第二步	准备通用简历	可自己准备，也可寻求职业导师辅导
第三步	简历投放	自己完成
第四步	与猎头或者用人单位HR探讨潜在机会	自己完成，随时和职业导师沟通
第五步	简历修正和投放（有针对性）	自己完成，随时和职业导师沟通
第六步	面试前准备工作（对公司的背调、网上填写申请，必要的话，搜索面经，熟读公司的JD，有的公司需要提前完成笔试）	自己完成
第七步	准备面试提纲	自己准备第一稿，请职业导师辅导

取的深思熟虑的行动，绝不是茶余饭后随便投投简历就可以的；战术上要重视，行动上切不可草率行事。

走过面试之前的这七步，自己准备是最基本的，有条件的朋友，可参考朋友或师长的意见；对个人发展重视的，则不妨寻求这方面的专业人士来帮助你实现目标。在这七步中，以下三步是最重要的，这三个步骤做得是否得当，关系到你能否获得心仪的工作面试机会：**（1）梳理目标、识别机会；（2）准备简历；（3）准备面试提纲。**

02 梳理目标、识别机会

公司法务和律所律师不定期地都会接到猎头打来的电话，如果你闲着没事，当然可以不加选择地和每个猎头及HR都沟通一下，俗话说“领市面”。

但实际情况是律师和法务都是996工作制，加班多、工作忙，只能针对性地选择适合自己的机会来进一步接触，否则可能会影响本职工作。鉴于此，我建议求职者在跳槽转轨之前务必要想清楚以下几个问题：（1）**长期的，或者说终极的职业目标是什么**？（2）**自己在当下需要什么样的事业机会**？（3）**为了找到那样的事业机会，谁可以帮助你**？（4）**你怎么找到可以帮助你的人**？

要回答以上四个问题，前提是你要对未来职业目标有一个清晰的设定，否则没有方向地接触各类所谓的“机会”，一来浪费你许多宝贵时间，二来这种盲目接受的机会，如果把它放在你的整个人生时间轴中分析，很可能对你真正想要到达的事业方向是没什么价值的。

举个例子，早年的时候我所在的集团CFO和我谈话，大意是“你在法务部有什么前途，财务有权有势，来我投融资部怎样？先做投融资经理，一年后做投融资部副部长”。

大部分人会觉得投融资部确实比法务部在公司受重视多，是个好出路。尤其是很多法务朋友心里比较在意法务在公司里的地位和尊严，再加上有法务被边缘化的问题，想着如果能换到更有“权力”的职能部门，这些问题就可以得到很大程度上的缓解。

如果我没有长期职业目标的话，我会觉得这对法务而言是一个特别难得的转型机会；但我早在研究生毕业前就制定了个人十年职业规划，我想在法律专业分步做到总法律顾问。这种换职业轨道的建议我听到后很警觉，并不欢喜。

如果做投融资，首先我非金融或投资专业出身，我的法律教育背景不会成为我从事投融资的优势；其次我没银行界的人脉，我的同学和朋友都不是这个圈子的，转行看上去很美但不一定适合我；最重要的是，这个职位和我的长期职业发展规划不符。所以，最终我谢绝了那位CFO的邀请，回到法务部，后升职做了涉外法务经理。

这就是一个非常典型的从我的长远目标推及至现阶段的小职业目标，从而对不请自来的事业机会自动做出甄选的例子。盲目，不会带你走上正确的路，而会带你走上岔路，**唯有清晰的职业目标，会带你走向自己想去的诗和远方**。在事业的选择上，我崇尚有方向感、目标清晰的人生。

03 准备简历——简历的契合性和相关性

很多人以为，法律界人士准备的个人求职简历肯定逻辑清楚；其实，无论是我做总法律顾问时收到的猎头递上来的应聘者的简历，还是我做职业辅导时收到的来访者的简历，优秀的、基本不用大改的简历是小概率事件，问题简历是大概率事件。

主要的问题出在简历准备得不专业上，包括格式上的不专业和内容上的不足。其实也没什么可惊讶的，写简历就是需要经历一个根据应聘和面试中的反馈逐步提升、不断完善的过程；毕竟写简历和回答法律问题是两种不同的作业内容，大多数人一生之中换工作的次数还是比较有限的，简历有问题正常。

好在格式上的问题比较好解决，可以找身边比自己职位高的朋友或熟悉的猎头朋友要个模板，依样画葫芦就有个大体的样子了。另外，在海外留过学的朋友在这方面做得相对好一些，因为国外的法学院职业辅导中心都有提供专业、简练的简历模板；至少保证这个学校毕业的学生在简历的格式上是不会砸了学校的牌子的。

国内法学院新毕业的学生情况则不一而论。一线法学院毕业的学生的简历一般还可以，如果是二线和三线法学院毕业，学校在这方面的辅导力量没有那么强的话，学生的简历很大可能就会存在格式上的问题。但这方面细碎的问题太多，加上我在律政职场私董会知识星球上已提供了简历模板，故而这不是我说的重点。

重点问题是简历的内容准备。不少人写简历很少考虑相关性和契合度，他们习惯于从自己的角度单线出发，急于把自己认为好的、出众的、闪亮的一面呈现给可能读到简历的人；但却很少静下心来思考，作为面试官的对方对候选人有什么样的期望，而自己在哪些方面可以很好地契合对方的期望，从而主动地在简历中展示自己的价值所在。

候选人要仔细地审阅对方提供的JD，想想自己过往的经历和这份JD有什么地方是契合的，主动地以适当的方式展示在简历中，这样有的放矢准备简历，才会提高命中率。试想下，你若不主动展示这种契合之处，作为面试官的法务总监、总法律顾问、合伙人，又怎么会有时间替你仔细地考虑去挖掘出这种契合呢?

在做一对一职业辅导的时候，经常遇到来访者和我抱怨市场机会不多；但以我了解的市场就业行情来看，按他的求职方向市场机会其实并不少。当我再带着我的疑问去细看他所提供的简历时，果然是一份重点不突出、个人人设不明确的简历!

这样的简历，是需要面试官或者猎头花大量时间来和你沟通、挖掘出求职者亮点的；现在的市场上求职者那么多，此类重点不突出的简历就会自然而然地被忽略掉，所以才会出现市场还不错但他个人机会很少的情况。

关于简历的长短，我简单地提一句，过长和过短的简历都不合适。可以准备一页纸的版本和长一点的版本，主要看对方的需求，分别在不同阶段提供。另外，不要和我说一页纸你做不到，你有太多的故事要说，一页纸完全不能体现你的精彩过往；我工作20多年都能写在一页纸上，你也一定可以做到!

我个人崇尚“人狠话不多”的风格，**在简历准备上句句切中要点才是能力**。过长的简历谁都没有时间和耐心看，除了感动自己外打动不了任何人。

04 准备面试提纲——用好面试提纲走过面试丛林

提交的简历被用人单位看中，双方约定面试的时间和地点之后，就到了准备面试提纲的环节。很多人会因初步胜利兴奋得昏头，只顾想自己那天该穿哪套衣服去面试了，却没有在面试之前有限的准备时间里，去深入地思考面试官有可能问哪些问题，从而有针对性地准备属于自己的面试提纲。

光鲜的衣着会帮你在面试中增加初步印象分，但没有得体的谈吐和恰到好处的回答，很难赢得一份工作，这里面的利害关系一定要厘清。

毕竟很多职位都不会只有一个候选人，在3~5个候选人中进行遴选是很正常的；而面试提纲在我看来，就是一副拐杖，能帮助你最终到达被录用的彼岸。除非你已经是面试谈判专家，能深刻地洞察人的心理，否则建议每个人都准备自己的面试提纲。

首先，面试提纲在不同的阶段有不同的准备重点，针对不同的面试官要分开准备。比如说，你应聘的是公司律师的职位，有三轮面试是很正常的；那么你在第一轮与HR沟通时的面试提纲和下一轮主管领导直接面试时的面试提纲要有所区别，因为面试官考察的侧重点不同，回答的重点也应有区别，建议分开准备。

HR想了解的是你的基本面，譬如你基本应答怎么样、待人接物是否和公司的整体气氛相符，他们的提问就会围绕这几个方面进行，比较容易问到你的优点和缺点这类问题。而如果是你未来的汇报对象作为面试官，他更关注的则是你的专业能力、你的处事风格；他就可能会有针对性地进行专业上的提问，问到你具体做过的某个交易，你的收获和经验教训。如果面试有三轮， 第一轮和HR聊，第二轮是和未来的boss聊，以及第三轮和未来的同事聊，要准备的面试提纲重点均不同。

其次，准备面试提纲的时候，总结重点很重要，但务必要准备与归纳重点相对应的例子来说明。

面试时间有限，针对每一个问题要言简意赅地回答；但往往面试官会想了解促使你这么总结的理由是什么；换句话说，有什么能用来证明你的总结是不夸张的、客观的？一个三五句话的小例子作为总结的支撑非常重要。如果你不提前准备这样的小例子，现场临时发挥，以我个人的经验和我做面试官时的观察结果来看，效果并不好。

最后，你的提纲或小例子，必须切入问题，高度符合对方的心理预期。

比如你去应聘总法律顾问的职位时，对方非常注重知识产权保护，希望候选人有比较丰富的知识产权诉讼经验，那么你在准备说明你处理过的复杂案件的例子的时候，最好能找一个你处理过的与知识产权相关的例子，而不是一个消费者产品责任诉讼方面的例子。

哪怕你所处理的产品责任诉讼案是非常复杂的集体诉讼案件，在业内人士看来处理这样的案子很了不起；但这不符合面试官的心理预期，你在这方面的技能也不是这家公司迫切需要的技能，你就容易被面试官否定。所以，你从准备阶段开始必须投其所好，选择好说什么样的故事，有的故事虽然动人，但和对方的需求不相关，可以先放放不提。

如果你常在面试中自我感觉良好，但实际得到的反馈并不好，建议你从你回答的相关性、切题与否这两个角度去找找原因。我在文章中提到过很多人的思维就是单线的，按照自己的出发点来写简历、准备面试提纲，很少去看公司提供的JD中所反映的公司选人偏好；以至于候选人说了一堆自己觉得很不错的内容，但是并没有戳中面试官的心理期待。

没有打动就没有后续的行动。面试就是这样一个实实在在的销售自己、打动对方的过程，所以从面试的准备阶段开始，就要从这个思路出发去打磨自己的面试提纲，把自己的职业故事讲好。

加薪升职的机会，得接下来吗？

平时在律政职场私董会知识星球里，看到不少会员朋友为缺少加薪升职的机会而苦恼。

每次听到这样的留言或者提问，总是会令我想起我在职业生涯中回绝过的几次外人看来大好的事业机会；和身边的朋友说起，他们也很惊讶于我这不按寻常人套路出牌的选择。

好在我对自己的选择很有主意，也从来没后悔过我放弃的“好”机会。我觉得事业和人生中，最重要的是懂得有所为、有所不为，听从自己内心真实的感受，选择自己每个阶段需要的事业机会，千万不要为title的光环和外人对你的期待所累。

因为我们每个人来到人世都需要活出自己，而活出自己的通道只有事业和家庭两个主渠道，所以在事业上追随自己的心意、真实地活出自己很重要。

01 和职业规划有大偏离的机会不接

2002年的时候，我跳槽去了一家外贸企业任进出口部主任。当时我的情况是考法律硕士研究生两次没上线，其中第二次考试成绩仅差了录取分数线几分，让人绝望！

好在东方不亮西方亮，就在我准备随便找个工作过渡一下等下次全国统考的时候，竟找到一家薪水不错又十分欣赏我的公司。我在那家公司算是坐火箭升职。当时公司几百人，老板在我到岗后一个月，就把我从试用期转正了；原因是他觉得我人品好，把公司当自己家一样。

他说了两件小事，过了这么多年我还记得，很感念他的细心。一是我加班时会把整个办公楼层用不着的灯都给关了，只留必要的灯，他解读为我把公司当自己家一样对待；二是当时我出差很多，去上海经常坐火车，而不像其他同事喜欢坐汽车，这样每次出差都会为公司节省费用，因为火车票比汽车票要便宜30元左右，他解读为我为公司着想。

实际情况是，我当时做外贸经常需要在晚上和外商通传真、通email、打电话等，用不着整个二楼亮灯，太费电了，随手关灯这在我看来就是自然的事。但老板当时住在办公楼二层的尽头，他心很细，发现了这个小小的变化；当时我对他住在我办公室同层的情况完全不知情，以为他住外面。

至于选择坐火车出差而不是汽车，我就是觉得办事不着急的话火车有空调，虽多了两个小时的时间，但火车比汽车舒服；如果着急办事的话呢，我选择夜班的火车或者从宁波到上海的轮船，一个晚上就到了，第二天早上办事也很方便。

这两件事于我而言是自然而然的举动；老板当时已经定居加拿大，可能是从国外到国内来投资企业，虽是祖籍宁波，但总担心自己是外来的而被本地人欺负；见到我这样的行为，他就上心了。也可能是公司的员工里，过去没有人这么做，一对比，老板就很信任我，想把几个机构职能都给我，包括HR、行政、员工食堂、采购部。

这些新增加的职能就足够我消化几个月了，但是没想到他又给了我去法兰克福车展参展的机会。如今看来，派员工出国参展可能对稍微有点规模的公司而言再普通不过了；但放在2002年看，这些机会就是栽培之意。我简直被好运砸晕了！

难得的是，老板很会予以员工人文关怀，他们夫妻俩顾念我第一次出国，特意给我画了法兰克福机场几个大厅的示意图，因为法兰克福机场很大，有三个航站楼，怕我第一次出国门玩不转这些会迷路。等到我从法兰克福回国的时候，他又亲自从宁波跑去上海浦东机场接我；我一出关听到老板喊我“李小姐”时，惊呆了。

老板说，得力爱将回来当然要亲自来接以示诚意，更何况我年龄小，且第一次出国做业务，一路辛苦。但我隐隐感到老板对我如此器重，也许有其他用意；果然没多久他就和我挑明这个用意了，原来他想在他之下设置两位副总经理，一位技术副总经理，一位经营副总经理，他选中了我为经营副总经理。

这样的好消息足够把25岁的我幸福地砸晕！当时身边年龄相仿的好友都恭喜我时来运转，还考什么研究生！劝我运气来了挡都挡不住，先抓住这个机会再说！哪怕有一天从这个位置上下来了，再考研究生也来得及！而且读书也不过是为了让生活更美好，现在美好的机会就在眼前，傻子才不要呢！

但我偏偏就是那个傻子！最终我没有接受升职机会，这个机会和我的未来职业规划产生的冲突或者偏离太大了，我坚持了自己的初心。

因为我去考研究生是打算转行做法律，同时通过学历的提升解决自己原来的学历可持续发展能力不足的问题；就转行而言，越早越好。当时我已经25岁了，如果为了这个工作耽误三五年，将来毕业的时候就30多岁了，就业的难度会增大，这是其一；其二，我很可能就一拖再拖再也不去考试了，本来是逮兔子的，结果看到了别的猎物，就追别的去了，最后什么也没逮到的寓言故事，我不希望发生在自己身上；其三，我当时虽然已经考了两年没考上，但差距是个位数，考试讲究一鼓作气，所以我想坚持去考，给自己最后一次机会！

我觉得无论做什么事情，如果认真地做了三次还做不好的话，那就变相地说明你不是这块料，趁早回头，无须执着。所幸第三次考研究生，我终于如愿地拿到了录取通知书。

现在再想想，当时面临的其实是**一个短期利益和长期利益之间做何选择的问题**。

机会虽然很美好，但既偏离了我的初心，和我职业规划起了重大冲突，又很可能把我带偏跑道，再也无法回到我的原定目标上。基于上述原因，很多人干一辈子也不一定能有机会得到的那个职位，我没有接受。

02 没有安全感的机会不接

第二次考验出现在我来北京工作六个月后，即将转正之际；当时也不知道为什么，原来在上海接触过的一家跨国公司和我联系，希望我考虑下他们中国公司法务副总裁的位置；公司世界知名，副总裁的头衔，对我是有吸引力的。

一边是已经工作六个月的公司转正已评估完成，另一边是我配合对方公司在北京面试，见过了他们的全球法务副总裁，也谈得蛮高兴的。

说实话，我当时有点心猿意马了，觉得怎么运气那么好！但疑问也不小，因为刚好身边有一位老同事的大学同学是我应聘的那个跨国公司岗位的前任，我很奇怪，我和这位前任年龄差距也不小，背景也不一样，为什么他们会对我感兴趣?

因为这个机会是HR直接和我沟通的，并非猎头介绍，因此也没有第三方可打听背景；于是我就找那位同事，看看他能否帮我从他同学处打听点什么背景出来；但对方回复得很隐晦，对我来说价值不大，隐隐感到内部情况复杂。

于是我又发挥了一下做尽调的律师本色，最后一次面试的时候我去得特别早，在会议室等了差不多一个小时，顺便去内部的贩售机处买了点饮料，并趁着买饮料、喝饮料的时机和几位员工聊天，大致摸到了一些状况，虽然这些状况有待验证，但反过来也佐证了同事帮我去打听后的答复。

在面试接近尾声的时候，我集中火力问了几个我很想知道的问题：

（1）为什么我的前任要被替换？您对她哪里不满意？（2）您期望理想的候选人具备哪些特质？您为什么觉得我合适？（3）这个职位未来的上升空间在哪里？

老外的回复虽然有点官腔，但我问了他们也不好回避。我听出来了他们对前任不满意，但为了过渡衔接保险起见目前并不打算让她离职；而是让她去上海工作，然后再重新招聘一个人担任她的职务，但放在北京，避免引起冲突；这样的双领导模式会并存六个月，直到新人通过试用期，才会对旧人采取下一步行动。

这对公司是最安全的，也是缓和公司和旧人之间矛盾的一种方式；但对我而言，却是一个不够干脆利落、让我心有余悸，同时也缺乏工作安全感、没有办法让我去全部投入的安排。用人，要彼此具备诚信态度，你请人就干脆利落，至少把旧事清理干净了，否则我从公司辞职了，而新公司的安排又有二心，让我没有工作安全感，那这就不是一个头衔和收入能解决的事了。

这样的职位，即使是钱和职位都令我满意，有必要去吗？很快，我拒绝了那家公司的offer，在自己的公司完成了转正，安心工作了。

03 易让人消耗过度的机会不接

除了上述两类机会外，还有一种机会我也不接，那就是容易让我消化不良的机会。

在我的法律职业生涯中，从吉利汽车开始我就一直在做世界各地的项目；吉利法务部的同事曾说我留给他们的最深刻的印象莫过于我的背影，每次见我在办公室出差回来没几天，又拉着行李箱出门了。

到了做吉利并购沃尔沃交易的时候，项目的体量很大，媒体形容吉利对沃尔沃的并购是“蛇吞象”，其实我们并购团队的很多吉利成员，都是第一次做这么大的项目，对于我们的个人能力来说，又何尝不是一种类似“蛇吞象”式的成长？

很多年后，我看到自己在并购时候的照片，只能用“瘦得脱相”来形容；当时一直处于精神上比较亢奋的状态，只是自己不知道而已。

等到了沃尔沃之后，从民企的法务管理模式转换到外企的法务管理模式，面临的挑战就无须多说了。但因为一直在赶路，我一直没有时间把“蛇吞象”式的成长做一次深入的消化和总结，更别说细细地咀嚼和回味了。

接雷诺汽车工作机会的时候，除了CEO的力邀、薪水变现，还有一点吸引我的就是雷诺的工作盘子和我过去的工作盘子相比来说要小，工作比较容易驾驭；这就给了我一个喘息和调整的空间。这样我才能有时间在工作之余去上个商学院，能在晚上10点不回复邮件的时候想想自己过去做过的那些事、得与失。

人一口气吃下去太多的东西之后，总要有几天少吃点，消消食，否则身体会出问题。**职场也是这个道理，在你经历了一段飞速的成长之后，你需要回过神来消化吸收；总是在赶路，反而容易耗尽体力感觉不舒服**。休整是一种刚需，而在雷诺工作的那几年就给了我很好的休整期。

等我调整过来之后，我就开始写公众号文章、出书；当我体力和精力恢复到足够下一次冲刺的时候，我就去考了托福，然后去美国法学院读书。去法学院读书又是一次竭尽全力的体力消耗和智力成长，也是需要时间来调整状态的。

在经历了职场快速晋升和发展后，人都需要休整一下，要有意识地给自己安排一个喘息的机会；避免过于亢奋，只知进不知退。**事业发展有强弱节奏变化，有高也有低的旋律，否则总是高音，听着也是分外刺耳的！事业发展需要一张一弛，弓不能拉得太满，否则容易断弦；事业不能总是处于亢奋状态，那是不健康的，亦难以长久**。

当你的能力和精神状态对的时候，事业机会之门自然会向你打开。当你的状态是很渴望，也比较亢奋的时候，一来你容易因过于热切而被劣质的机会蒙蔽，二来即使是好机会，你精力和体力不济，这恐怕也只能维持短暂的一两年。

事业发展，总是高光时刻就会消耗过度，君不见微信朋友圈经常有律师猝死的消息？反过来想想，是不是我们承接的工作让我们身体过度耗能到如此严重呢？有健康才有后面的无数个可能。

当你的状态低迷沉沦时，想想事业曲线本来有高有低，可以多读书、多结交朋友、多来律政职场私董会圈子里和大家交流，恐怕也就是几年的调整期而已，不用过于担心。

04 结语

写到这里，转眼2020年已经过去一半了。对我们每个人而言，这一年都注定是难以忘怀的一年。对我而言，每周通过公众号“律政职场私董会”和大家交流，每天在律政职场私董会知识星球这个平台回答法律人职业发展的问题，收获大家的信任，我很荣幸。

守住职业初心，找到职业的安全感，接受事业一张一弛的发展状态，这是我作为一个职业导师想和大家交流的一些想法。

加薪升职虽然好，但多听听自己内心的声音，有所为，有所不为，有时要懂得借力，有时候要藏力，这样才能更长久而可持续。

那些法律之外的经历，它们给了我什么？

我从小是个害羞腼腆的人，与律师给人能言善道、巧舌如簧的印象和要求相距甚远。

腼腆到什么程度呢？我开始工作（做国际贸易）后，远房亲戚和我外公一起到我家做客，我问声好聊了几句，他转头就和我外公嘀咕："以前到你家走动，她就躲她爸爸身后用大眼睛盯着我们看，怎么逗她都不说话，我心想这孩子听说是神童，但见人就躲起来一声不吭的样子，以后怎么出去见人做事，现在终于开口说话了。"

我容易脸红就尽量不开口。有的时候一样东西我明明心里很想要，但就是被动地等着别人察觉我的意图，这种腼腆和害羞带给我一些生活上的困扰，比如恋爱方面我就是暗恋派杰出代表人物，遇到喜欢的人憋出内伤也不说。这种情况直到年纪大一些才有改善。

但其他方面，我倒觉得腼腆有腼腆的好处。因为腼腆，我不善于社交，反而有了很多安静读书和独自思考的机会，就是人们常说的"想象力丰富、内心戏不少"，沉浸在自己的小世界里怡然自得。

我给自己的定位是做个小学音乐老师，弹琴唱歌写诗歌散文，诗意地过一生。谁知道命运的牵引力出人意料地强！20世纪90年代做国际贸易很流行，先是我那爱女心切的爸爸，在我考上大学后想方设法更改了我的专业方向，导致我大学毕业后成了国际贸易从业者；后来，我又遭遇家中变故，重压之下考取法学院，曲曲折折，最终成了一个靠法律为生的人。

因为有过这样曲折的从国际贸易转法律的从业过程，我和一路本科读法律上来的人不同，从而也获得了一个对比和反思的机会：我从那段做国际贸易的非法律从业经历中获得了什么？

概括地说，学会了开口说话、遵守诚信原则、主动勤快、为客户着想，建立了商业思维和基本管理技巧。

01 学会表达

国际贸易听上去洋气，说白了就是把国内市场上的产品利用国际价差销售到海外市场以获取利润，本质就是销售。我刚开始工作的1995年，打个国际长途非常贵而电子邮件尚未普及，往来沟通主要靠传真函电；核心就是把你要传递给客户的信息有效而得体地传递出去，引起客户和你继续交流的兴趣。记得教我写国际贸易函电的老师是解放前国民政府驻联合国的外交官，他选了很实用的教材来教，且喜欢对比几种表达同一个意思但不同沟通方式的函电；这让我明白，不开口说话连一点儿生意的机会也没有，但要开口说话，就要说得得体入耳，传递关键信息又兼具逻辑和礼貌，否则容易误解不说，也会搅黄生意。

逐渐地我养成一个习惯，在写函电前想想：我想告诉客户什么？客户想知道什么？这两者匹配吗？如果不匹配，如何引导客户接受我传递的信息或产品？

刚开始我只有纯理论，写得并不是很得要领，后来在上司对我写的函电不断润色和指导下，我逐渐写得有模有样了。一年后，我写的函电行文很顺、信息传递清楚、收尾也比较自然，这样客户就愿意和我联络。**学习写函电的过程，是一个有效表达自己、传递信息加合理说服的过程；这个技巧做律师也好，做法务也罢，都是基本功之一。**

但函电写得再好也不是当面沟通。我工作很长一段时间后依然一见人就脸红。腼腆羞涩作为生活中的女子本色是可爱的，但是放到职场上，总是落落大方更为得体。为了改掉见人就脸红低头的毛病，我特意去参加了我们系统里举办的几次演讲比赛以练习胆量。记得第一次去参加比赛时我紧张得腿直打颤，到第二次时就稍微放松一些，从第三次开始我就可以不脸红并且直视观众了，后来还获了个小奖。

这给我很大的信心！不擅长的东西，原来可以通过后天的练习而克服。其实后来和那些很厉害的人接触多了，大家聊起来才发现，真正天生不会紧张的人很少；很多人通过自己的一些小窍门和不断练习克服了紧张。现在即使我内心紧张，外人也基本上看不出来，包括在一些必要场合的发言和演讲，我都可以做到应对自如。就这样，我逐渐掌握了口头和书面的一些和人沟通的必需技巧，受益至今。

02 遵守诚信

说到做生意，巧舌如簧那只是表，诚信才是里，表里如一是最要紧的。记得我第一次和总经理上进出口商品交易会，外商问我要小样，现场有的我就给了，有的样品现场没有或者已经发光了，我就收集了名片备注好客户需要的样品型号和数量，允诺回头邮寄到国外。总经理在第一天参展结束后就把我拉一边语重心长地说："你答应别人邮寄的东西一定要给别人办到，办不到别答应；做生意诚信第一，没有诚信就没有回头生意。"

我很感激他教我这些。从那时起我做到了对产品和样品库存数了如指掌，包括带了多少样品到展会上，还有多少可以邮寄；如果库存数不足，我答应前会先找供货商核实他能给我多少样品；如果正式下单采购，交货周期大约是多长，运输怎么安排。这样应答给外商基本没食言过。有了诚信，他们对我满意就喜欢找我采购货品。毕竟，两个国家之间相距这么远，和不诚信的人打交道的话交易成本会很高，即便是我出售的商品价格略高一些，只要客户有钱赚还是愿意从我这里采购，省心！

做法律工作何尝不是这样！不轻易答应，一旦答应了，不管付出多大的代价都不能轻易食言，这是我对自己的要求。和人的交往我也是如此。我曾经为了我十年前的一句承诺，自费买了往返国外机票去给朋友的演出捧场；对方把我的承诺放不放心上，不是我考虑是否买机票飞过去的因素，我答应过的事，那就要做到。

我刚到吉利汽车工作做小法务的第一年，领导给我项目后中途从不过问，充分授权，因为我没食言过，哪怕自己熬通宵把文件做完，也从不失信于领导。后来在做吉利并购沃尔沃交易中，我给我们的外聘律师富而德团队的印象也是如此。我们那个交易很复杂，比很多自然资源收购、油田收购都复杂精妙；富而德明白虽然吉利集团比他们想象的负责而且体系庞大，但法律上的事情找到我，我说可以那就是真可以。这种合作因为互相信任，就顺畅很多。可见诚信不仅是做生意的口碑，也是律师的安身立命之本。

03 主动勤快

除了会说话、诚信，做生意的另一要诀就是主动勤快。世界上这么多卖家，你不勤快就有人在你一不留神的时候把客户给抢走了，因此要积极主动地联系客户；哪怕最近确实没什么事，也要积极地创造点儿合适的话题去联络和维护客户关系。但是，你光联系客户也只是事情做了一半，你得从客户的立场出发，考虑他们需要什么样的产品和服务。

有的人图省事，只销售现有产品，因为做新产品有新投资和未知的风险；但和我合作的供应商知道，不仅要销售现有产品，我还要求供应商和我一起帮助客户研发新产品。有时候客户给一个图纸，供应商不会做，我要帮着供应商想办法把样品做出来；供应商抱怨前期投入大了，我要和客户协调沟通看能否一起做些必要的投资，回报是将来的独家供货权。我很少抱怨客户的想法太多而我做不到，只是一心想怎么满足客户的要求。

现成的生意谁都能做，但谁都能做就意味着利润有限；新生意需要投入，但回报也高。放到法律工作上也是同理。那些老实规矩的解决方案，正式执业的律师、法务都会的，就是大众化的业务，竞争当然激烈；解决方案也是需要不断创新的，那种能千方百计地、穷尽一切可能性帮助客户解决问题的法务和律师更受客户认可和欢迎，因为他们创造了额外的附加价值。

如果你作为法务或律师思考问题的方式总是不断地挑战和超越自己的思维极限，去为客户谋求最大化的利益，那还用发愁生意清淡、没客户上门吗？我们反复不断地谈亮点、说创新，但真正做到的有几个？不少人只是嘴上说说，到最后成了逃兵回到老套路上去了的很多，因为老路省心省事，创新要面临风险和失败。

当然，如果我有好建议，既能满足客户核心需求，在设计上稍做改动又可降低成本，也会积极地去说服客户，总之以为客户好为着眼点。交易中还有许多琐碎的事，比如出货的安排、包装、质量检验，我都想在客户前面。久而久之，客户对我的满意度就很高，积累的客户越来越多，我的生意也越来越好；别人愁完不成业务指标，我愁货多运不出去。因为业绩还不错，我被总经理培养，年纪轻轻就做了国际销售的头，后来采购部、管理部也被纳入我的管理范围之内，最后连公司的食堂都归我管，当时我才25岁。

因为负责的工作内容多，我每天要比别人更早一个小时上班。我的一天先从去食堂看采购单、询问当天的菜单物料采购安排开始，保证让每个员工花一元五角钱（2002年）吃到一荤一素一汤的饭菜；然后到办公室找采购部主任和管理部主任沟通要处理和协调的事务；最后处理国际贸易业务，中间还要听各种反馈和汇报，接待来找我谈心的员工。虽然当时年纪轻处理这些事情并不老练，但通过这段经历，我学到了管理和驾驭不同层级员工的必要技巧，这对我后来做总法律顾问非常有帮助。

04 结语

我有时想，若不是命运弄人，我说不定会成为一个不错的总经理。但26

岁那年我考上了四川大学法学院的研究生，因为国际贸易专业是大专学历，考虑到这一学历背景对我未来的职业发展支撑不够，从长计议，我放弃了在国际贸易行业八年的积累。然而，法学院毕业时找工作找得很曲折，以至于我内心摇摆过是否回到国际贸易公司从总监或者副总经理开始做回老本行，但最终我说服了自己，选择在法律业从零开始。

诚然，做法律业对我而言相当于二次创业，但我相信人生没有白走的路，**那些从非法律从业经历中所学到的技能一直随身，它们会以另一种形式归来**。

会开口说话、遵守诚信原则、主动勤快、以客户为中心考虑问题的思维方式，还有管理技巧、商业思维，这些过去我在从事国际贸易工作中获得的技能，不正是作为一个律师的基本素质吗?

最近遇到好几个“半路出家”学法律的朋友来寻求一对一辅导咨询，有的已经在路上了但内心依然忐忑不安，有的则正在做转行决定的过程中，放不下过去多年的积累。

我想只要这个工作是自己内心真正喜欢的，就不必过多地忧患得失，所谓的失去不过是转化为另一种形式的存在。

写总法律顾问手记六年，创办线下的律政职场私董会五年，如今建立了会员制律政职场私董会知识星球，针对法律人在职业发展过程中遇到的问题通过问答的方式来“把脉诊断”、出主意，这对我而言类似于第三次创业。其中，既有过往的积累，也有很多东西要从头学习。

但我没有内心的纠结，因为我相信那些失去的终究会以另外一种形式归来，而且现在我做的，是让我感到愉悦、能助人助已的事业。

法律职业
转型时期的三要素

20年前，我从国际贸易行业转身去考法学院，一考就是三年，这次转型改变了我的人生轨迹。

记得当时法律界清华法学院才刚设立，法律硕士全国统考开始还没几年，法学硕士、法硕之争聒噪无比。而我在国际贸易行业做了八年，小有成就，很有发展为总经理的前途。学法律是一条需要从零开始的新路。

这件事在我转换职业的时候，几乎避免不了地被反复提及，以至于我自制的面试清单50问中专门有此一问，而且中英文对照，回答时超级流利。但那准备好的回答（台词）都是和不熟的人应付面试用的，谁也不是真的很在乎你为什么忽然来了个转型，只要你的答案不是令人特别地起疑心，别人基本就不会再追问。毕竟面试时间宝贵，还有很多更有意思的问题要问。

但推心置腹地说，当初有三个促使我做出转型决定的真实原因。

（一）**学历安全感**。家庭发生变故，需要我去承担责任；大专学历，不管我人再机灵、外贸做得再好，都无法提供足以支持我一生事业发展的底子。

（二）**职业安全感**。我18岁开始入行做外贸，这是一个门槛低而竞争激烈的行业，国际销售吃的是青春饭；如果不早早地成为贸易公司的总经理，35岁后就得面对事业发展停滞的风险；我不想在35岁时就被淘汰，我想做越老越吃香的职业。

（三）**行业安全感**。外贸的利润越来越薄，我当时看到的小外贸工厂的状况是都在拼劳动力低廉，谈不上什么技术先进，因此这是迟早要衰竭的行业，除非我国的工业不停地升级迭代，始终能提供有竞争力的产品。虽然2000年前后做外贸还是有利可图的，但主要靠出口退税；尽管当时加入世贸组织谈判在全国范围内说得火热，但我心里有的是对不久之后外贸无利可图和后续逐渐衰退的担忧。

我在20岁左右就想明白了我需要三种安全感，这三种安全感由内向外依次递进，而后我努力去跨越从大专到研究生的障碍，最终越线成功。

记得当时我离开宁波去成都读书时，一帮做外贸的朋友为我饯行，难免劝我“读什么书，挣钱多好”！挣钱是好，但人生很长，我对外贸业将逐渐从薄利变得微利甚至无利的看法，当时没几个人信，但到了2010年，情况就很明显了。

时间证明了我的眼光！尤其在2020年新冠肺炎疫情冲击下，情况更惨，很多外贸人需要转行。如今人到中年，我的同学中除了经济上能退休养老的几位外，不少人很尴尬，但现在已经不可能像我当年那样去读个书、换个行业了。

人，就是因为居安思危才能化险为夷。学历安全感、职业安全感和行业安全感，是我考虑许多变动时做决定的三个重要因素。

再说说我为什么在40岁出头到美国去读书。

梦想是一个方面。当我还是个不大点的姑娘时，转行参加法律考试之后，我的梦想就是哈佛大学。虽然这个梦想最终没有实现，但我实现了一个自己能接受的类似的目标，在实现这个梦想的过程中，我克服过常人难以逾越的困难，也体验了梦想成真时童话般的喜悦，就人生经历和阅历而言，值了。所以，永远不要去嘲笑一个年轻人的梦想。

另外，从这三种安全感的角度做分析，学历安全感不是我这次变动的主要原因，但行业安全感和职业安全感，是。

我在汽车行业这么多年，在2012年以前公司几乎每周都在欢迎新同事，总是一片喜气洋洋的气氛；我喜欢那种欣欣向荣的感觉。但自从国家逐步颁布了汽车业的限购政策后，从2013年起，HC就被冻结了，入职少了很多，只有contractor才能入职，我需要人的时候就干脆用外部律所的secondment；2015年后，就变成每个月都在送别老同事，被请喝“别后无恙”咖啡。

早年帮吉利汽车做海外项目时，我曾到世界各地参观汽车工厂，和工厂的总经理交流代工的可能；当时西方车厂大量产能过剩的状态，历历在目。如果你有机会去美国底特律，能看到那个城市已经破败得很，失业率和犯罪率居高不下，房价和20世纪90年代的水平差不多，基本很难恢复旧日的荣光。

而作为法务的我们，个人的职业发展要依附于平台，平台是否处于上升期对个人的影响是很大的；身处于这样的行业，我不可能感受不到这个行业在走下坡路，我的行业安全感动摇了，是时候离开去找另外一个上升期的行业了。

另外，职业安全感也是一个方面。我在的公司每年都会请Hays公司来帮高管做性格测评，高级管理是我的强项，在工作的几年里，我的好几次绩效评分都达到中国区唯一的“transform”等级。但我的CEO也被外部顾问告诫说，“你要经常给Lily机会去激发她的潜能，否则当她的潜能无法得到满足的时候，平台留不住她，或者说她人在、心早已不再；因为她是那种不断需要挑战的人，而你要满足她的需要才能留住她”。

很显然，我是不能接受高薪而无趣的工作的。虽然很多和我差不多level的人，如果没有更好的选择，一般就会选择安稳地终老，而不是去冒险，这没有什么不好。但我喜欢体会到职业的生命力和活力，对于我来说，不能给我提供活力的职业不是好职业，我只是在体面地浪费时间。

但上一个小山坡就要从众人的包围中脱颖而出，已经很不容易了；从一个小山坡上决定走下来，去一个更大的世界证明自己，是非常难的。更何况我过去的职位，很多从美国名校回来工作很多年的人都不一定有运气得到，这一点我在留学之前就早已明白。

理智告诉我，既然安全感三要素中有两盏亮起了红灯，而且我的内心深处有对另外一个高峰的执念，如果我不从那个小山坡上走下来，就永远没有可能走上更高的山峰。而对未知的恐惧又不停地动摇我：你放弃了山坡，未来能否再登峰是不确定的，你真的能放下那些世俗的名利吗？

对我而言，未来不确定不是最大的风险，最大的风险是原地踏步，更可怕的是不知不觉温水煮青蛙式地失去竞争力。基于这些考虑，我选择走向了另外一个未知。

帮我的母校之一中欧国际工商学院的MBA全日制学生做职业辅导时，其中一名前记者学生问我："我也在美国读过研究生，我看了你的简历就在想，这个岁数去读法学院真的很难，你不怕吗？"

怕！当然怕！怕毕不了业，怕不适应，去之前我曾有过各种恐惧。

但我不能因为正常人都有的对未知的恐惧，而不去做理智告诉我应该去做的事情。转型是为了更有职业竞争力和职业安全感。如果不走出这一步，此刻的安全感，也许就是明天的危机。我更愿意将人生的可能性主动地掌握在手中，而不是被动地接受命运的安排。而且幸运的是最终我所恐惧的事，都是我头脑里的臆想，一件也没有发生。

我的收获之一是，在这个过程中我体会到了我自己生命扩张的力量，和这么多来自世界各地的杰出法律青年在一起，我触摸到了自己的边界和局限；明白了什么事可为，什么事不为。

在出国前，事业上我想要的都如我所愿，自己努力，有贵人提携，从来不知道边界为何物！尤其值得一提的是，因为感知到了边界而收获了谦逊，心软了下来，这对我来说是份礼物。

另外一个收获是，我更坚定了不用活在别人的期待里，做自己喜欢的事就好这一信念，所以才有了这个知识星球版的律政职场私董会。虽然现在新的法律职业咨询事业才起步，但一直在发展、在进步、在不断刺激我的潜能，这就很让我满足！

多考虑，多请人分析，听从自己内心的声音做出选择就好！相信我，每一条路都有不同的精彩！

打破常规，
做让你既渴望又想逃避的事

上知乎“总法律顾问手记”专栏发新文章，无意中瞟到个问题：“**28岁大专女，已婚已育，找工作被第一学历打击了无数次，现在考研晚吗？**”

没犹豫，我花了一分钟回复道：“曾经的26岁大专女，工作八年后发奋考上法律硕士研究生时也被人质疑过太晚了，但我没理会；去年这位正在回答你问题的、曾经的大专女，放弃跨国公司中国区总法律顾问之职，以41岁高龄申请去美国顶尖法学院读了公司法法学硕士，参加了纽约律师执照，刚学成回国。立志要做的事，永远不晚。如果没有当年立志的第一步，我永远也不会想到有一天自己能走这么远。加油，走出第一步。”

一个想法，尤其对当事人来说属于一个和现实相距甚远的梦想，除了令人产生兴奋、激动等正面情绪之外，去做之前也很容易让人产生负面情绪，包括焦虑、不安、自我怀疑等，两者相伴而生。如果处理不好，会被负面情绪反噬，人会不由自主地在“做，或者不做”的信念之间来回拉扯。**这种拉扯有时在耗尽了人的力气之后，最终使原本想做的事停顿了下来；而有的时候，人则在拉扯之中滋生出破茧而出的勇气，甚至直冲云霄而上。**

题主可能正处于类似的拉扯阶段，有目标亦有自我怀疑。我的回复会不会给她走出第一步、去探索未知世界的勇气，我无从得知；**但如果不打破常规、去做一件你渴望又逃避的事，你永远不清楚自己有多大的潜力。**

1995年，我大专毕业后进入一家大型国有企业从事进出口工作。在从事进出口业务工作期间，我分别参加了浙江大学主考的国际贸易自考本科和全国统一的法律硕士研究生入学考试，最终于2003年去四川大学读法律硕士研究生。如今回想起来，自考和考研的路上，最大的收获是发现了另外一个我，坚韧、有力量的我。我曾经觉得这些品质是别人家孩子的，和我无关，直到我通过有效的自我管理印证了自己身上也有这样的潜质。

交代一下背景，我高中毕业时的1993年，宁波效实中学，也就是我的母校，高考升学率超过98%，北大、清华、上海交大、复旦的宁波籍学生基本都是我的母校输送的；我当年只考上个大专，属于在学校中垫底、同学中抬不起头的那种。但即便如此，甚至是没考上大学的实效中学毕业生，在当时依然是海关和银行招聘的“抢手货”。

高考使我们这些半大不小的孩子走上不同的人生道路，我因种种原因落后了。对女性而言，当时的说法是高考是分水岭，而嫁人是第二次机会，等同于第二次投胎，但我又时运不济，“第二次投胎”总不成功。考研究生当时被戏称为“第三次投胎”，在同学中并不流行，主要原因是在当年本科学历就够用了。但这条路，上了重点大学本科的高中同学没想到我会走，因为这对一个大专生而言太难了，难度远高于“第二次投胎”。这是一条在正常人的逻辑里我最不可能走的路！

我当时对自己的认知是感性、细腻、敏感，并没有表现出具有刻苦耐劳的品性。高中时我家经济条件蛮不错，父母和家里的工人把我照顾得很妥帖，我天真的个性中有点娇气，吃苦好像和我没什么关系。 这些背景夹杂在一起，导致我的高中同学听到我从大专学历起点考上研究生的消息时感到意外，实际上连我也感到意外！

我意外的是我怎么不知道自己身上蕴藏着另外一种能量。**到底是什么力量把我的潜力激发了出来？是面对困难打破常规的勇气和说干就干的行动力。**

首先，我和知乎题主一样犹豫过要不要考研究生，在采取行动之前的一段相当长的时间里，内心有两个不同的声音在吵架。当时我家中出了比较严重的状况，很多负面的感受扑面而来，力量是很强大的，很多遇到类似情形的人会被坏情绪所吞噬，然后自暴自弃过一生；可能我比较乐观，困难反而激起了我的战斗力。为了尊严也好，为了我个人今后的命运、人生走向也好，在这些因素共同作用之下，我产生了用知识改变命运的想法。

想到可能被改变的命运，我有兴奋感；但想到面临的种种看上去难以逾越的困难，我就不由自主地往后退。但如果我不甘心于可以预见的命运，考研究生就是我应该走的路；意识到这一点之后，我逼了自己一把。我把我的想法和周围的朋友及同学都说了一遍；等朋友圈都知道了我的考研计划之后，无形之中我多了压力和监督的力量，也就无法退回原地打转了。

很多人不敢说出自己的想法，怕没成徒留笑话，不如沉稳一点，做成了再说。**如果你很善于管理各种交织作战的念头，这无疑是很好的策略；但如果你和当时的我一样，还不能很好地管理不同方向的声音，直觉又明确地告诉你大致方向时，不妨采取“告知战略”，借助外力把自己的内在小马达启动起来再说**。

其次，我晓得自己大专底子和研究生的入学要求之间是有差距的，刚开始学习的时候因为困难太大，很多次想停止学习。

所幸面对困难，人类大脑有自我保护功能。当面对巨大的困难时，大脑自动地把我保护起来了，它引导我很少去想差距，更多地专注于当下每一天的努力、每一天的进步。有一段时间，学习前我必须用特定的方式花五分钟到十分钟的时间有意识地集中注意力，告诉大脑我要学习了，不想其他让我有很强的无力感又无济于事的事，大脑就会在我的主动催眠下乖乖就范。

学不下去时，我主动冥想下考上研究生后我所期待的未来，那些美好的场景和未来的许多可能性，有效地帮助我克服了因为困难太大而产生的厌学心理，坚持努力下去。

在纽约律师执照考试准备期间，由于我已经持续了一年每天12~13个小时的学习强度，到考试时达到了极限，又产生了厌学心理，但最终还是通过上述自我管理方法平稳渡过了厌学关。

最后，一年一度的全国法律硕士入学统考在那里等你，第一次结果出来后还是难以面对成绩的；要发挥阿Q精神，要多看积极的方面。

比如我基础不好，我告诉自己第一次考多少分都没关系，能不缺考坚持考完就是胜利，今后继续努力。第二年成绩出来我只差了几分，虽然没能早一年去上研究生，看着一起考研究生的小伙伴都有书读了我还没着落，也挺焦虑的；但我更多的是看到事情的积极方面，我成绩进步不少。

同样一个结果，对其积极的解读和消极的解读会产生两种截然不同的效果；有的人从半杯水中看到水只剩下半杯了，有的人却说还有半杯水，真好。**尽量给自己正面的、积极的暗示，而不是消极的、负面的，心态会影响勇气**。

第三年考的时候，我抱着只问过程、不问结果的心态，但实际上考试成绩还是考友帮我打电话查的，可见我当时也有各种担忧；但这次就考得比较好了，最终我花了三年时间把自己从大专毕业生变成了研究生。

上述只是战术，最重要的是起念、采取行动和坚持下去！

其中起念尤为关键。大专生考研究生虽不多见，但并非不能；如果意识里将“少见”等同于“不能”，就束缚了你起念的可能性，很多人没能采取行动第一步的关键原因就是在意识里作茧自缚。

在考研究生过程中，我认识了一位考了八年研究生才如愿上学的前辈，当时他已是一位受人尊敬的大学教授，从初中中专的起点一路考上来，他和我说起他的过去、改变命运的渴望和他的坚持，我非常感动。部分出于这个原因，我也愿意说说我的过去，鼓励那些心有惶恐，又渴望未来的人。当然，也有一路顺风顺水的集大成者，但毕竟普通人是世界的常态。

采取行动是念头落地的第一步。**一个好的正面的念头在心中呈现后，首先需要逼自己走出这一步。采取行动后，你的恐惧和不安会渐渐地消失，唯有你渴望并采取行动之后，那些对你有帮助的资源才会渐渐地聚集到你身边，而不是之前**。你会发现你的担心没准儿完全是多余的。

记得我考研的那几年，家中变故加上考研耽误工作，不夸张地说连考上后学费在哪里都不知道。但我笃信只要能跨过第一步考上研究生，其他的事是能够一步一步解决的。果然，这些事后来都顺利解决了。

这些经历提醒我，**别过早地让未来的焦虑消耗光你今天向前的勇气；先做，在做的过程中不断地修正自己的设想，比一味担心、焦虑有用。**

后来我有机会到中欧国际工商学院学习了两年。我留意到，身边的许多企业家在创业过程中并非是准备好了才行动，而是有想法就做，边做边修正和调整，通过不断地试错而最终取得成功。这个观察结论进一步验证了我边做边修正的想法。再后来，读桑德伯格的《向前一步》，其中有一句话让我印象深刻：“**完成胜过完美。**”我认为这就是人能成功的意识诀窍之一。

毋庸置疑，我考国内研究生的经历改变了我的人生。毕业后，我的事业比大专毕业时顺利很多，这也为最终去美国留学打下了必要的基础。可以说，没有当初的第一步，就没有后来的许多步。

坦率地说，我的第一步给我的最大财富是积累了克服看上去难以逾越的困难的经验。后来我无论是做重大交易，还是事业中遇到令我既兴奋又害怕的机遇，基本上都是依靠考研究生那三年时管理自己的经验来激励自己的，这些经验和手段也从来没有让我失望过，一步步地帮助我实现当初看似遥不可及的目标。

比如当初我考研究生、萌生去美国上顶级法学院的愿望，走的是少有人支持的路，曾经的博士男友告诉我，去美国上学是一个白日梦；但我相信自己的判断，坚持要采取行动让白日梦成真。时隔多年圆梦后，我们已经不再是我们，听他说起看到我梦想成真后感觉自己不能落后，打算过几年申请包括纽约大学在内的美国大学博士后，我很欣慰。如果我的行动，对曾经的恋人有正向激励意义，这也是圆满的结局。

再譬如我2015年开始写“总法律顾问手记”系列文章时，我想到写书这个宏大的目标，很是憧憬。但是我的日常工作如此忙碌，万一坚持不下去徒留笑话，不如和许多人一样，过我的安逸日子闷声发财就好，为什么要冒风险站出来任人指点？虽然这么想了很久，但我意识到这是我在这个人生阶段该做的事情，最终说服自己采取了行动。

从决定写文章到如今，五六年过去了，事情并没有朝我设想过的最差的方向发展。

在这个过程中，除了在纽约大学法学院读书的一年因学业太忙基本封笔外，我保持着每周一文的创作习惯，这一篇是第84篇。看得见的收获是两本已经出版的书和一些同路人；但看不见的收获更多。比如此刻我冒傻气地想，如果没有两本著作锦上添花的话，在当年激烈的申请竞争中，我还会被纽约大学法学院录取吗？答案我永远不知道，但我知道我的坚持和行动带来了正向的回报。

回国后我安静了许多。见过了人称宇宙最繁华的风景、圆了20年前的梦想、体验过了美国法学院的就学经历，人就处于一种老僧入定般的状态。“宠辱不惊，看庭前花开花落；去留无意，望天空云卷云舒”，就是这种自在状态。

但我提醒自己**要以出世的精神做入世的事业**。我有些使命要去完成，这意味着更大的困难和挑战。和平常人一样，一想到挑战和困难，我岂止感到害怕和不安，更多的是头皮发麻、不由自主地想后退。但我知道如何正视和管理这些念头，我也借知乎题主的问题，把自己的一些过往经验分享给读者。

如果你和我一样，不愿意接受命运的安排，你可以选择改变，跳出固定思维，想你不敢想的，然后采取行动把想法落实到行动中。改变的过程中有很多困难和绝望的至暗时刻，你看到的所谓成功者，绝大多数不是一帆风顺的。我无意多说我经历过的至暗时刻，而是想把关注的焦点集中在如何解决行动之前和行动过程中人的心态摇摆不定的问题上，这是我写这篇文章的原因。

“纸上得来终觉浅，绝知此事要躬行。”那些充满荆棘的、坎坷的、向上攀登的云梯是存在的，普通人的身上也蕴藏着巨大能量，**你所需要的，就是走出第一步！去做那些让你既渴望又想后退的事吧！**

我的人生计划书——自我实现的密码

01 人生计划书

2018年3月末，在确定去纽约大学法学院读书之后，我和我的“总法律顾问手记”系列书的责任编辑开丽商量，借出版社宝地办一次线下律政职场私董会活动，得到了知识产权出版社的大力支持。

律政职场私董会因总法律顾问手记系列文章而生，创立于2016年1月的北京，为法律人交流职业发展难题提供了一个平台。当时听闻我41岁将赴美读书，也知道我从大专生一路过来的不同寻常的经历，许多读者朋友从京津冀地区坐高铁赶来，甚至还有从深圳飞过来捧场的，好不热闹！

但当我的人生计划书投屏到会议室后，现场变得异常安静；这份人生计划书在观众的内心宛如投下了一个重磅炸弹，他们被震撼了！

你看到的不是奇迹，更不是中彩票，而是普通如你我的人，用心提早规划和竭尽全力地自我实现而已，这是我想传递给观众的声音。

我的人生计划书就是我自我实现的密码本，包括情绪追踪、职业规划、现金流、婚姻家庭计划、兴趣爱好等几个部分。但要做这份计划书，需要一个步骤一个步骤地深入。

02 你想成为什么样的人？

做了这么多年总法律顾问，我面试人时一般都会试探性地问一个问题："你想成为什么样的人？"

很多候选人会回答我三年之内想怎样、五年之内如何；身经百战如我，这些提前准备过的回答，很难让我产生眼前一亮的感觉。

想成为一个怎么样的人？答案可不仅是一个职位！这是一个全方位的概念，事业和职业只是其中的一小部分。

我问的是候选人的人生目标，和目标下的每一个部分，以及每一个部分下的可执行的方案。诚然，除了小时候我们会被父母长辈试探性地问"你长大了想做什么？你的理想是什么"这一问题外，成年后，多数人不再问自己这个问题。

我们中的大多数人，早已习惯了在社会的洪流中不由自主地被事情推着，机械化地往前移动、前进、发展；却很少有人能主动地从琐事中抽离出来一段时间，将灵魂升华到一个更高的高度，去想一想我想要成为一个什么样的人！

我希望你告诉我，你从哪里来，你想往哪里去；你认为自己是一个什么样的人，具有什么样的性格和气质特征；你认为这一生的使命是什么，你愿意为什么而奋斗；你有哪些优势和劣势，给你带来了哪些烦恼和快乐；你有哪些必须完成的事情，如果不完成会让你觉得此生有憾。

唯有清楚地认识到自己是什么样的人，渴望成为什么样的人，明白自己目前处于哪一个人生阶段，为了配合自己的大目标，需要什么样的职业选择，你的职业选择才会很明确；相应地，对我而言，只有了解了你想成为什么样的人，我也才能慎重地考虑，如果我们有缘一起工作，我能对你有什么价值，你会对我有什么贡献。

然而，很多人在面对我的提问时茫然不知所措；一句"我没有想过"，是很普遍的回答。实际上，你想成为什么样的人，是做职业辅导或者人生计划书的起点。

03 我想成为什么样的人？

我小时候在海边长大，常看着天边瑰丽绚烂、变幻多端的朝霞和晚霞着迷，有时就追着它们在田埂上疯跑。

我格外喜欢在海堤上看日落。大自然的壮丽景色丰富了我的想象力，有时候我边随手从石头堆里翻出几只螃蟹，边不由自主地想：长大了我要去哪里？

海堤边偶尔有远洋大轮船鸣笛而过，有人告诉我，一直往东南方向开就能到宝岛台湾；再走远一点，就能越过东海到更大的世界。我渴望能一夜之间长大成人，那样我就可以去看看外面的世界了。

我的家乡方圆十里地说一种方言，我说宁波方言，但我读大学的时候，经常听不懂来自家乡附近的同学说的方言，闹出过许多笑话；而在我们本地，父辈们一辈子都不会说普通话很普遍。

我当时年纪小，眼界有限，想法亦十分多变，但我想既然远洋轮船能到台湾和更远的地方，那我得学好外语，否则我到了那个世界该怎么和人交流呀？

于是我就很认真地学习英语，并对去海外看世界这件事抱有很大的兴趣。但成年后遇到的一系列变故，让我看外面世界的梦想变得很遥远。也正是因为这份无力感，感觉落魄的凤凰不如鸡，于是就戏称自己为“Cinderella”。后来，工作过程中辗转遇到了位台湾上司，他知道这个童话故事里的灰姑娘的名字做英文名不妥，就提议我把英文名改为“Cindy”，并力荐25岁的Cindy——我代表公司去法兰克福的车展开展业务。我没有胆怯且很兴奋，因为我终于可以去自己小时候想象中的远洋轮船的目的地——海外，一看究竟了。

我的台湾上司在我出差前问道：“Cindy，你有遗嘱吗？”我的第一反应是，我年纪轻轻的立什么遗嘱，多晦气呀！

他说你去其他国家出差有遇到意外的可能性；遗嘱一来帮助我们让意外

发生后的事情按照自己的意愿发展，二来帮助我们反过来想想，什么是自己在这个世界上最重要的东西，哪些人是自己最在意的人、最放心不下的人，有什么没有完成的愿望；这会提醒我们更珍惜每一天，并努力地去达成既定的人生愿望，以免在临终之时留下遗憾。

他的说法听起来似乎有些唐突，但仔细想想很有道理，于是我在第一次国际长途旅行前写下了第一封手书遗嘱。

我很难描述一个25岁的姑娘写一生中第一份遗嘱时的心境；但就在这个过程中，我整理出一张我想做而没有做的事情的清单，并下决心要去完成。这是我第一次从死亡的角度来反观我的人生，也为以后做人生计划书做了一个铺垫。

也是在那次法兰克福车展上，我遇到了一位在德国读法律博士的姐姐，她被请来做现场翻译；我抓住空当就问她德国法律博士怎么读，了解欧洲读书的情况。当时我已考了两次法学院了，正犹豫是否破釜沉舟考第三次；她的介绍对我很关键，让我了解到了另外一个世界，看到了未来的某种可能性。

可能性是个无比珍贵的东西，俗称“希望”！

只要希望在，人就会一遍遍地飞蛾扑火般地去尝试，而成功的机会，就藏在无数次改正错误后的尝试中。回国后，我带着这位萍水相逢的姐姐在我内心再次点燃的一点点火星，参加了第三次全国研究生统考，我考上了！

考上法学院在我的人生中是一个重大的转折点。如果要做人生计划书，我们需要一起回顾许多这样的转折点，识别出它们为何对我们如此重要，这是后话。

感谢我的国际贸易从业经历、我见过的人、我看到的世界，它们从不同的角度刷新着我对世界的认知。

无论是台湾上司引导我从死亡的角度去反观人生，还是那位萍水相逢的姐姐让我了解到世界的一小角，有一个结论毋庸置疑，外面的世界对我有吸引力，我想通过个人的努力去实现那些当时看似遥不可及的目标。

考上法学院后我把去海外读书的目标已经具体定位到哈佛大学法学院了，还有许多人会觉得这是不现实的想法；以至于当时正和我谈恋爱的男友听我兴致勃勃地说完这些想法后，批评我做白日梦，很令我沮丧！于是，我把QQ名改成了“Daydreamer”，激励我去实现那个目标。

很多年后，当我去纽约大学法学院上学时，看到他的微信祝贺留言，内心早已不起任何波澜。我逐梦的经历也促使我提醒下打算申请留学的小妹妹，我梦想去排名第三的哈佛，奔着这个目标去，最后到了排名第六的纽约大学法学院；如果你在申请的时候，梦想的是排名第六的纽约大学，最后的结果很可能是滑到排名第十的学校。

人不仅要敢于立志，还要把目标定得略高一点，刺激你去发挥所有的潜能！

如今我做职业辅导，我并不怕想法多的人；怕的是心如死灰，或者说没有什么想法的人。

人生光阴百年而已，放在历史的长河中，绝大多数人微小如尘埃；但即便微小如尘埃，**如果能早早地明确自己的身份、使命，落实到具体的职业规划，甚至更宏大的人生计划书，我们也能在尘埃深处绽放出生命的张力，在瘠薄的土壤里开出希望的花。**

但如果你内心的小马达没有启动，你不相信自己可以做梦，那么我再助推也是无济于事的；诀窍在于你想要什么、想成为什么样的人、想怎样过完你的一生。

如果你从来没有严肃、认真地思考过这些问题，那么在你找我辅导之前，不妨先从琐事中抽离出来一段时间，想一想这个问题。

04 向死而生的艺术

人生计划书也好，职业规划也罢，在我看来，归根结底是一种向死而生的艺术。

不知死，焉知生？人如果没有对生的紧迫感和珍惜感，很容易混日子和推迟做想做的事情——反正来日方长，急什么？

但在我写下遗嘱的25岁，我真切地感觉到了紧迫感，尤其是我能带来现金流的职业生涯阶段。

我18岁开始工作，假设工作到65岁，我的职业人生也就短短的47年而已。而在这47年之中，我要完成几个很艰巨的任务：首先要养活自己，自食其力；其次是买房买车，给自己基本的安全感；再次要组织家庭的话，还得准备孩子的成长费用和读书费用；最后还要给自己准备养老金和支持父母养老的费用。这么一算下来，就有了一个大致的数字。

那天，当25岁的Cindy——我在租来的公寓里，大中午地胡思乱想该把有限的遗产托付给谁来执行时，我发现自己竟然没什么有价值的财产；家底薄，令我无端地觉得很心慌。而我推算出来的大致数字，也仅仅是满足了人生基本的需求而已；如果要过得体面，必须在上面增加现金流获得能力。而那些现金流又该如何获得呢？

如果你是上班族，现金流从公司支付给你的薪金福利中来；如果是自雇人士或者经营企业，则从盈利后现金流中来。当然，投资理财、祖辈的财富遗赠，这也会带来财富；但对绝大多数人而言，主要的现金来源也无非是这两个渠道。

要满足预估的现金流，让人生这家公司安全无虞地运营到生命停止营业之时，能带来现金流的职业发展在人生中的重要性可想而知。

想到人生有限，看到了自己的基本需求、高配需求和低配需求，看清了自己的家底和获得现金的潜在渠道，你就会和我一样深刻地体会到一份能帮助我们实现职业目标的规划的重要性。

你会开始有意识地认真规划职业生涯；考虑怎么满足自己设定的现金流指标，考察凭借自己手上的资源和特长能否完成这个任务；如果不能，是下调指标过低配的人生，还是放手一搏去克服一些掣肘的障碍，去突破困境。

从这个时候开始，你才逐渐地掌握自己的人生，不再浑浑噩噩地度过。

05 孕妇效应

职业规划虽不是人生计划书的全部，但对现金流贡献最大，是人生计划书的基石，这一点不容否认，因此需要重视职业规划。

一份理想的职业规划，不仅提供了一条通向未来的可实施的途径，而且让你如传说中的二郎神一样拥有了第三只眼。

心理学上的孕妇效应告诉我们，你关注什么，你大脑中的指南针就能敏锐地捕捉到你内心的想法。**注意力决定方向，你关注什么，什么就会成长。**

换句话说，如果你认为地球是平的，孕妇效应就会促使你找相关证据；你希望职业发展达到某个目标，孕妇效应就会帮你找到对你实现这个目标有用的机会或者贵人。

因为你想要，你会发现自己原先看不到的资源。因为有了目标，人的行为更专注，避免了无谓的体力和心力消耗；行为更坚定，你所传递的积极的气场也能感染和影响到身边的人，周围的人也更愿意帮助目标明确的你。

实施过程中遇到了小迂回或者小挫折在人生的整体上是难免的，不妨想想《奇葩说》栏目中詹青云的一句话："使唐僧成为唐僧的，不是经书，是那条取经的路。"

唐僧之所以成佛，是他经历过的九九八十一难，以及他在这个过程中克服了种种常人难以想象的困难，展示出坚定的西天取经信念；他完成了一个成为佛的功德圆满的自我实现过程，因此成佛。人的一生，则是通过不断的自我发展，个体实现自我圆满的过程。

每一天你所经历的，组成了你的人生；职业发展上的挫折和迂回丰富了你的人生经历，磨砺了你的性格，坚定或改变了你的目标，让你有了独特的气质和风格。过程比结果重要。

如果把职业规划比喻为你内心的事业小马达，当你的小马达发动以后，你会遇到一些迂回和曲折，甚至是障碍，但只要你的航程是明确的，目标是清晰的，即使在偏航的时候，也能凭借内心的小马达和指南针，及时回到既定轨道继续航行，一路也不时有好心的东风，把你往目的地吹。

06 保持开放心态

任何事情都有弊端。制定职业规划和人生计划书，如果目标不切实际，甚至存在方向性错误，那就是场灾难；做到以下三点可以避免。

首先，不要过早制定职业规划和人生计划书。一般情况下，人的性格情绪都比较稳定了，对自己有一定的了解了，也对社会有一定认知了，再去做比较合适。我推荐的两个规划的制定年龄是：职业规划，不早于25~27岁（视你是本科还是研究生学历而定）；人生计划书，建议不早于30岁。

我的职业规划大约是在29岁时制定的。Cindy在考上法学院后觉得自己不再是个灰姑娘，就取了个新英文名Lily，并做了一份十年职业规划；而人生计划书则是我在36岁左右，结合我当时已经基本实施完成的第一份职业规划做的。

其次，在专业的职业导师辅导下共同制定。我们从小到大遇到事情，一开始由父母指点，渐渐地同学和朋友之间相互请教、寻求帮助，但总有父母、同学、朋友帮不上忙，或知之甚少的领域；而职业规划影响到你的财务现金流，重要的事情要认真对待，找专业的导师来帮忙把关才可靠。人力资源的朋友能有所帮助，但专业的职业导师见多识广，对行业专业深度的把握和业内成功之道的了解，是其他人无法比拟的。

最后，保持开放心态。诚然，当你有了目标以后，有可能因为过于专注而看不见一些其他的机会。保持开放沟通，就能帮你识别出其他的机会，到底有没有比原定的目标更合适你，它到底通向哪里？需要的时候，也可以和导师一起探讨。

07 结语

如果能做到以上几点，总体上，有份职业规划，甚至有份人生计划书，比没有强太多！至少你掌舵成了自己的船长！

在我的理念里，人生计划书是一份立体而丰富的人生整体规划，是职业辅导的延伸，内涵却又比职业辅导丰富精彩得多，是一个私人定制的、长期职业辅导后的产物。因此建议职业规划在先，再慢慢地进入到人生计划书的制定阶段，找到自我实现的密码。

法 | 务 | 管 | 理
——运筹帷幄，润物无声

归根结底，法务的客户是人，以人为本，满足人的需求，才能从根本上解决投诉多的问题。

盘点最令公司法务头疼的五种同事

最近在整理律政职场私董会知识星球的经典问答时，发现关于法务和业务及公司领导工作相处的问题还真不少。有的问题特别典型！以至于我读到这些问题时，会直接对应到脑海中挥之不去的某些特定的同事。

毋庸多说，当初那些同事和我共事时的某些特定的行为，有八成曾令我头疼不已；而且我猜这在法务行业是有共性的行为，对其他正在从事法务工作的朋友而言，或者是对正准备转行从律所去公司法务部工作的朋友而言，都具有借鉴意义。

既然如此，今天我就写篇文章来盘点一下五类最令公司法务头疼的同事和应对之道，希望对同行有所帮助。

01 同一问题反复问的同事

公司法务部一般很注重对业务的辅导和培训，除了年中、年末的集中培训外，平时也会收集典型问题并定期进行总结回顾，将常用法律问题及答案清单给到业务。

法务部制作这些常用Q&A清单，就是想通过对常规性、共性的法律问题的一次性回复，来减少法务的一些非必要工作量。 这类清单对新加入公司的非法务同事而言，能够认真读一读的话，是非常好的了解如何和法务部合作共赢的工作指南。

但我做法务十来年服务过三家公司，总在公司里遇到一些业务同事，仗着业务工作在公司的重要性，不仅在工作上唯我独尊的毛病严重，差不多就是要求公司的非业务线员工都围着他们转；而且毫无合作精神，连办一些基本的公司内部事务都不能自理，如同巨婴。对提供的常用法律咨询问题清单，他们完全不看，哪怕那上面就有他们想问的问题；他们就喜欢找法务现场来问，而且忘性特别大，对一个问题会翻来覆去地问。

打个比方，法务今天仔细地回答了他盖章的整个流程，过两周他会因为同一个问题再次来咨询；考虑到他的健忘，你耐着性子给他写一个小便条清楚告知流程步骤；但过了一个月后他还会为同一个问题来找你。如果法务嘟哝一句："可以看下手册，这里面写得很清楚呢！我上次给你的小便条还在吗？"他马上义正词严地回答："我工作这么忙怎么记得住，回答问题是你的工作！"

法务并非不愿意回答内部客户的问题，可公司内部办事的基本流程也不了解的话，你就有故意减轻自己的分内工作量、加重其他同事的负担之嫌。老实说，这么做是会人见人厌的！毕竟公司法务人员配置有限，法务也不是复读机！更何况每天公司还有好多实质性的法律咨询工作等着他们回复呢！

遇到这类同事，就多印几份公司法务流程和办事手册，把这类基本流程文件放在公司的公用文件夹里公开分享；您呢，也别客气，让他回去自己读明白了再来吧！

02 将不急的事说成是急事的同事

我做法务部管理工作的时候，经常遇到某个业务同事快下班时急匆匆地来法务部，大着嗓门对其中一个法务说："快，这个合同一定要给我加急，大老板说今天必须签了，否则这单子就黄了！"

我心想，这是得让法务们打起精神来赶紧处理的大老板留意的合同！万一法务没轻没重地做事导致延误，到时候升级成对法务部的投诉就坏事了。于是我赶紧安抚法务，加个班辛苦一下把合同处理了，晚回家的出租车费由公司承担，明早可调休！而且要是我走得比干活的同事早，第二天一早我保准又追问经办的法务事情处理完了没有，直到听到他说处理完了才算是安心。

但过了一段时间，当我再问经办法务那天下班前送过来的很急的合同，最后有没有签约盖章走完流程时，法务八成会和我说："别提了！我们是加班加点处理完了，但他又不着急了，这都过去半月有余了，现在还没提起合同审批流程呢！"

这类业务同事，不知道是什么心态在作怪，就喜欢用各种借口把一件不急的事变成加急的事，为了达到这个目的，他们习惯于说老板马上要；再或者，他们喜欢用时间紧为借口压法务，逼着法务接受一些对公司不利的合同条款。刚开始不了解时，法务还真会着了他们的道，但时间长了，这些人就在法务部失去了信用，等真正遇到急事的时候，反而没人帮。这样的做法，真的高明吗？

如果身边有这类同事，法务可以先和他们单独沟通一下利害得失，看看后续有没有改善。如果他们积习难改，还是经常利用法务对商务方面的进展信息不对称来压法务的话，就多用邮件沟通知会他们的领导，看看事情是否真的非常着急；再或者把这类人加入法务部的内部"黑名单"，不再给予特殊照顾，照章办事就是了。

法务的好服务是给有诚信的业务同事的，你总喊"狼来了"，以为自己很聪明，但几次被戏弄后法务发觉根本没有所谓的"狼"，总有一天你会搬起石头砸了自己的脚！

03 拿对方盖章合同来做审查的同事

有的同事签合同之前从来不和法务商量合同条款，直接拿对方盖章后的合同来法务部请法务审批，而且要求"对方都盖章了，就不要做任何更改了"。

对双方都公平有利的合同，法务也不是非要提出点修改意见，以显示自己在公司的存在感和地位。**合同的谈判是一个互相磋商的过程，双方都会争取对自己有利的条件；从保护公司利益的角度出发，在签订合同之前请法务预审下，及时和对方沟通法务反馈的意见，达成一致后再来走合同审批流程，要比直接拿对方盖章合同来找法务审批，对公司更有利。**

而且，对方已经盖章的合同多数采用了对方的格式合同。对于这类格式合同，稍微正规点的公司都会请外部律师把关，有体系地在合同条文上做了风险防御；这不是非法律专业人员在商谈过程中能识别出来的，需要公司律师参与，这样才能争取到对公司有利的合同条款。

我工作多年，只见过一位资深业务员，他知道哪里容易出问题，哪里是对方容易埋雷的，哪怕单打独斗和对方谈定合同，主要的商业风险和法律风险点也会控制得不错。而绝大多数的公司业务人员，两只眼睛只聚焦在业务达成上，压根儿不留意风险，更别提发现对方在合同里的风险防御条款了。

只要做生意，风险这东西就是没法完全消除的，它在一种商业模式下只能在几方之间互相转嫁，除非双方找到更优化的商业模式；这意味着如果对方的风险小了，那己方的风险就大了。

很多业务人员的头脑里缺乏这种意识，他们放着公司的现成合同不用，总是习惯用对方的合同，而且他们拿着对方已经盖章的合同来找法务的意思很明显——你别改了！

遇到这种习惯拿对方的盖章合同来让法务审批的同事，法务真的会很头疼，头疼业务的这种行为使保护公司利益成了很被动的事。先不说业务对法务的工作流程是否尊重，单从实际利益和风险分配角度而言，大家都是一个公司的同事，一个战壕的战友，并肩作战一起为公司争取更好的交易条件，才是我们一致努力的方向。

遇到这类同事，法务也不用有心理负担，更不用为他们开绿灯破例放行。在公司做事遵守规矩很重要，对业务人员拿来的合同，法务该改动的条款继续改，该做的内部教育工作继续做，就当对方没盖过章第一次拿合同文本来法务部协商。

04 爱告状、戏份足的同事

有的同事工作能力一般，但讲故事能力出众，戏份超级多，甩锅、告状的能力特别强；法务在工作中和他们斗智斗勇的时候，一不小心处理不好就成了“背锅侠”！

譬如，明明是业务人员和客户因价格上达不成一致交不了差，她却能绘声绘色地描述成因为法务修改的合同条款激怒了对方，所以才导致交易迟迟没达成，把法务部丑化成一个光拿工资不出活儿的官僚部门。再比如有的同事，明明自己掌握着各种信息但就是不愿意分享给法务，导致法务没法及时提出精准的法律建议，但他就是指责法务不作为或故意设置工作障碍，不支持业务开展工作，是业务杀手，丝毫没他什么过错。甚至有的人当面一套、背后一套，推卸责任、指责法务的时候，说到动情处，桌子一拍、嗓门一高，义愤填膺的样子都出来了，让人感慨就这高超的演技，他怎么没拿奥斯卡小金人？

遇到这类表里不一的同事，法务在和他们打交道时就一定要注意随时留下证据。口说无凭，你指责我有什么证据吗？我有邮件证明我及时地问你要信息但你置之不理，或者拒绝提供；如果有这样的书面证明在手上，就可以戳穿这类同事的谎言！

所以讲证据、讲逻辑，可真是法务的好工作习惯。关于这些工作习惯，对法务入职培训时都会提醒他们，关键时刻能证明清白，可千万不要忽视了保留书面证据的工作小细节！

05 拿法务当私人律师用的同事

有的同事做事公私不分，平时爱占点儿公司的小便宜，在遇到私人事务上的法律问题时，更是如此。

在我国，一般家庭确实身边不一定有律师朋友可以咨询，况且就算有律师朋友，很多人也舍不得花律师费咨询解决问题，再加上吃不准律师这行业的收费水准，所以就动了利用公司法务为他们做私事的念头。在他们的观念中，公司既然付过法务薪水了，自己遇到事时还请什么律师啊，管它公事私事，和公司共用呗！遇到什么买房子、交通事故，甚至家人被裁员什么的，彻夜难眠之后，第二天一早就能把公司法务堵门口问！

虽说一万个不乐意，但法务们有时碍于低头不见抬头见的同事情面，还是不得不敷衍几句，实际上大多数法务对此很反感。譬如我就遇到过平时不熟悉的同事有一天拿购房合同要我帮忙审阅的，办公时间来我办公室，把门一关，神神秘秘地坐下不走了，这很不识趣。

要知道这种事情既然是私人事务，看的就是彼此的情分。如果彼此关系好，下班后约出去喝杯咖啡、吃顿饭，聊几句，给个建议也不是不可以；但这事是绝对不能在上班时间处理的，毕竟法务是公司聘用的，上班时间要正常办公，是不能做私事的，这是基本的职业道德。

而且法律从业人员是有专业分工的，每个法务部都设有不同的专业岗位，哪个法务也不是全能的。比如，我常处理的是公司法、合同法相关的业务；对于不常处理的事务，哪怕关系再好我也会告诉同事，我不适合给意见，因为术业有专攻。我担心在自己不熟悉的领域发表意见，耽误了同事的事不说，因为这意见外行，可能会让同事对我的专业水平有怀疑，有损我在公司的名誉和权威。

另外，这个烦心事其实全世界法务都有！有一年我去法国出差，中午和法国的法务同事、老板一起吃饭时，我们在这个话题上彼此特别有共鸣！那时我才明白，原来全球的公司法务都有一些互通的烦恼啊！原来全世界的同事，都爱占公司法务的便宜！

我当时的法国老板同样认为处理这类事情要有底线和分寸。毕竟法务受雇于公司，应以公司业务为重，否则几万个员工都来问你私人法律事务，你忙得过来吗？而且就算你愿意帮忙处理，但离婚、交通事故、侵权责任认定这些你平时不太处理的法律事务，给建议的时候心里有底吗？将来因为你好心出的一个不专业意见，有损你在公司的威望就不好了。

千万别因为同事几句恭维话，脑袋一热接下了自己不该接的事。同事要求处理私人法律事务的时候，法务应该及时地婉拒；如果有心帮他，可以介绍个价位合适、质量可靠的律师。这样既照顾了同事情面，又不耽误别人的事情，比自己帮他处理更合适。

如果你的工作环境里也有这样的同事，不妨和他们亮明你的态度。遇到不明事理的同事，不妨坦言公司请法务来是为了给公司服务的，不是帮员工处理私人事务的，而且上班时间内处理私事不合适，最后问问他用不用帮他介绍个合适的律师对接下。

想破解法务被投诉难题？你需要这本“真经”

几年前我写过一篇文章《你这么专业，为什么被客户投诉？》，从一位法务被投诉的特定案例分析了法务被投诉的几种原因。

每年的7月份是公司年中考评期，在一对一法律职业咨询中，满意度和投诉话题被反复地提起；有的法务可能属于“招投诉体质”，自己觉得没做什么出格的，但就是被业务部门投诉了！

具体到个体，由于不同法务的工作态度、专业能力、情商不在一个水平线上，因此有的法务鲜有被投诉，而有的法务是被投诉“钉子户”。

这里面的**核心问题是业务对法务的满意度评价问题**。今天我就用这篇文章来阐释下业务团队对公司法务满意度评价低的经典原因和解决之道，为大家下半年的绩效加油。

01 不尊重客户被投诉

先从我自己作为客户发起投诉的一个小故事说起吧。

有一次我的电信宽带再次出故障，而当天我急着要推送一篇公众号文章，连不上网就什么都做不成。于是，我在上班时间打电话给电信售后部门，希望对方尽快上门解决。很不幸，问题没有得到解决，我在打电话求助的过程中又惨遭语音机器人客服傻瓜般的智力虐待，陷入了人和机器对话的死循环；其间想转人工客服，但机器人总是回复听不清我在说什么，非常沮丧！

没办法，我只好先用手机热点连上网络，以保证按时发送每周原创文；然后开始漫长而艰难的投诉之旅。四个令人绝望的依然是机器人无知应答的“10000”电话后，最终转到了人工客服，达成了我投诉的心愿。

促使我投诉的原因是，电信不尊重客户、解决客户问题无能。语音机器人还不是成熟的技术，如果在夜间无人上班的时候用来作为一种替代性简易解决方案，还可以勉为其难地理解；但白天工作时间，电信公司让客户和技术不成熟的机器人沟通，鸡同鸭讲，既不尊重客户，也无益于问题的解决，导致客户——我因难以接受这一安排而升级到了投诉。

放下电话，想到我管理法务部时很多法务被投诉的原因也是类似于我这次的投诉原因：**不尊重客户、不重视客户、不配合客户、不解决问题**。

举个例子，业务人员和法务部约好了请一位高级法务经理参加项目多方协调会，但等到会议那天，高级法务经理工作有点多，就想偷个懒在办公室里安静地干会儿活，不去参加约定的会议；于是高级法务经理自作主张地派一个法务专员代表他去开会，还告诉法务专员带着耳朵去听就行了，回来告诉他事情的前因后果，他来处理。但是，业务人员期待的是高级法务经理现场参与并解决问题，看到一个对事情来龙去脉不甚了解的法务专员参会时，第一反应一定是法务部架子大，轻慢了业务部；而且会议中本该现场解决的问题，因为法务专员能力和权限不够，无法得到及时解决。因此，业务人员觉得高级法务经理耍大牌、工作态度差、不尊重客户、不配合客户解决问题。会议一结束，投诉就到了法务总监处。

遇到这种投诉，法务冤不冤？我看不冤！

这位高级法务经理明知客户期待的是他去现场解决问题，他也答应了客户的要求，却没有如约亲自提供服务；也没有找一个具有和他类似资质和经验的法务去帮助客户解决问题；更没有事先和客户沟通说明情况并取得客户的谅解；而是自以为是地临时派了一个小法务专员替他当差。

这位高级法务经理的行为与他和客户的约定相违背，而且在对客户的期望值管理上出了问题。客户期待A级服务，你给了客户C级服务，做得不到位导致了客户的期待值和实际情况有很大的落差，不但问题没解决，连最基本的尊重客户你都没做到，当然会被内部客户投诉！

技术差被投诉是硬伤，轻视客户、不急客户所急想客户所想被投诉，八成是法务不注意的行为和态度造成的。如果换个稍微有点耐心和责任心的法务，心态上调整下，行动上改善下，让客户感觉到自己没有被无理怠慢、不受重视，这类问题就不会被升级到投诉这个层面。

改进方法在于采取一些适当行动，让内部客户感觉他们的诉求被重视，他们作为客户被法务尊重！有一次我和一位工作十几年的资深律师朋友吃饭，她说前几天她在一个案子二审开庭前专门跑了趟长途去见一位企业客户，沟通近期开庭的策略；结果发现，那位客户因为太信任律师，自己都不记得案子要二审开庭。

律师朋友说，“我清晨五点钟上高速跑远路，其实这案子对我而言并不大也不难；但这位老板请我做了常年法律顾问，我想让我的客户知道，我们律所包括我本人很重视他的案子，会尽全力把庭审做好，让对方安心和放心”。

我的这位资深执业律师朋友对待客户的态度就非常值得法务借鉴！法务如果有了这种时刻尊重客户的心态，以及让客户感觉安心和放心的工作态度，被投诉的概率必然会降低。

02 无人响应而被投诉

无人响应包括两个层面。第一个层面为法务部整体无人响应。譬如当某日内部客户来法务部办理业务的时候，法务部一个人也没有，也没有事前清晰地告知或留言如何能联系上法务部同事；在内部客户看来是无人响应需求，如果他们又正好有很着急的事，这种状况就非常容易成为法务被投诉的导火线。这类投诉主要针对法务总监对法务部的管理。

无人响应投诉的第二个层面是针对某个具体的法务。譬如工作邮件长时间没回复，办公室办公电子流程长时间没被处理，具体经办某个案子的法务人员一直联系不上并耽误了事情，等等，诸如此类十分常见。

不少公司法务部对法务考核的KPI中有一项就是客户满意度，其中就有对客户诉求的快速响应。譬如一个合同流程被提起后，到了法务的环节，有一个标准的处理时间，在这个时间内处理是合理的；但如果超过这个时间响应，就表示满意度不达标。再如对于客户邮件，当天回复是合理的，这会有效地减少客户心理上的焦虑，给业务客户提供安全感和舒适感。

如果把法务和医院医生的功能进行类比，你会发现及时响应是很重要的。

首先，和医院类似，稍具规模的法务部不仅有专业的分工，而且有完善的问题处理流程，帮助客户明白此类事情该找谁，或者引导客户找到具体的经办法务。

专业化分工对法务而言是好事，有助于提高专业能力积累；但对客户而言可能是坏事，因为客户来法务部办理事情的时候，就有可能因为内部细致的分工而不知道该找哪位法务，或者让他觉得自己被“踢皮球”了。

法务部可以在办公区明显位置提供清晰的员工照片、职位和负责领域指示，如公示在墙面上，或者通过发送给业务人员人手一本手册的方式引导，以便减少客户因不知道该找哪一个法务而最终投诉法务部的情况。

同时，即便是客户找法务的时候找错了人，法务部内部也应有一个得体的接待流程；要让每一个接待客户的法务意识到，他有责任礼貌地帮助内部客户找到对应的法务，这样可以有效地避免法务部因无人响应而被投诉。

其次，当客户提出他的具体问题时，应遵循“今日问题今日回应”的原则。

像医生一样，你不能让远道而来的病人明天再来，否则遇到脾气暴躁、病情较重的病人就会当场闹起来；法务处理业务的问题尽量做到“今日事今日毕”。

一般当天先处理一下，说明下一步的处理流程和预估方案，但最终解决问题的时间可以控制在一段时间内。

有的法律问题很复杂，法务需要时间做一些法律研究和方案探索，而且业务也是在动态发展的，有时候事情可能在几天之内就有很重大的方向性变化。先响应，具体解决方案可以和业务人员再约定时间，这就是合理的回应。

一种忌讳是法务收到业务人员法律需求拖延着不响应，或者直接无视了，在这种情况下，如果遇到不客气或者不好沟通的业务人员，你很可能就被直接投诉了。

总体的原则是在工作中想方设法让内部客户的诉求得到及时响应，别让他们陷入无人回应之困境，因此升级成投诉。内部客户如果明白法务听到自己的诉求了，他们会一起想办法解决，实时地感受到了法务提供给客户的必要的安全感，投诉率就会大大地降低。

最后，给出法律解决方案后也不是一劳永逸的，要在法务部内部建立定期回访追踪机制，看看有什么地方需要调整，有什么地方需要改进。

来自客户的不满，从心理层面上来考量，是法务的某些行动触动了客户内心的焦虑感；而无人回应，是产生焦虑感的重大源头。**归根结底，法务的客户是人，以人为本，满足人的需求，才能从根本上解决投诉多的问题**。

理解了这个点，解决方案就可以做得很具体。法务部工作时间内由固定轮流值守的人员来接待不时到访的内部客户，内部设置合理的客户引导流程，避免在工作流程设置上让客户产生被“踢皮球”而不解决问题的感觉，并且在法务的KPI中就响应速度设置合理的时间，在方案实施后再适当地回访看看具体实施过程中有没有问题。我相信，这样一来，因为无人响应对法务部和具体到某个法务的投诉，都是可以有效减少的。

03 识别风险重点不清

如果说前面两类投诉属于法务工作态度和法务部门流程管理上存在问题而引起的投诉，可以通过端正法务工作态度、提高服务意识、设置合理的法务部管理流程来解决，那么对法务识别法律风险能力的投诉，则属于对法务专业能力上的投诉。

我在接待法律职业一对一咨询客户时，不少已经很资深的律师依然会提到自己有抓不住工作重点的困惑，或者觉得自己在法律问题研究上做得很细致、深入，但在归纳、总结、拎提纲的能力上却相对较弱，有时候就因为风险重点识别不清，被业务人员质疑工作能力而发起投诉，然后问我怎么做才能够有所改善。要解决这个问题就要先找到问题产生的根源，这样才能有针对性地改善。

第一种原因，律师转法务的过渡期，对公司的产业不是很熟悉，或者个人对这个领域没有深入了解的兴趣。

对所处的行业没有兴趣的公司律师，最容易在提出法律解决方案时胡子眉毛一把抓；解决方案就在于先吃透商业重点，再提出合适的法律方案。

如果实在对公司的业务缺少兴趣或者存在久吃不透的情况，就得考虑是否转换一个产业做法务；否则不仅在说服业务团队接受方案方面非常吃力，而且因为方案经常被业务团队质疑和反驳，时间久了法务就会产生严重自我怀疑，不利于个人职业发展。

第二种原因，经验不足、怕承担责任的法务，容易在风险识别上不分轻重缓急地一把抓。

很多青年法务刚入行时生怕出错，尤其是带他们的师傅在这些方面尚没有指点到位，却匆忙让他们独当一面地开展业务的时候；或者有时候，所处的工作环境里压根儿没人带他们、需要他们自由发挥，就很容易产生这种问题。

典型症状表现为法务觉得到处都是风险，太危险了，要求业务人员必须按照法务的意思改，否则不给过项目、签合同。这些法务其实是蛮有责任心的人！但因为心里没底，在风险管理尺度把握上经验不足，就容易和业务人员产生冲突；最后谁也说服不了谁，升级到投诉。

值得一提的是，零风险并不是法律风险管理的目标，法律风险管理要加强监控的不是正常经营风险，而是不合理的、非正常的风险。因此，在法律风险的识别和管理上，尺度非常重要。你要零风险，那什么项目都不做就没任何风险了，但企业何以生存？

改进的方法也简单。归根结底，这个问题还是培训不足就让法务独当一面引起的，因此是可以通过适当的培训和引导解决的。

如果在工作环境里能遇到个好师傅把做法务的逻辑和道理好好地讲一下，学习能力强的法务是很快就能开窍和上道的；有些实在在工作环境里遇不到好师傅，或者属于独任法务，又或者羞于和周围熟悉的同事开口要求辅导的，也可以考虑一些更灵活的学习方式，比如约我做一对一职业技巧辅导。

第三种原因，个别业务在沟通上过于强势和咄咄逼人。

有的业务人员不是以讲道理和沟通的方式来开展工作的，可能是霸道总裁剧看多了，他们习惯通过恐吓来达到目的，力求法务迫于压力放他一马。但这很有可能导致胆小一些的法务既不敢对风险不闻不问，又怕业务人员太凶悍，反而思路不清、风险识别重点不清楚了。

工作配合上，无论是业务人员还是法务，彼此都需要回归理性。法务过于咄咄逼人会被投诉态度差，被投诉干的是顾问的活儿，却错以为自己是CEO，吃力不讨好；而业务人员在沟通中过于咄咄逼人，有时候非但解决不了问题，反而会搬起石头砸了自己的脚！

出路在于业务人员要帮助法务理解和消化商业背景，业务方案背后的一些重要商业考虑，从而让法务更容易理解项目风险管控的重点所在；而法务要帮助业务人员理解所出具的风险管控意见背后的意图和着力点，这样他们才会更认可法务出具的方案。其实很多时候，法务的方案是更高明、对商业更有利的方案。

总之，业务人员与法务把彼此视作战友、互相扶持，共同找到解决方案，而不是互相攻击指责，只有这样才能减少内耗，真正地一起向前。

04 结语

世上没有无缘无故的爱，也没有无缘无故的恨。客户投诉法务是因为对法务有期待，如果没有期待，就对法务不闻不问了。

与其抱怨客户刁蛮、咄咄逼人，一气之下想辞职一走了之，不如读完Lily姐总结了过往一对一职业咨询、律政职场私董会知识星球里经典提问后提出的要点和解决方法，认真地想想自己是否在对待客户的态度、方式、处理工作的流程和专业能力上有不到位的地方，看看周围有没有处理这类问题拿手的法务同事，从他们的身上照照镜子，学几招来弱化自己的被投诉“体质”。

没有完美的如你所愿的内部客户！处理与公司内部客户的关系，对每个法务而言，都不亚于一场事业修行，总有产生沮丧和挫折感的时候，但最终都会在磨合中螺旋式进步升华！

揭秘容易被边缘化的四类法务，有你吗？

前几天有人留言给我，说自己国内本科加海外留学背景，毕业后在一家公司做了一段时间初级法务，但被法务领导边缘化了。具体表现为：在工作中领导对他态度冷淡；重要的工作有意不安排给他；并把他从原岗位调到一个闲职上；明明是他的业绩，领导装作不知道；等等。他想听听我的建议。

一听到“被法务领导边缘化”这几个字，作为一个曾做过多年总法律顾问的职业导师，我的脑海里瞬间浮现出几类法务的画像：人格自恋，目中无人，难以与人合作；以自我为中心，不服从领导的指令和内部管理；或者只动口不动手、指点江山我最行；等等。

但就问题的根源而言，八成是他和领导之间的工作关系出了问题，属于向上管理问题。

无论对法务“菜鸟”还是“老鸟”而言，来自法务领导的边缘化，意味着你在该公司的职业生涯大概率走到了尽头；走到这一步是否有回旋的余地要依个案分析，不在这里展开。

在这篇文章里，我将描绘出被领导边缘化的法务特征，将其作为一面镜子供大家参照，并提出个人建议给大家，以避免被职场边缘化。

01 特立独行、我行我素型法务

A律师法学院毕业后由父亲安排去本地一家小有名气的律所工作，由于受不了日夜颠倒加班的苦，其父又找关系将他安排到一家大集团法务部工作。

法务部在公司属于支持部门，和业务部这类一线部门不同，从领导到员工都相对低调；但A律师上班第一天就造成了轰动，在公司里出了大名。

起因是A律师开了辆加长版凯迪拉克去公司报到，公司人多车位紧张，员工要提前申请才能入内，A律师因没有提前申请而被保安拦住，并要求他将车停在公司门口的停车场，从公司门口到上班办公楼目测还有500米左右的距离，A律师不乐意，你来我往言语之间就和保安发生了冲突。

于是乎A律师人还没到，保安队长的电话就打到法务总监处了："×总，你部里有新员工开豪车闯公司大门，这小子一不配合集团工作规矩，二来太高调了，集团总裁才开宝马他开个加长凯迪拉克，他这是上班来了还是炫富来了？您管管！"

法务总监为此含蓄地和A律师谈话，跟他说在公司工作就要适应公司的文化氛围和环境，不要在情况不熟悉的时候就做事太出格了，否则对个人发展没什么好处。但这话A律师并没有听进去。

鉴于介绍人的面子，法务总监让A律师先做合同审查工作，承诺合同审查工作做好了，一年后可以考虑将他调整到做项目法律支持的岗位上。但没多久，A律师就在合同评审上与同事起了言语上的冲突，接连几次被投诉。

原来是业务人员在和A律师沟通合同评审的过程中，拿副总裁的名号做鸡毛令箭催A律师快点交出活，这类事在法务工作中是挺常见的；但A律师心气比较高，哪里受得了这种气？两个人互相杠上了。

客观地看，两个人都有做得不对的地方；但这事要放在别的公司法务手里，八成不至于被投诉。

法务总监再次找A律师沟通，直言他在公司上班第一天的高调已经引起了大家的特别注意，虽说开什么车是私事，但这容易被理解为炫富；工作中如果不耐着性子做好法务工作、和人沟通说话不注意，他会比别的法务更容易与其他同事产生情绪上的对抗。

有个性得分场合分地点，做法务工作是需要和人做大量沟通的，要注意说话做事的分寸，切不可过于任性，刚到新环境谦虚低调点不会错。

这番话对A律师起效甚微，和内部客户说几句就燃的情况依然时有发生；法务总监也陆续听到A律师跟部门同事抱怨，“就这薪水都不够我油费的”。法务总监心想本来你就不是通过正常招聘进来的，还天天闹得鸡飞狗跳，我到处给你善后不说，你还不知道好歹！

考虑了几天，法务总监把A律师调到了知识产权板块工作，理由是做商标专利技术活可以减少与人冲突，其实是把A律师边缘化了。A律师受不了商标律师要求的耐心和细致，过了半年就辞职了。

*Lily*姐点评：

> 很多人心中都有自己期待的职场环境，但实际上现实和理想的差距是挺大的。
>
> 当差距切实存在的时候，建议主动去适应工作环境，而不是我行我素地活在自己的世界里，要求周围的人和事按照自己的意愿来。
>
> 格格不入、我行我素的人，第一是很难和同事合作，第二是很容易和周围的整体环境形成反差，再加上性格原因和沟通冲突，更容易被边缘化。
>
> 即使有关系，也只能保证领导不好意思主动解雇你，但救不了你！

02 不务正业型法务

B律师算是某公司法务部元老之一，但因不务正业，最终被边缘化了。

B律师早年工作挺努力的，但时间久了他发现自己的专业水平很有限，而且在公司法务再努力也没有业务人员挣钱多、地位有限，感觉自己看透也看淡了这一切，有点自暴自弃，就动起了别的心思。他找了个机会和朋友一起做三产，利润可观，渐渐地对其法务本职工作失去了兴趣。

但B律师没有辞职，经营是有风险的，有旱涝保收的工资多好！另外，他还忽悠着法务领导招聘了两个刚从法学院毕业的研究生，这样一来有人干活，二来专业上也不会太差。但好日子没过多久，换了新法务领导，关于B律师经常不在办公室处理公务、在外面开发三产的事，传到了新领导的耳朵里。

新领导找B律师下了正式通牒："法务部不养闲人，元老也不例外，你必须回来好好工作，否则的话我也留不得你。"

B律师本以为新领导没那个能量，毕竟自己当年和董事长打过江山，他总得给点面子，也就没太当回事。但没过多久风向变了，公司的好多事他都不知道，原来他招的研究生出去开会回来后都和他说一声，现在也只向新领导汇报了，他一下慌了。当他打算找新领导服个软时，却赶上了因疫情公司要裁员，B律师就在裁员名单中了。

雪上加霜的是，外面的三产事业因大环境不好也受到极大的冲击，几个合伙人矛盾凸显。B律师后悔不迭，真是早知今日，何必当初啊！

*Lily*姐点评：

> 不务正业型法务多数是公司老员工，说白了，新人到公司时间短，借他十个胆都不敢那么做；唯独老员工才敢在过去的功绩簿上躺着睡觉，以为人情和过去的功劳总是在的。
>
> 殊不知，老员工既是公司的宝贝，也是公司的负担。他们熟悉企业文化、深谙内部沟通之道、了解事情的来龙去脉，公司对他们也知根知底；但同时老员工也面临着知识结构老化、思维固化等问题。
>
> 老"法师"如果既不努力进行知识更新迭代，跟上法律法规变化的步伐，又无法安心于本职工作，那纵然有多少过去的功绩，总是吃老本

也是要吃空的；最后被边缘化，乃至被裁员，都是很有可能的。

老“法师”，更要居安思危！

03 越级争宠型法务

C律师是法务领导在校招时看上的，教育背景不错、长相甜美。法务部是个小团队，请不起“大神”，找个科班出身的研究生也不错，于是双方就签下了协议。但校招上通过和C初步接触形成的只是初步印象，等她正式到岗后法务领导才意识到，他给自己找了个大麻烦。

首先，给C律师安排工作非常麻烦，经常安排不下去，讨价还价，理由很多。

她总是挑简单的工作做，遇到难一点的工作，就推给其他法务小伙伴；推不出去就找领导去撒娇，领导如果心一软，这活就自己帮C律师做了。日子长了领导也非常不舒服，但顾及她是个女律师，敲敲边鼓常有但不好说重。

其次，起初领导有意栽培C律师，但C律师却不懂工作规矩，在领导看不见的时候，越级汇报时有发生。

比如说吧，领导和总经理去上海出差，刚好董事长路过法务部，随口问点问题；换了其他小法务，简要回答就好了，回头也和自己的上司通个气，让上司知道情况，以保持信息对称。但C律师是怎么做呢？她抓住这个机会向董事长把工作里里外外汇报一遍，仿佛她才是法务总监。关键是之后她和法务总监闭口未提此事，要不是另外一个法务小伙伴老实向领导汇报了，法务总监压根儿不知道还有这事。次数多了，法务总监对C律师的信任就打了个大折扣，觉得她为人处事并没有那么单纯。

最后，C律师常以商量工作的名义跟法务小伙伴讨论案例和观点，但到了部门开例会时，她总是以自己的名义说出来邀功，令其他法务小伙伴有苦说不出。

C律师的这些行为在部门内部不仅引起了法务同事的抵触情绪，也引起了法务总监的不满。最终法务总监找了个机会把C律师从原来的岗位调到一个无关痛痒且和核心法律事务有一定距离的位置；既然不是核心岗位，也就没什么业绩，C律师天天闲着。

C律师明白自己这是被边缘化了，工作气氛和团队环境都对她不利，不久之后就主动离职了。

*Lily*姐点评：

C律师，以我的观察她情商极高，只是用错了地方。

问题出在她处理职场关系中不懂得尊重领导和同事，只顾着自己的眼前利益，不仅导致同事不愿意和她合作，而且领导都觉得她不可信任，最后走上了被边缘化的不归路。

职场“菜鸟”想早出业绩、想引人注目、想早日升职加薪本身也是人之常情，坏就坏在达成的手段变形了。如果通过认真工作获得同事的尊重，而不是四处推脱复杂一点的工作、抢同事的好主意当作自己的，那大约人缘也不会差到哪里了！

其实C律师本身是有一手好的职业牌的，只是她急功近利，太渴望出人头地，把本来看好她准备亲手栽培的法务总监，从贵人变成了路人，最后自己黯然出局。

04 自作主张型法务

D律师本已是一个中等规模律所的资深律师；但干时间长了后发现自己一来没业务资源，二来长期加班身体吃不消，想来想去不如做个法务，说不定将来运气好也能混个法务负责人。正好他转行当年市场行情好，拿到了不错的职位和薪酬。

D律师在律所做了那么多年律师，虽说现在做了法务，但心理上没转变过来，打心眼里有点儿看不上法务总监的业务水平，总觉得自己做了多年执业律师，比没做过几年执业律师的总监专业上高人一等。

在试用期D律师还比较谨慎，夹着尾巴做人，业务上没大毛病，法务总监对他还挺满意；但当D律师慢慢地在法务部站稳脚跟，和内部客户建立起工作友谊之后，就有点展露出他的真性情了。

内部开会，D律师和法务总监意见不一致的时候，D律师总想方设法说服法务总监按照他的方案来，但法务总监有自己的主意。对于没成功兜售出去的主意，如果有机会，D律师还会在执行过程中按照自己的意思办。

法务总监见状提醒了好多次，但收效不大；同时，碍于D律师曾是资深律师，又没抓到他工作失误的把柄，法务总监虽然不舒服，但也不好撕破脸。

然而，好运不是常光顾D律师的。有一次在做并购项目时，D律师在谈判中自作主张地答应对方用香港上市公司做签约主体，而不是出门前总监一再告诫的用内地集团公司作为主体，违背了集团管理层敲定的底线原则，导致公司处于非常被动的局面。等法务总监再出面去扳回原方案时，前后浪费了三个月的时间，错过了最好的交易时间窗口，造成了不小的损失。

D律师坚持认为这不是他的错误，他认为用上市公司做并购的签约主体符合国际惯例，所以对方代表提出要求时，他没和法务总监商量就同意；还说什么“将在外，君命有所不受”。

显然，D律师压根儿就没听进去临出差前法务总监传达的公司董事会的要求，以为那是法务总监的“不专业”主意。

殊不知法务总监传达的的确是董事会的决策。董事会认为上市公司是集团的重要资金生命线，集团希望在香港上市公司和内地集团公司之间做个隔离，尤其是资金生命线隔离；以防万一并购不利或者在履约过程中有什么闪失，由内地的集团公司承担全部责任，香港的上市公司依然可在切割后东山再起。

交易交割后，法务总监把D律师换到了普通的合同审核岗位，集团重大交易上再也没有他的身影，部门内部的重要会议也没有再邀请他参加。D律师心知肚明自己被边缘化了，但是苦于还没找到合适的新岗位，只能先混着日子骑驴找马。

*Lily*姐点评：

> D律师的自作主张在一些资深法务中是常见的。他们觉得自己见多识广、专业不比总监差，觉得自己没能当上法务总监只不过是运气和时间的问题，非常喜欢在专业上按照自己的套路来出牌。
>
> 从管理层面上考虑，领导职位高，得到的信息也相应更全面。**做决策之前大家可以多帮领导出主意，但领导已经决定的事情，做下属的最重要的是执行到位；而不是把自己的个人意愿凌驾于领导的指令之上。**自作主张是一种令人十分厌恶的行为，自古以来不在其位不谋其政，做好自己的分内事即可。
>
> 从专业角度来看，再专业的律师，再通用的国际惯例做法，在操作中也得结合集团实际风险承受能力、行业特色和战略考虑才有意义。
>
> 在这件事情上，是D律师一贯的对领导意见表面接受背后自作主张的作风害了他自己，怪不得别人。

05 结语

有的人在职场中脱颖而出，有的人则被边缘化。

这不一定是法务的专业能力有问题，但在为人处事上一定有些“特质”，让领导觉得他们在工作岗位上“贡献”的麻烦已经远远超过了他们的存在价值。这正是应了一句话，“靠智商被录用，靠情商被提拔”。

看了A、B、C、D四位容易被边缘化的公司律师的画像，你有看到自己的影子吗？

三种做法务的心态，有人早告诉我十年就好了！

“律政职场私董会”公众号文章我写了有五年多，所有的文章几乎都是围绕法务和律师职业发展相关的主题，比如如何审合同、管公章、写memo、沟通、挑选律师等；但是有一个题目几乎从未涉及，那就是做法务该具有什么样的心态。

从闭环的角度来讲，如果说职业发展和选择、法务技术提升、内部沟通、法务管理和领导能力、外部律所是构成法务职业大树的根系的话，那么做法务应有的心态，就是支持这棵大树的空气和土壤。

心态决定了你以什么样的尺度，去把握实际操作过程中的火候。哪怕在技术上都是操作无误，但因为不同人把握的度不一样，在这个过程中，有人很享受做法务的过程，而有人则痛苦不堪。

我做了这么多年法务管理，有机会看到法务行业的众生相；又因为做法律职业辅导事业，接触了各行各业的法务青年才俊，很了解他们的事业状态，对他们在执业过程中的喜怒哀乐感同身受。

以下这些文字，是对曾经发生在我和我同事以及我所接触到的法务身上的一些典型心态的总结；无论你是法务“小菜鸟”，还是已经功成名就的法务总，早知道一天，早一点改变心态，就会更享受做法务的这段人生！

01 负责是好事，但不要什么都自个儿兜

说到律师和法务，我深有感触的是去读法学院的同学仿佛被事先过滤过一样，绝大多数都非常刻苦上进，认真的人居多。走上工作岗位后，由于对律师专业性要求的强调，这种习性不是在被弱化，而是在不断地被强化，我接触的多数人在工作上是负责可靠的律师。

小到每个律师提交文件时就会犯的强迫症，把文件仔细看了四五遍依然希望有人再帮自己看一下，生怕文件里有错别字让客户说不是；大到律师群体的习惯性勤奋，每天我的朋友圈里显示凌晨两三点还在工作的律师大有人在，在赶客户交代的活儿，因为应承的事再苦也要做完。

当然混日子的律师也不是没有，但这些律师也只是在律师这个圈子里一比较显得逊色一些而已，和公司其他职能部门的人比起来，还是更为认真负责一些的。这也是为什么有的时候公司领导心里装傻，知道学法律的人好用，就喜欢抓着法务干各种和法律不相关的事情。

但是事情的两面性永远存在，这种认真负责劲儿有可能在某种特定的场合下会不知不觉地演变成一种心态上的轴劲儿，不但阻碍事业的发展，也会让身边的同事烦恼不已；关键是自己还不明白，为什么自己认真负责地为了客户利益、为了公司利益，大家还不领情呢？

小丁，性格单纯，对工作负责，一年级法务，法学院一毕业就很幸运地通过校招到了公司法务部工作；公司法务部好几十号人，培训体制和法务文化建设机制都很健全，小丁暗暗想着要好好努力，以期能早日在工作上脱颖而出，打造一些工作亮点。

就小丁的专业水平而言，经过法务部的正常培训，审查一般性合同足够用，不至于出什么大的纰漏。入职三个月后，小丁被分配去集团下属的销售公司工作。没想到在销售公司工作没多久，小丁就因为项目合作的事被投诉了好几次；到最后甚至销售公司的总经理找法务总监说，要把小丁退回给集团。

法务总监仔细问了双方事情的来龙去脉，原来是小丁太负责惹的祸！小

丁参与一个销售大项目的谈判，一方面在新冠肺炎疫情影响之下销售的压力可想而知，另一方面小丁的关注点聚焦在项目风险上，觉得必须保护公司的利益最大化。当这两者发生冲突的时候，小丁的负责任，在某种程度上，在销售公司的总经理看来却是僵化无能的表现，双方闹得很僵。

小丁在谈判商议的过程中非常坚持，对外，在关键条款上一直和对方达不成一致；对内，小丁提出项目经理要按照他的反馈修改合同，否则就不给过合同评审流程。要命的是，小丁这么说之前也没去问问比自己更资深的领导，他觉得认真负责是天职，不用问啊！等到事态在对抗之中不断升级之后，彼此产生了很强的敌对情绪。

所幸法务总监了解这一意外事件的前因后果后，还是比较护着小丁，最终把事情沟通清楚之后得体地处理了；但销售公司的总经理从此对小丁就很有意见，总觉得小丁不支持销售公司的工作，这也给小丁造成了很大的精神困扰。

有次小丁回到集团开会，集团法务领导单独找小丁聊了这件事。领导对小丁意味深长地说："年轻法务负责任真是件好事，我就怕不负责任的老油条型法务；但不要只聚焦在责任上，而忘记了自己的'法律顾问'这个身份。对公司的内部客户而言，我们的身份是'顾问'，提示清楚风险是我们的责任，但自己兜底抢了销售公司总经理的角色就不好了，成了项目的堵塞点，对方当然要和你拼命了！不违法违规的事，如果只是项目中对我方比较不利的事情，和商业领导说清楚不利在哪里、会出现哪些可能的问题，让销售公司总经理拍板就好。"

"同时，如果在法务团队内部遇到这样的事，可以多找比你资深的同事或领导商量下，不要自己一个人兜着；工作想出亮点、想自己独当一面地搞定、怕麻烦领导，你的心我们都看得出来。法务部是个整体，有很多可用的资源、可以寻求帮助的同事，遇到困难时找过来人多取取经，可能就会找到比你的处理方式更巧妙的办法，这比你孤军奋战强。"

小丁忙点头。经过这次想在销售公司干出点花样来，结果却差点被退回集团法务部的风波，小丁成熟稳重了不少。

02 不会很正常，但我善用外力

在一对一职业辅导和很多法务交流的过程中，我发现不少法务或多或少都带着点儿自卑心理，这或许已经成了法务的“职业病”。

具体表现为焦虑。他们会焦虑自己不会的一些新业务，或者自己过去没接触过的业务，担心体现不出他们在公司存在的价值；尤其在新冠肺炎疫情全球化扩散、经济下行的现状下，他们更为焦虑。于是乎，很多人报了各种学习班，什么数据隐私、上市合规、海外并购，也不管在实际工作中是否用得上，企业是否有这需要；学习，能让他们不心慌。

他们的焦虑还体现在和外部律师的合作上。因为法务的工作内容受所服务的企业业务限制，所以平时来一个大项目时大家都跃跃欲试的；有的时候，尤其是项目不大不小的时候，考虑到个人的发展和工作亮点，很多法务潜意识里愿意自己捂着，不想邀请外部律师介入。即便公司邀请外部律师介入了，如果负责该项目的法务有这种心理因素作祟，也很难做到在资料和信息的共享上对外部律师公开透明，有时候甚至会明里暗里地制造某种障碍，让外部律师适当地出丑，以体现自己的价值。

小云，公司法务经理，最近正紧锣密鼓地跟进公司的并购项目，外部律师是小云和领导一起选的，但不知道为什么，小云就是担心外部律师来了会把重要的工作都包了，她的价值就体现不出来；可是小云也无法阻拦公司请外部律师，毕竟她自己过去没接触过这类项目，挑不起这个担子。对于这样的关系安排，小云在自我价值感上有点迷惘。

外部律师找小云了解公司的股权结构和一些基本资料，小云也热情接待，但在关键文件上给得很不情愿；甚至在某些会议上，小云会利用自己对公司情况更了解的信息优势，有意无意地让与会的领导觉得外部律师摸不着头脑、水平一般。

但小云的所作所为没能逃得过法务总监的眼睛，为这事法务总监和小云单独沟通了一下。

法务总监说其实做法务不是什么都会，有不会做的特别正常。做执业律师都要不断地自我学习，也不是什么业务都会的，不用从心里面因为自己有不会的业务而感到自卑，担心自己在公司的价值和地位，最终在合作上动作产生变形。

总监开导小云不妨把这个从来没做过的大项目当作一个很好的学习机会，向外部律师中的能人学习，同时发挥自己更懂公司、更懂内部沟通协调的优势，一起创造佳绩，有双赢的观念合作起来才顺畅。

最终小云在法务总监的点拨下迈过了心里这道坎，开了窍，项目进展也很顺利；小云还受到了内部表彰。小云觉得美滋滋的，自己今后跳槽的时候有项目亮点和事业资本了。她从心底里很感激法务总监的引导，正是法务总监及时帮助自己转变了心态，没让事情变得更复杂。

每个人都需要在组织里有存在感和价值感。尤其是很多公司法务，本来就觉得自己在公司里的地位处于边缘化状态，再来一个强势的外部律师团队，自然就担心自己会弱化到被忽视，更担心自己不会做这类业务的话会给领导留下没价值的印象。

其实大可不必！律师、法务都是人，不是无所不能的神，都有彼此不熟悉的领域，也有各自的优势。遇到不会做的项目，很正常，不用焦虑；但要善于借力发展，请合适的外部律师进场，帮助公司把项目做成，自己在这个过程中通过学习飞速成长，这才是王道！

有这个心态，我相信无论是在和法务小伙伴的合作上，还是和外部律师的合作上，你都会轻松许多，人缘爆表！

03 不是我负责的，但我帮你牵头去解决

稍微有点规模的公司，在法务业务上都会区分工作内容，好处是利于专业化发展，每个法务各司其职；另外对业务人员而言，也能更好地找到相对

应的法务处理工作。

不好之处有两点：（1）对业务人员而言，遇到的法律问题分别涉及不止一个法务负责故而需要他们分工合作的时候，如果其中被涉及的某个法务事情没做到令人满意，最后对其他参与其中的法务也造成牵连，甚至影响整个法务部给公司的印象；（2）分工归分工，总有一些领域是分工的时候没有考虑到的，当那些“三不管”领域出现的时候，谁负责就成了一个很难安排的问题。

半年前琳琳和小英一起上会支持公司的税收优化项目。她们都在一家颇具规模的跨国公司工作，法务部十个人不到，分工相对明确，二人都是法务经理，彼此之间是同级合作关系。其中，琳琳负责合同和商务谈判，小英的方向比较偏，负责税务和劳动法。

在这样的项目里，正常的合作是琳琳前期负责和业务人员对接，把涉及税收部分的内容跟小英一起商量来解决问题。但公司受新冠肺炎疫情冲击裁员很多，不少人提起了劳动仲裁，工作量激增；小英忙得手忙脚乱，无法及时回复琳琳和业务人员税务方面的问题，业务人员因此已经向琳琳抱怨过好几次。

琳琳觉得每个法务都有各自的一亩三分地，做好自己负责的部分就可以了，也不想插手别人的事；而且平时法务小伙伴之间也难免有不大不小的竞争压力：毕竟每年升职的名额就那么多，别人工作不到位，不是可以反衬出我的专业和高效吗?

业务人员在会上抱怨的时候，琳琳就让他们直接找小英解决。谁知有一天，法务总监忽然找琳琳问起项目的情况，说她们两个被业务部门投诉了，因为反馈慢已经严重耽误了总部要求的在某一时间点完成项目；琳琳听了后差点当场在法务总监跟前抹眼泪，觉得自己很冤枉、很委屈。

琳琳仔仔细细地向法务总监汇报了事情的原委。听罢前因后果，法务总监语重心长地和她分析了投诉的原因。**在这样的项目上，不管参与的公司法务有多少，不管法务在哪一个环节出了问题，也不管具体落实到是哪一位法务的责任，对业务团队而言，这就是法务部的问题。业务人员痛恨一个一个**

地找不同的法务解决，他们会认为那样的做法就是法务部内部“踢皮球”，他们需要法务部门有一个项目负责人来协调解决这个问题。所以，尽管琳琳做了自己应该做的工作，但是当小英没能如期给出反馈的时候，琳琳让业务人员去找小英单独解决，就难免给人留下了推卸责任的印象。

如果琳琳能主动地和业务团队介绍一下内部的分工，让大家了解问题出在哪里；并主动承担起法务部内部律师之间的沟通和协调的责任，那么问题就不太容易演变成投诉了。

琳琳不解地问法务总监：“我又没权利管小英，邮件也都抄送了小英，她知道什么时候该反馈，她不给力，我怎么协调？”

法务总监说：“你找我呀！这么重要的项目，你协调无力的时候，和我沟通下，我来找你们两个开个会，看看怎么让小英及时地反馈；如果小英确实工作量太饱和，我们还可以请外部的税务律师来帮我们解决，这虽然花点钱，但能解决问题不误事，比被投诉强！”

说到这里，琳琳觉得特别不好意思！同事之间就应该互相商量着把活干了，本来这是一个很好的在业务团队面前表现自己领导力和能力的机会，就因为自己没经验，怕被投诉而急于撇清自己的责任，结果越想撇清越失控，竟被投诉了！

可见这法务团队内需要合作的工作，还真得关注事情本身，本着服务客户的心态去做，不是自己的事，但把它当成自己的事一样地去操心，才能获得肯定！这可真是“吃一堑，长一智”！

04 结语

心态把握不好，动作容易变形，最后发展为即便有很强的专业技术能力也无法施展，甚至演变到工作上被不断地投诉，着实可惜！所以做工作，技术是一回事，软技能是一回事，心态也是很重要的一回事呢！

心态对、行为正，才能在工作中创造佳绩！

腾讯被假老干妈骗，给法务合同评审敲响四个警钟

最近全网围观腾讯因为老干妈逾期不付款请求法院查封老干妈资产案，孰料剧情迅速反转，老干妈报警，说从来没有和腾讯合作过。最后，贵州警方发通告称，腾讯被假冒老干妈公司的三个骗子给骗了。

这事出得很蹊跷！上千万金额的合同，不可能只在最后设置了一个付款节点，为什么中间没有去老干妈公司催促付款？另外，这份合同不仅骗过了号称“南山必胜客”的腾讯法务部，而且还骗过了法院，堪称造假技术“一流”。

但是公司法务部在签约、履行过程中，存在合同审查以及履约过程监督上的疏漏，这几乎是肯定的。

以我过往的法务管理经验来看，法务团队在合同形式审查上比较大意，也属实。有些工作做个七八成水平的律师，总会忘记自己公司律师的身份，轻易地放弃公司规章制度和原则，反而成为内部客户的代言人，立马“倒戈”，做起我的思想工作：

“领导，××合同内容已达成一致了，但是对方签字代表的授权书一直没到，业务总监在催我了，您能不能先特批下合同？我一个星期内一定让他们补过来！包在我身上！”

“领导，对方法人不愿意提供身份证信息，他们说法人信息保密，您看

对方就盖个公章，法人不签字了，合同能不能签了？”

“领导，对方的营业执照今年没年检信息，他们就说自己提供不出来，但是他们做我们的供应商有五年了，我看这问题不大吧，合同能不能先审批签字了？”

“领导，对方坚持要我们先盖章，然后他们才盖章，我们能不能先盖章？”

您没看错，这些话都是我亲下属——公司内部律师的原话！当他们面对比较大的业务压力的时候，合同实质审查过关后，他们会对比业务人员给他们的压力和被我拒绝的压力，两“害”取其轻，来劝我特批（违反公司合同评审规则的合同需要GC特批），不要“小题大做”。

毫无疑问，此时他们俨然摇身一变成了商务的代言人，完全忘记了合同审查中坚持形式审查的重要性，而这部分工作恰恰就是审查对方是否具有签约资质的关键风险控制点，我倒成了他们“攻守同盟”的共同“劝降”目标！

腾讯和假老干妈签订合同的乌龙事件，在我看来，恰好暴露了公司律师在合同审查管理上的问题，是一个很好的对法务工作反思和自查的机会。

不“吃瓜”，今天就实实在在地说一说合同形式审查和“萝卜章”管理的要点。

01 合作前尽职调查不可少

对签约单位进行合作前尽职调查，要求对方填写基本信息、提供资质文件，并派代表进行现场访问，是很多大公司与其他公司开展合作的前提条件。

这类操作由业务部门主导，毕竟法务部和业务部的人手配比差距很大，不可能事事参与其中；但是对于通过尽职调查获得的对方公司的相关资料，法务部应该审查其是否存在合作资质问题。

腾讯这么大的企业，这方面的制度按理说很健全才对！虽说互联网头部公司可能不会像制造业集团那么重视现场访问，但对合作伙伴进行必要的合作前背景调查是应该有的。如果腾讯商务人员当初提出去“老干妈”厂里拜访，和负责项目的副总对接，了解项目的原委，一切就清楚了。

再者说了，就算不提出去厂里参观，你总归要向对方索要营业执照、法定代表人身份证、项目负责人身份证及项目负责人授权谈判委托书存档等信息材料；等收到这类信息后，法务打个电话核实下就清楚了，也不至于会出现最后查封资产的时候，老干妈说“我从来没和腾讯合作过”的情况。

啥？你说没走这流程，一听是“老干妈”的大号，觉得这么大的企业一定错不了，就直接略过这一步了？那怪谁呢！

02 投放广告前审查媒体授权

腾讯被假老干妈骗，涉及的是广告合同。早年我审查广告合同的时候就差点儿遇上内外勾结的骗子，幸好当时负责任地履行了职责，否则多年积累就毁于一旦了，现在想起来依然还会冒冷汗。

说说我经历过的故事。大家都知道知名企业的广告投放量很大，预算都是以亿元计的；很多广告公司会说自己有央视、凤凰卫视黄金频道的资源，要帮助公司投放广告，精准到达目标用户。这种合同一签就上千万起步，属于重大合同。

当时公司的重大合同由我在流程上审批并给出法律意见。工作流程之一是：如果财务和法务附上了重大意见，总裁就会驳回，请业务部门按意见修改，然后这个合同才能被审批通过。就是说，财务和法务扮演顾问的角色，在流程上写上自己的详细意见，最后由总裁定夺。

当时，有一个著名卫视的广告投放合同显得很奇怪，很多地方有违于我的常规认知。譬如说，一是对方拿不出该卫视的广告代理商授权，二是合同粗制滥造，很难让人相信这是对方的标准合同。我提出要求业务负责人补齐所需资料、修改合同；结果负责项目的副总裁就是不肯补，回话说：“您出意见，总裁定夺。”

没法子，我就认真地写了两页纸的合同评审意见附上，过了一段时间我发现总裁批了这个合同，以为是主管媒体的副总裁说服了总裁。没过多久，公司内部的纪检团队说该主管副总裁在媒体合作上有违规行为，这个合同也就被调查了。

当时法务、纪检是一家，法务主管副总裁也是担心万一法务没把好关，那颜面丢尽不说，难免被董事长责怪。我说这整个合同流程里财务没有意见，我有两页纸的意见，不用特别担心；后来调出系统档案一看，果然有我写得清清楚楚的意见，两页纸，从实质审查层面说到形式审查层面，我有疑问的地方都写在上面。

这让法务主管副总裁腰杆一下子挺直了不少！后来我的意见成了调查线索，纪检顺着这个线索开展内部调查，三天后那位主管媒体的副总裁就承认了一些腐败的重要事实。人被拿下，送至检察院处理。

如果您也有过这些差点儿被内外勾结的合同给“坑”的经历，您就会像我一样警觉；也就会理解当手下的律师劝我“高抬贵手”的时候，我坚持“小题大做”背后的顾虑。实际上，哪里是法务小题大做，是有的律师太年轻了，还没遇上过什么坏人，没见识过人心险恶而已。

我不是不愿意让业务部门负责人高兴，也不是不知道搞好同事关系、一团和气的重要性；但公司律师和业务人员履行的是不同的职责，业务人员说他们推进项目让公司挣钱，我们说我们法务保护公司挣到的钱，不会因为不合理的风险而白白地损失，竹篮子打水一场空。在一家公司工作的同事，彼此岗位不同，利益诉求和职责是不一致的，有人攻，有人守，都是履行工作职责而已。

有的公司律师对自己的身份和职责认知还比较混沌，对风险持谨慎的态度没有成为他们的职业习惯的一部分，有时候难免被我教育和拒绝。

如果做法务分不清这件事的轻重，一遇到事就想放弃规章制度和原则去

取悦同事，一句话，换个工作吧！公司法务的工作不适合你！公司法务很多人正直、善良，但为什么在工作上做“恶人”？因为职责所需！

回到腾讯和老干妈这个案子上。投放广告猫腻很多，有时和你洽谈签订广告合同的企业或者广告代理商，可能连投放广告的资质都没有，打算投放广告的企业（例如本案中的老干妈），一定要审核代理商的媒体渠道洽谈授权书；反过来对于提供广告位的企业（例如本案中的腾讯），同样要审查对方的营业执照等的真实性，付款能力怎么样，会不会在广告投放之后不认账。

如果腾讯负责此合同审查的法务更认真点，仔细地审查了对方提供的营业执照、授权签约委托书，并在付款条件上多做一些对公司有利的约定，我相信很多事都是可以及时发现的。假的真不了，很多地方有端倪，我的看法是，没有人好好较真而已！

03 对签约人验明正身

签约人身份和资格验证，对合同形式审查中的签约主体资格验证这一环节来说，是很关键的。

在合同评审过程中，合同文本必须体现双方商谈后的一致意见，因此法务首先要细细地核对文本本身，确保没有遗漏、笔误，没有模棱两可的用语，符合双方的约定内容；其次，法务要仔细地核对以下几样文本，确定对方将来的签约人具备签约资格：通过本年度年检的营业执照；法人代表身份证复印件和签字；如果是非法人签约，被授权人要提供公司及法人代表签字盖章后的授权委托书，明确说明授权事项，授权的有效期能包含预计的合同签订日期；被授权人的身份证复印件和签字。

Q1：为什么要本年度通过年检的营业执照？上一年年检通过的不可以吗？

答：通过工商年检的营业执照表明公司存续状态良好；上一年良好，不代表本年度良好，以本年度为准。

Q2：法人代表不愿意提供身份证信息怎么办？

答：坚持要求提供，一是便于基本信息核对，二是为将来履约不利起诉做准备，收集到与起诉相关的必要信息。如果对方担心信息泄密，可以在提供复印件的时候在身份信息上备注一句话："本身份证信息仅为某某事由而提供，不作他用。"

Q3：授权委托书写得很笼统可以吗？

答：写得很笼统将来容易发生扯皮，建议写明确，写清楚授权事项、授权人、被授权人身份、授权有效期；如果是非法人代表公司授权，要去看一下对方的公司章程，是否赋予该非法人代表相应的权力。法务可准备好模板，随时提供给业务部门使用。

这些工作在业务人员看来很烦琐，容易产生不愿意配合的心态；但如果法务能耐心地解释清楚这些手续意味着什么，将来如果某个环节出了问题，比如对法务和业务人员而言，没有签约资格的人代表公司签约了就属于低级错误，这样做会更容易获得支持和配合。

04 利用盖章流程先后规避风险

如果合同文本没有问题，签约资格也没有问题，最后在盖章流程上，谈判能力强的一方，可以让对方先盖章。

合同盖章不仅仅是签字页上需盖章，一般还需要加盖骑缝章，确保合同的完整性，这是其一；其二是，让对方先盖章，这样做是为了让我方有最后检查的机会，万一在签字盖章过程中出了问题，还可以及时发现补救。

每家公司用章的习惯不同，有的公司用合同专用章，有的则用公章。不管对内的管理制度怎么约定，对外而言公章和合同专用章，如事先无特殊约定或特殊情形，一般对善意第三方均有效。

人带章过去，大家一起现场核对文本盖章确实比较好，但貌似在现代交易中很少采用，因为现在快递邮寄正本的方式节约了交易成本，一方盖章后向相对方邮寄正本盖章的方式比较常见。

这时候就建议有法务的公司，在遇到对方公司没有法务时务必要求对方先施印，万一遇到盖章不严谨的情况，还可以在最后一个环节把把关。如果两家公司都有法务，可以提早互相商量工作流程，约定怎么盖章、出现错误怎么更正、需要盖几个章。

别看这些工作不是太起眼，但把关把严实了，可以大大降低类似腾讯和老干妈那般的乌龙事件。

05 要点——印章识别的几个技巧

读到这里，法务朋友也许会说，万一前面都做对了，偏偏在最后一个环节，骗子用了假章，怎么能看出来呢？被骗岂不是很冤枉？

确实，法务是人，不是神，如果造假技术精妙到足以以假乱真，很可能就会遇到无法识破假章的情形，这叫意外！但骗子就是骗子，他们不会大费周章地在技术上花心思打磨，掌握常识性的小技巧可以降低此风险。

首先，看印章是否有五角星。没有五角星的章，即使不是假的，在合同效力上也容易被判定为有瑕疵或者无效，需慎重。

其次，只认公章和合同章。如果遇到对方用财务章、人力资源专用章等盖的合同，尽管这些印章在特定文件上可产生法律效力，但用在合同上不合适，所以趁早让对方加盖公章或者合同章。

再次，看用印的痕迹是否特别光滑。公章现在是铜章，我盖的时候觉得挺重的，为了避免糊掉及重影，一般会从一个角落先落脚，然后再覆盖全部区域，而不会像机械式冲压机那样直冲而下地操作。鉴于此，只要不是电脑PS的章，在盖章的时候或多或少都会存在用力不均现象。所以，法务观察下图章周边是否特别光滑，如果是的话就要小心；不光滑、有毛刺和不均匀，反倒正常。

最后，看盖章的位置。为了表明章是真的，真正有权力盖章的人了解对方公司的心理诉求，会找一个有字的地方盖，把字用印章覆盖，但是透过印章能识别出字来，让对方一看放心；但骗子因为心虚，往往专挑在空白的地方盖章。

06 结语

这本是平常的合同审查，做久了，审批的律师皮了，集体负责变成了集体不负责，该守却没守住的情况，在很多企业时有发生。

腾讯被假老干妈骗的真实故事告诉我们，如果说小公司不在乎这些，因为出事也没人知道，那么知名企业的法务，在工作上可一点都不能松懈！有规章制度但不能坚持，一不小心自己就接下一个“大锅”来。合同审查过程中思想上的松懈，尤其是在形式要件审查上的思想松懈，对大集团可能造成的就不仅是金钱上的损失了，还有商誉和形象上的损害。

想到工作中遇到不少法务对合同形式要件审查并不上心，马马虎虎的行为不少，他们主要是觉得遇到骗子的概率太低了，“领导你说得太吓人了，我不听，我不听”……

其实实质性审查和形式性审查的说法，只是一种学术分类，形式性审查并不是走过场的意思。法务务必要守好合同评审关，要像对合同进行实质审查一样，对合同形式要件审查给予重视，否则如果连合同的签约资格都没有，即便合同条款写得再滴水不漏，那你也是犯了不可原谅的低级错误。

在从事法务工作的道路上，往往少有鲜花和掌声，倒是布满了“雷和坑”，Lily姐提醒你，务必爱惜自己的名誉，坚持原则，小心驶得万年船！

能趟过职场危机的法务，有这样三个特征

自从我在知识星球办律政职场私董会后，一直忙于回答各类法律职场问题，疏于留意同行职业生涯变化；某天等我留意的时候，惊讶地发现有几位同行已经离开原先的工作岗位。

2020年，就业难，保住“饭碗”同样艰难。这些同行离职的主要原因是在经济形势欠佳时，公司觉得用他们“性价比”不高，要么给笔钱遣散，要么合同到期后一拍两散，起用新人。

但也有那么几位，无论经济形势怎么变化、公司内部如何复杂，他们的事业都稳稳的，堪称业内常青树！他们事业常青的背后一定有某些共性的隐性特征，确保能够坦然面对职业生涯的危机和挑战，在职场上熠熠生辉。

危和机是一对孪生姐妹，这也给了我们一个很好的契机，审视如何能更好地面对职业发展上的挑战！

于是我萌生了将观察到的帮助法律人顺利度过法律职业发展危机的特征，通过案例点评的方式提供给各位看官参考的想法。

01 案例一：走出舒适圈，主动自我颠覆

晴雯法学院研究生毕业那年运气好，虽然没通过法律职业资格考试，但很顺利地进了一个大集团法务部工作。

这对于追求生活和工作平衡的晴雯来说，真可谓求之不得！晴雯毕业时已老大不小了，却连个对象也没有，这份工作正好可以让她兼顾生活，顺利地把个人问题解决了。

晴雯在法务部几十号人中属于中游偏上，这正合晴雯的意。虽说坐“职升机”轮不到她，但好处是不会面对枪打出头鸟的危险，自己也正好趁着工作不忙把法律职业资格考试证书拿下。结果，晴雯结婚生子一路走下来，家务事缠身，孩子都十岁了，法律职业资格考试大业依然没有完成。

企业是铁打的营房流水的兵。晴雯所在的法务部，这些年新招聘的高级人才越来越多；晴雯虽没有过人的天分，但凭着老资格和工作上绝对服从，随着年资的增长也步入了管理人员的行列。几年前遇到个有缘的领导，晴雯“十年媳妇熬成了婆”，成了部门领导。

有时晴雯觉得自己拥有的这一切像一场梦，如果晚五年从法学院毕业的话，没有法律职业资格的晴雯是没机会进法务部工作的，更别说能成为领导！

但晴雯也有自己的焦虑。刚工作那个阶段，晴雯还负责审查合同、处理公司投资权证和知识产权等事务，虽说不是什么高难度的事，但做实际业务晴雯比较心安。这几年晴雯早脱离了实际业务，法律亦在不断地更新，现在要晴雯审理个合同，她心里怕都是七上八下的。听说《民法典》都快要实施了，自己在法学院学的那些与民法相关的法律，马上要作废了。更别说要晴雯做点儿高精尖的新兴法律业务了，譬如反垄断、合规、数据隐私保护，一落到实处她就心虚得很，总觉得有种打肿脸充胖子的感觉。

不进则退这个道理晴雯明白；但她总下不了决心走出舒适圈，补上自己在专业上缺失的一课。她盼望着能在管理岗位上一辈子，直到退休。晴雯心里有这个侥幸。

但安稳局面随着主管领导的离职而结束。因为新冠肺炎疫情，人事结构调整，主管副总裁离职，晴雯心里彻底慌了。和新来的主管法务副总裁几句话交谈下来，晴雯就知道自己恐怕入不了他的法眼。

首先，这位法务副总裁专业线出身，他一到岗就亲自上阵打官司，为公司创造价值、节省开支；晴雯过去专做管理不问一线法律事务的工作方式恐怕是行不通了。

其次，和他的前任喜欢通过法务成员数量显示自己的实力不同，这位新法务副总裁提出了要把现有法务人员清退一半，给剩余法务人员适当涨薪，让更好的法务人才进入体系带来鲶鱼效应的想法。晴雯知道这意味着什么。

最后，新上司意味深长地问晴雯部门里有多少人没有法律职业资格，让她统计个表格。虽然由于历史原因而招聘的法务人员不至于因此被清退，但是这位法务副总裁要求法务部的员工、过去没通过法律职业资格考试的，务必在一年之内通过，这成为任职前提之一，否则将面临解聘。这一点对晴雯形成了不小的压力。

没有了前任上司这把保护伞，晴雯知道自己的职业生涯也危在旦夕。晴雯孩子都十岁了，参加法律职业资格考试，对在舒适圈里待惯了的晴雯而言，既没有行动的勇气，更别提着手行动了。

晴雯也想过离开现在的公司去看看其他机会，但悄悄地领了趟市面后，无论是教育背景还是工作经验，她都没什么优势，面试机会寥寥无几。

更何况晴雯心里明白，如果要做一线法律事务，对她而言面临的将是一个痛苦万分的适应过程。怎么办？

Lily点评：

后路已断，前路渺茫，晴雯陷入了法律职业危机中，这个时候晴雯来找我商量对策。

与其被动离场，不如主动自我颠覆，包括辞去法务部长的职位和更新过时的法律知识，主动地去拥抱这个变化。晴雯最终听了我的建议，痛定思痛，主动进行自我颠覆。

她提出不再担任法务部长职务，改而去了知识产权专家岗，由于少了行政事务，有了时间，她正着手准备法律职业资格考试。晴雯的这个行为，也获得了新任法务副总裁的赞许。

她坦言，年近40岁，自己对能否通过考试并没有把握；但是她同意我的看法，痛苦的选择背后孕育着生机，不逼自己走出职业发展的舒适区，主动做出选择，如果错过了一年的调整窗口期，恐怕明年等待她的依然是黯然离场。

同时，晴雯的主动让位和走出舒适圈的做法，也令新上司对晴雯多了一层积极的看法。目前无法断言晴雯已走过了她的40岁职场危机；但主动自我颠覆，化被动为主动，不比被动离职香吗？

02 案例二：开放思维，趟过经验的沼泽

2020年暴发的新冠肺炎疫情中，陷入职业发展危机的主力军并不是刚入门的年轻律师，而是工作有些年头的老“法师”。

原因在于相对于年轻人的活力、朝气、拼搏精神，老“法师”差了一截；而老“法师”凭借曾经的成功经验“有恃无恐”，反而容易出现职业发展上的意外。

老宋是公司诉讼律师，早年曾在一家小律所干了七八年，后来公司需要诉讼律师就把老宋“招安”了，工作安逸、收入体面，老宋一待就是十几年。在这期间，老宋办过不少案件，包括不少集体诉讼案件，最后都是化险为夷。老宋在法务部虽然学历不算高的，但凭着过往战绩，他在法务部的地位相对较为稳固。

过去老宋处理集体诉讼时，习惯的套路是先找经销商做中间人，协调骨干分子谈一个经济上的解决方案，最不济通过法院调解，都是钱能解决的。

但最近用老经验解决新问题不灵了！将近一年来几个诉讼案件非但没有如期结案，反而在网络媒体上出现大量负面声音，老宋的经验和办案能力也

在内部受到了很大质疑；为此主管副总裁急红了眼发了狠话：“处理不好就趁早走人。”

老宋不明白，以前用得好好的套路现在怎么不灵了。殊不知现在的消费者维权，比过去更有组织，分工明确，意见领袖号召力强。他们要的不仅仅是赔偿，而且还要发出自己的声音，显示自己的话语权，仅仅靠钱已经很难解决问题；他们要的是一个态度、一份尊重，并且解决问题。他们意识到了自己团结起来成为一个整体，就具有和厂家博弈的能力，诉求比过去增加了，重点也不一样了。

最后还是部门同事小江律师主动请缨，把诉讼案件结了。小江诉讼经验没老宋丰富，但同时也不受经验限制，他和消费者们进行了深入的协商和沟通，识别出纠纷的起因和解决的关键点，顺利地把事情解决了。

干了多年诉讼工作，反而不如一个初出茅庐的年轻律师，老宋心里十分失落；相反小江虽然经验不如老宋丰富，却通过这次解决危机展示了新生代的力量。

遗憾的是，还没等老宋感慨“后浪”的力量，就遇到经济下行、公司人员减少，老宋被通知拿赔偿走人。

老宋现在逢人就讲：“哎呀，经验这玩意儿，害人不浅啊！”醒悟过来的老宋，准备响应号召，去法院门口201米处摆地摊写文书试试。

Lily点评：

> 我曾读到一个故事，印第安人历史中，那些后来灭亡的部落早先在狩猎时往往由经验丰富的猎人决定路线；而那些幸存下来的部落，却是由祭司根据占卜的结果随机决定的。
>
> 这个故事说明，成功经验并不能保你一世无忧。**经验亦是把双刃剑，固定思维和惯性的强大力量，如果不能恰当应用的话，反而是事业发展路上最大的绊脚石。**

令老宋黯然离场的，是老宋的自负和经验作怪，并非来自“后浪”的威胁。面对瞬息万变的时代，面对不断涌现的新问题，经验如果固化为自我设限，说不定还不如随便占卜碰运气，效果反而更好一些。

告别过去的经验，用开放的思维看待新涌现的法律问题，结合当时的情况做出适当的决策，才会走得更远。

03 案例三：定位清晰之后的终身学习

Alice早年在红圈所时，是一位充满了斗志、想做合伙人的积极向上的好律师。就连孩子出生前半个小时，Alice还在电话会议上和会上客户打了个招呼；孩子出生后一周，Alice又主动加入和客户的电话会议中，勤奋和敬业有目共睹。

但有孩子后，大量的精力被孩子占据，Alice逐渐感到力不从心；在老公的劝说下，她找了个合适机会加入现在这家头部TMT法务部。

Alice 所在的公司业务很多元，但她所在的投资法务岗工作内容却比较单一，投资法务有七八个人，一个人负责一个国家或某个海外区域。

Alice的薪水也不比在红圈所时低，并且可以聘请外部律师为其负责的投资项目服务，生活也更为规律和稳定；但弊端是Alice感觉到自己在吃老本，她看不到在这著名的TMT法务部100多个律师的团队里，自己的升职空间在哪里。

Alice经常半夜醒来，无缘无故地感到焦虑。焦虑来源于两部分，一方面，看着过去所里的同事快要熬成授薪合伙人了，自己在公司内部什么时候熬成高级经理还是个未知数，不由得内心暗暗地产生了Peer Pressure；另一方面，Alice做的法律事务比较单一、地域单一，多是重复性的工作，这种工作无法给予Alice足够的专业成长空间。

Alice也想过怎么在公司发展得风生水起，甚至成为法总。实际上，以她的海归学历背景和过往红圈所执业经验，这并不是异想天开。但她想了半天，和律所的小姐妹讨论好一阵儿也没理出一个好的思路。

好在Alice保持了律师勤快的禀性，为了消除内心的焦虑，她报了一个又一个培训班，从最新的证券法培训到马上要开始的民法典培训，有用没有先不说，好赖要坚持终身学习呀！

就连Alice的朋友圈也是满满的正能量，不是说朋友圈也是个人职业形象的一部分嘛！Alice的朋友圈中，深夜加班、周末培训并不少见。她希望同事和领导看在眼里，对自己多几分好感；但每年的升迁公告里并没有她，Alice觉得很受挫。

更糟糕的是自从中美贸易战以来，TMT公司对美国业务的战略布局发生了不小的调整，Alice负责的美国投资业务也受到不小的冲击，投资法务重组恐怕是免不了了。

Alice变得更加忧心忡忡，于是通过熟人介绍找到我不解地问："工作我是认真的，也一直在学习吸收业内的知识，为什么在内部升迁之路上并没什么成效？目前面临的内部法务调整如何应对？"

Lily点评：

"终身学习"这个概念最早我是二十几年前从彼得·圣吉的书《第五项修炼》中习得的；他提到组织要不断进化和发展，提出了学习型组织这个概念，也提到了终身学习对组织的重要性。

终身学习对个人的重要性无须多言，但学习的有效性需要获得重点关注。有效是建立在对个人职业发展定位清晰的基础上的。Alice看似这般忙碌但其实缺乏针对性的学习，并不会给职业生涯带来多大的附加值。

譬如由于Alice是从事美国投资的法务，我建议她把中国的《证券法》放一放，转而关注美国进出口合规管制、数据合规、投资新动向等。

同时，和Alice沟通了解到她到公司法务岗位后，保持了在律所单打独斗的习惯，与其他同级的投资法务同事交集和合作不多。可是她所期待的高级经理的职位，对人的领导力、项目管理能力是有要求的，Alice并没有在团队领导力和项目管理能力上给人眼前一亮的感觉。业务以及管理能力上没有突出亮点，导致Alice在TMT公司未能如愿获得晋升。因为个人职业生涯定位不清晰，各种培训学习也没能对她未来的职业发展目标带来太大的价值，所以令她感到受挫和不解。

我提醒Alice首先想清楚自己未来的法律职业发展定位，在此基础上再有针对性地选择终身学习方向。

想走专家路线，不如深挖和海外投资相关的法律法规，把学习目标集中在这些议题上；关于项目管理和团队领导力，我也有针对性地给了Alice一些方向性建议。

针对目前公司海外投资战略的调整，建议Alice主动和领导沟通，及时发展新战场，不要坐等战线收缩。比如可以看看新兴市场的投资方面能否有所作为，作为目前美国投资日渐萎缩的工作内容的补充。并且，可以和领导适当地沟通下轮岗其他海外市场投资岗的可能性，形成投资岗上的大局观，这对未来晋升很有好处。

最近我收到Alice反馈，她在原基础上争取到了拉美市场投资法律事务，职位保住；并且领导允诺了有机会时考虑投资法务岗内安排轮岗的机会。Alice心里的一块石头算是落地了。

04 结语

任何一个行业的发展都离不开大势！唯有紧紧地把握时代发展的脚步，主动拥抱变化，甚至颠覆自己过往取得的成绩，才能不被时代无情抛弃。

像晴雯这样的法务主管，没有法律职业资格，但贪恋在大树底下好乘凉，不肯走出舒适区；领导的离职冲击到了她看似岁月静好的职业生涯。你以为的现世安稳，能安稳一辈子吗?

脱离了法律业务的根基而谈法务管理，是很危险的！疫情只是凸显了这个早已存在的职业发展危机而已。

像老宋这样的老律师，经验带他找到公司法务部的工作，在内部树立自己的专业权威。但老宋不能时常保持开放思维，过去的成功经验反而成了他事业发展路上的绊脚石，几个处理不力的诉讼案就断送了他看似稳固的公司法务前程。

更有像Alice这般，虽然各方面的职业发展基础都不错，个人也是积极努力的律师，但在大公司的平台上依然升职无望，甚至在内部发展战略发生调整时，仍要担心自己的职业和去留问题。说到底，是没想清楚自己的职业发展规划，病急乱投医，吃了一堆的“药”，也不见起色。

人不想离开舒适区，是因为天性，没有人不喜欢舒适；而离开舒适区，则意味着将不得不面对陌生的环境、未知的危险，以及生死未卜的前途。

但职业发展上，要有君子不立危墙之下的意识，时常保持必要的危机感和紧迫感，并勇于走出自己的舒适区。甚至要勇于自我颠覆，自己革了过往成功经验的命，以定位清晰为前提去图谋发展。

千万不要等危机之下、沉船之时才想起逃生，宛如在电影《泰坦尼克号》中一样，等到了那个时候，救生船少，乘客多，能逃生的又有几人?

与其去和CEO搞好关系，不如做个有韧性的法务

有一次，我就吉利并购沃尔沃交易中总法律顾问的作用做线上分享时，有一位会员朋友向我提问："Lily姐，你能分享下你是如何和CEO搞好关系的吗？"

和CEO搞好关系绝不是我的第一要务，我是公司的总法律顾问，而不是CEO个人的法律顾问。我不会刻意和CEO唱反调，但是我时刻记得公司法务的职责是保护公司利益最大化、法律风险最小化，而不是搞好个人关系。**作为总法律顾问，一定要有勇气在必要的时候捍卫一些法规、政策、公司内部原则的底线，忘记关系不关系的，否则你就离出事不远了。**

我知道不少会员朋友，没有坐到那个位置上，不一定能深刻理解我的话；我也可以理解一个人希望周围工作生态圈和谐的诉求。

但是，如果是以搞好关系为指导方针开展法务工作，而不是以防范风险为指导方针，这类法务恐怕是走不远的。

01 什么原因造成法务日子不好过?

和大家先交代下背景，会员这么问的出发点是想曲线救国。虽然每家公司不一样，但是确实有许多公司的法务地位还比较低，开展工作比较被动，总是动不动被边缘化、成为"背锅侠"，所以难免会不由自主地想，是否我

们法务把和总经理、CEO的关系搞好了，日子就能好过点呢？

“日子好过点”这个想法是人之常情，但在解决方案的方向选择上有偏差，值得我们警惕。

纵观法务在公司日子不好过的原因，我归纳总结如下：

（1）公司过去没有使用法务的传统，不知道该怎么用，不能理解法务在公司中该发挥什么作用，结果就导致法务要么是做做样子的“橡皮图章”，要么是苦命的“背锅侠”。

（2）CEO本身有问题，无论是在领导力上不能公正处事，还是本身有不当行为，这两种情况下都很容易排斥法务，许多信息被隐瞒。

（3）法务的专业能力达不到CEO和其他高管团队的期待值，不能提供令人信服的价值。

（4）法务的沟通能力、领导力上有欠缺，或者个性、成熟度上欠缺，不能说服CEO和其他业务团队，因而工作开展不下去。

我的观察是原因（2）比较少见，原因（1）、（3）、（4）是常态。

02 怎么让法务日子好过？

知道了日子不好过的原因，解决方案自然是有的，以下几个维度供参考：

首先，用通俗易懂的方式展示和提供专业价值，孤芳自赏式的专业，相当于事业上的慢性自杀。

不少律师能用法言法语把一个问题分析得头头是道，但是他们偏偏就缺乏把复杂问题简单化，尤其用平常人听得懂的语言说出来让人秒懂的能力。

说句大白话，就是让不懂法律的人看得出来你的价值，让一个不懂法律的人对你某个方面竖起大拇指；而不是别人看不懂，只有你自己和法律专业人士才看得出来的价值。很多公司律师自以为说明白了，其实把人绕晕了；分享了一堆客户不想知道的细节，而且沟通的重点不突出，导致客户没有耐心听你说话。这个效果就属于法务自嗨了，但其实客户并不买账！

其次，通过合适的方式和高管层建立信任，信任是合作的前提。人和人之间如果没有信任，是很难合作的，这在任何公司里、任何职业上都是如此。

对从事法务工作的人而言，这就更是合作顺利的关键性决定因素。因为法务部门和其他的后台支持部门不一样，不是大家必要时会熔断的“保险丝”，而是会指出各种潜在的（不一定是现存的）风险的“挑刺者”，是帮助业务正常运营的“防护栏”。这个定位对法务人员的沟通技巧和领导力相对其他后台职能部门人员而言，提出了更高的要求，因为你所面临的工作环境天生就是对你带着怀疑和对立的有色眼镜来看的。

沟通能力和领导力上存在不足，因此建立不起来互相信任的例子，很多很多，从心态上首先不用感到特别委屈，更不用去责怪谁。但不知你有没有想过，同样的一个职位如果换一个人做，可能就是另外一个场面。

这种例子在我的职业辅导生涯中屡见不鲜。我经常收到部分会员的留言，说自己很有成就感，因为他们把其他同事没能沟通成的事情给做成了。这个时候如果自己能力有限，就需要外在的辅导，需要针对不同个案在特定的场景下进行一对一辅导和分析，帮你调整心态，甚至教你话术去解决。

最后，看有没有在公司体系内进行法务文化渗透的能力；永远不要等着别人都把台子搭好了你才能唱戏。

我这里说的台子，你可以理解为法务的管理架构，还可以更深入地理解为企业中的法务文化渗透后，在企业战略框架内形成支柱。台子都搭起来了，能唱戏的人多了去了，这种人才最多算执行高手，绝对不属于管理人才。真正的人才是没有台子也唱戏，边唱边把台子也搭起来了。能从无到有的，堪称人才；什么都有了，谁都可以做，你也就成了可有可无的了。

03 着力点在于做个有韧性的法务

很多人总是跟我说公司缺这个缺那个，没有法务文化，CEO不支持，所以工作开展不起来。

我很理解你的处境，这可能就是你目前能力的极限；但这不代表没有余地进行突破和提升，只是你无能为力而已。而且如果你能做到我前面说的三点，我相信你在公司的日子会比较好过，也就不会琢磨“怎么和CEO搞好关系”这类问题了。

我在前面反复强调了，法务在公司组织机构的设置里天生具有牵制功能，无法以追求搞好关系为己任。

我担心的是如果作为一个法务，一味地想着怎么搞好关系，而不知道怎么去捍卫法律和原则，那可能就离出问题不远了。因为**我们做法律工作的，最重要的是能守住法律、法规的底线，这是第一位的；接下来才是追求彼此相处和谐。观念上的本末倒置，是出事的先兆。**

想象一下，把业务比作车子，当车子在高速运行下失控，撞向高速路上防护栏的时候，法务作为防护栏，其和失控的车子的关系，天生就是互相撞击下形成的冲突和紧张，怎么可能和谐？如果要和谐，拆掉那些防护栏，让车直接冲出高速公路就是了，但与此同时防护栏就失去了它应有的功能，那就离出事不远了！

当然，我说这话，是为了帮助你树立正确的执业观念，千万不要误解为我鼓励法务成为令人讨厌的、到处主动挑衅的“吵架精”。我担忧的是法务如不能正确地理解自己应该做什么、不应该做什么，对公司和法务个人职业而言，都堪称悲剧。

诚然高速公路上的车祸不是天天发生，但是时有发生，保护和被保护对象之间天然就存在潜在冲突，这一点一定要理解。而法务作为一个防护栏式的职能部门，在关键时刻应该迎难而上，而不是“放出轨的车一马”，任由它失控，这是职责所在。

作为“防护栏”的我们，既然无法追求不顾原则地和CEO搞好关系，我们能做什么？做有韧性的法务“防护栏”，这才是法务该有的追求！

君不见，有的防护栏行人一碰撞就断了，特别地脆，更何况在车的高速撞击下！而有的防护栏用特殊材料做成，有一定的弹性和包容度，能在某种程度上吸收一定的冲击力，虽然发生了撞击事故，但车没飞出去，防护栏也没有断！我们要做的就是后一种具有很好的韧性的“防护栏式”法务。

04 如何成为有韧性的法务？

而那种具有韧性的特殊材质的“防护栏”，又是怎么炼成的呢？是通过不断地磨炼和提高，尤其在专业判断力、沟通能力、领导力等方面，以及有意识地学习和接受辅导后炼成的。

运气好的时候，上级领导有能力也愿意辅导，那真是再幸运不过了！这也是为什么很多人都喜欢去大公司法务部的原因；有一个团队，有合适的领导指引，好过在尚未成熟时候的单打独斗。

如果没有这样的机缘，则可以师从外面的专家、导师、教练，一个月一次也好，一个季度一次也好，通过辅导解决问题；一步一步从“一撞就断的防护栏”，逐步成为一个富有一定的韧性的法务。

这就是同一家公司、同一个职位，不同的人来做，呈现不同效果的奥秘所在。因为不同的人能力不同，而能力不仅仅是专业上的能力，更多的是软技能上的能力，所以能把类似的事做成不同的局面。扪心自问，你又愿意成为哪一种法务呢？

05 结语

通过这篇文章我和大家交流了为什么“如何和CEO搞好关系”这个问题，在我看来是个方向存在偏差的问题，是值得警惕的。

根本原因在于我们要关注的是公司的整体利益，而不仅仅是CEO的利益；我们要提供真正的专业价值，而不是简单地取悦某人；我们更要做有韧性的法务，在复杂，甚至冲突频发的真实工作环境中能生存下来，并得以发展。

如果暂时离具有韧性的法务还有一段距离，也不用担心；没有人生来就在职业发展所必备的能力上是完美的，只要看透问题的症结所在，就能迎刃而解。

年薪10万元和年薪50万元法务的五个区别

一位时常保持联系的一对一辅导的学员，前段时间找我帮一帮她的朋友。她对朋友的症状描述如下：“工作七八年了薪水一直提不上去，现在依然是10万元年收入，看着替她愁死！但我和她聊天结束，我想如果我是老板，我也给她8000元一个月。Lily姐能否帮她的事业把个脉，指条明路？”

我这位学员早已荣升“50万年薪俱乐部”，而她的朋友工作多年薪水上不去，那一定是某些方面出了问题。

想到她们是朋友，那我就通过以人为镜的方式，来聊一聊年薪10万元和年薪50万元的法务之间的区别，供读者朋友自己参考，有则改之无则加勉。

01 审合同为主 vs. 全能型

在任何公司，甭管你做什么职业，想要高薪，就得提供相应的价值。

如果一位法务的价值从他入职那天起，一直并没有多大的提升，就有可能发生工资十年如一日的状况。

要是想知道法务在公司提供的价值，问一问公司非法务线员工公司法务是做什么的，答案一目了然。

答案是：“审合同、管公章啦！”这就应该引起法务的警惕了！想一想，这是否也是你对自己工作职责的理解和认知？

普通员工和法务最常打交道的就是审查合同、盖章，他们对法务有这种认知尚可理解。但作为法务，如果你对自己工作的认知也限制在审查合同、管理公章上，无形之中就将这种外人给自己打上的标签，主动地吸收转化成内在的工作惰性，成了思维的囚徒而理所当然地将审理合同、盖章当作自己的主要技能；长此以往，这种认知必然会影响你的前途。

如果听到的回答是："我们公司法务真挺能干的，什么业务都能做！即使过去没接触过的业务，她也能找到合适的资源来做，而且学习能力很强。"

那就该说声"恭喜您"了！这说明你的价值在公司内部得到了认可；也只有这种得到认可的价值，而非自以为的价值，才是你加薪升职的基础。

相比第一类法务的自我标签化、自我局限，第二类法务的特征是善于自我授权，不局限于某一个固定的思维，喜欢不断地扩张、发展自己的业务线，提供全方位的有价值的服务。

这类法务，不管公司对他们的定位是审理合同为主还是诉讼为主，他们总能先找到一个支点稳定下来，再以这个基本支点为基础，不断地延伸和扩展自己的工作外延。

他们基本是多面手，他们的回答总是"我可以"，即使从来没做过，也愿意去尝试、边学边干。他们绝对不会矫情地跟你说："不是说好了主要工作就是审理合同吗？你这事找其他人吧？"这类不由自主地往外推工作、把自己的前途之路越走越窄的现象在他们身上是见不到的。

法律相关的事情无论什么类型，交到这类法务的手里就让人安心；这无疑为公司老板和合作的业务部门，提供了很大的便利。也难怪这类公司法务更容易在公司内部得到价值上的认可，薪水职位节节高。

说到这里，想起我多年前面试一位法务经理。他在某知名企业做了七年，他的诉求是通过跳槽换个工作环境并实现薪水翻倍，因为这么多年他并没有什么涨薪。

但从面试交流中，可以感知他的工作以处理审查合同这样的基本事务为主，重复劳动多；工作年头虽然有了，工作能力和价值贡献并没有大的改观。因为他在一条很窄的合同评审业务线上重复劳动，并没有提升价值，他也就无法提供高附加值。显然，他想通过跳槽实现价值翻倍是不现实的。

但我面试的另外一位候选人，虽然工作的时间只有五年，但是她在这五年里不仅负责审查合同，还处理知识产权诉讼纠纷，做过合资项目和兼并收购项目，业务做得很全面，巩固传统业务的同时也在不断地扩展新业务。这样的候选人，自然对我更有吸引力。

02 没有存在感 vs. 有存在感

我在律政职场私董会里经常会被问道："法务在公司里没有存在感，因此有事业发展或者生存上的危机感，怎么办？"

那么存在感是什么？

首先，存在感就是公司内非法务员工知道公司遇到法律上的事情时，第一个该来找你，而不是找公司外部律师，或者他们的私人律师朋友。

做不到这一点，法务就不是公司法律事务的统一出口和进口，你的存在可有可无。相信我！公司是绝不会给没什么存在感的人加薪升职的，遇到年头不好的时候，这样的人还很容易遭遇职业发展上的危机。

其次，存在感不仅是指法务之外的人感受到了你的存在，而且作为公司法务的你，也在这份工作中感受到了自己的价值。这个层面上，存在感对于法务而言几乎就等于参与感和价值感的实现。

譬如虽然公司设置了法务的职位，但重要会议上没有法务参加；这对法务而言，就会造成存在感缺失，进而也感受不到自己参与公司价值创造的过程，久而久之就会产生困惑。

这有很多方面的原因。有的法务不太善于和人沟通，或者说和周围的人沟通比较勉强，这或多或少会造成存在感弱的局面。

有的法务，开始的时候公司邀请过他们参加各种会议，但他们的发言，明白人一听属于不了解行业还非得找些话来刷存在感；时间久了，自然就不会再邀请这样的法务参加重要的会议了。

还有一种情况是法务很有个性，平时和小伙伴发生冲突比较多，不是很讨人喜欢，业务伙伴就不愿意在核心会议上见到法务，CEO如果不能有效地辅导法务和业务人员互相做相应的改善，而是采取回避矛盾的办法，那在重要会议上就自然会有意无意地把法务排除在外。在此我不一一列举，总之结果就是和你（法务）没话好说，所以重要场合不邀请你参与。

遇到这种情况，无论是性格上不善于和人沟通，还是和业务伙伴不合群受到某种排挤，再或者对产业把握不深乱发言引起了他人反感，法务都应该分析自己的症状，主动地去做改善，否则就面临被边缘化的局面。

最怕的就是法务做了很多年，依然存在感很弱，最后成了被边缘化的一类，那自然也没什么前（钱）途可言。

03 用商业思维思考 vs. 只考虑法律

同样是内部律师，有的律师工作态度不错，不仅不会画地为牢把自己变成一个审理合同专业户，还会适当地刷自己的存在感，但依然在公司不受待见，这是为什么？

法务的思维模式也许是问题所在。

许多律师习惯了从自己的角度出发思考问题，仅仅从法律的视角来分析和应用法律，告诉客户想要他那么做。但是，提出方案时如果不考虑客户想要怎么做，就会被客户拒绝；那么无论法律分析和应用上再高明，你也只能孤芳自赏，自然也不会在公司太受欢迎。相应地，薪水和待遇方面，也会受到相应的影响。

而公司迫切需要的是，能兼顾法律的严谨性和商业实用性的内部律师。这中间就是一个优秀律师和平庸律师的距离。毕竟再高明的法律意见，如果商业团队不认同，这个法律意见也就无法得以实际实施下去，那是无法落到实处的。

平庸的法务仅仅考虑我想怎么样；而优秀的公司法务能代入到客户的情境中，看到客户从商业角度而言的利益关键点是什么，然后再看在可行的方案下如何既考虑到客户的利益关切，又满足法务的要求。

所以改变思维方式，做会用商业思维思考问题、提出解决方案的律师，成为优秀的公司法务，才有出路！

04 与外部律师为敌 vs. 与外部律师合作

公司法务和外部律师的合作关系一直有点微妙，也许是有一点同行相轻的味道在，也许是有一点点互相嫉妒的因素在，错综复杂。

好在一些法务早早地明白了自己和外部律师的不同定位，与外部律师彼此合作共赢。然而也有一部分律师始终对外部律师怀有莫名的敌意，以至于我在一对一职业辅导的时候不止一次听到法务抱怨，总经理或CEO更信任外部律师而不是自己。

这种时候，我会引导他们想一想，作为离管理层最近的公司法务，管理层本该对自己更为信任，但这种信任反而被外部的团队给占了，看上去很不公平的现象背后说明了什么事实。

这位法务的业务能力比较弱一些，还是业务能力没有得到应有的认可？是法务本人满足不了公司业务增长的需要，还是外部律师在特定的场景下提供了高附加值的法律服务？这些都是非常值得思考的问题。

如果是过往公司高管和外部律师有些历史上的合作渊源，并且已经建立起了信任，新来的公司法务还是会尊重这种已存在的信任和合作的，毕竟早就存在了。

如果公司管理层因为看到法务能力不能满足一些大项目的需要，比如IPO、并购，而邀请外部律师介入一些大项目，法务也就不妨把这个当作一个合作和学习的机会。

没有一个律师或者公司法务是万能而完美的，要善于借力发展。

但公司法务要有能力完成基本的法律事务，展示自己的存在价值，所以无论预算多么宽裕，法务都不能把手头上的法律事务通过花钱请外部律师处理，自己做甩手掌柜。同时，不要在自己不擅长的领域“捂紧盖子”排斥外部律师的介入，要以公司大局为重和外部律师开展积极良性的合作，帮公司选择合适的外部法律资源、看牢账单、解决问题。

真正聪明的公司法务要善于利用外部律师的资源，在他所不擅长或者没有很大把握的领域一起合作来完成公司交代的事务，而不是通过排斥外部律师介入公司业务的方式，来硬性地树立自己在公司内部的权威。

懂得合作，能让优秀的外部律师配合工作，这是公司法务领导力的一部分；而有领导力的公司法务自然更受欢迎。

05 挤牙膏式 vs. 想多一步

有的法务，平时都挺好的，但一涉及工作，让他做点事情那真是特别费劲!

能推就推不说了，甚至会有如果你要求结果A级，他最多做到B级或者B+级这种情况。时间久了，内部客户也好，团队的其他法务也好，就不由自主地产生了不愿意找这样的法务一起做事情的想法。

而有的法务，工作比较敬业，也很主动。工作上，他能做到A+绝对不止步于A；和他交流工作上的事，无论是内部客户还是其他的法务小伙伴，都觉得他仿佛是百科大辞典，不仅知道的多，而且总是能多想一步，每次一起聊工作总会有意外惊喜。所以，大家一有和法律相关的事，无论是好的还是不好的，都会想到他。

这归根到底是工作的内驱力因素导致的差别。

内驱力强的、对事业有热情和积极性的法务，内心总是有个小马达，稍微给点儿阳光就灿烂，自己轻轻松松地就把事情做了，还顺便给你个彩蛋。

而内在的驱动力和对事业的热情比较低的法务，做点事情就很费劲；他不会自己发动起来，除了鼓励他，你还得全程盯着他的进展，最后取得的结果也不尽如人意。毕竟如果一个人缺乏对事业的热情和内在的驱动力，就很难通过外力强迫他取得理想的结果。

两者一对比，自然是做事情能多想一步、主动热情的法务更容易获得升职加薪的机会，毕竟公司信奉有作为才有地位！

法务服务好“上帝”的六个经验

最近经济形势不容乐观，公司裁员减薪已经不是什么新闻，法务难免受到波及。连我长期浸润的传统车企，虽说家大业大，嘴上说“不裁不裁”，转过身却做了最诚实的举动，减薪百分百、裁员暗搓搓。大家心里都不是太痛快，职场压力陡增，法务也不例外。

在律政职场私董会知识星球听法务会员吐槽，以前工作不顺心，遇到难伺候的主，还敢争论几句说说理，太受气大不了一句“老子不做了”；现在外面很难找份新工作，房贷车贷每月开销摆在眼前，不失业就谢天谢地了！没胆怼客户，只希望“上帝”们满意法务的工作。

但“上帝”也很焦虑；偏偏有时候，法务明明尽心尽力地为“上帝”服务了，还净落埋怨！原因是生意不好做，大家对工作的要求反而比过去更高了，真正优质的公司和人才才能存活。

这时候法务的职业安全感问题就凸显出来了！作为法律职业导师，Lily姐通过一个取材于真实的法务工作场景的故事，来手把手传授法务如何把“上帝”服务好。

01 弄清楚事实再谈法律

我，“70后”，女性，公司法务总监；小明，男性，“80后”，公司法务经理。

这是小明和我第一次出差。本来定了小明的老板（高级法务经理）和我一起出差的，无奈我临时派他去了外地做项目，所以就由小明和我一起去南方某市处理与授权经销商有关的法律事务。

飞机抵达某市，经销商派车来机场接我们这些厂家集团领导。小明坐前排，我坐后座；长途旅行之后我们都有点儿疲惫，加上平时和小明直接工作交流不多，也略显尴尬，于是打盹休息中。

“叮铃铃”，刺耳的电话铃声打破了车内的沉默。我听小明说话的内容，知道这是因工作上的事和业务人员的沟通电话，这正好给我一个机会近距离观察小明，看他是否为可塑之才。

我听他没聊多久就迅速地说到法律的具体应用上去了，并给出了一个确定答案，心想这小朋友效率很高、蛮机灵的嘛！挂掉电话小明很幽默地和我说：“报告老板，问题解决了！今晚到目的地后吃点什么好呢？”边说边熟练地打开了大众点评软件，查找口碑好的当地美食。

五分钟后电话铃声又急促地响了，小明接通电话，但这次就听小明在惊讶地连声发问“什么？什么？？什么？？？”活脱脱拷问人生的三连问呐！

我正疑惑着究竟发生了什么事的时候，他已经对着电话那头开始嚷嚷了：“你怎么也说不清楚呀？你刚刚和我说完，说变就变，事实都变了，这也太不靠谱了！按照你现在说的情况，你问的问题不是法律问题！建议你马上联系政府关系部，由他们出面协调。”

放下电话小明有点泄气地看着我，一副闷闷不乐的表情，他略带沮丧地说：“老板，业务怎么第二次说的和第一次差距很大呢；幸好他又问了我一次，否则他说是法务给的方案，最后发现事实上差距很大，耽误事不说，多不好呀！”

看得出小明已经在反省，我就抓住机会和他说说法务处理事情的正确方式。

业务人员，不是法律专家，他们确实会在问题是否为法律问题上概念不清，不怪他们。**但法务是法律专家，要善于帮助业务人员——“上帝”梳理事实。**

法务与外聘律师不同。外聘律师不喜欢在你未付费的时候投入时间听你讲事实，为了提高签单率，外聘律师往往模棱两可地说几句就让你去所里谈；而公司聘用法务是为独家公司服务的，不存在律师每小时都要将咨询客户转化为签约客户的压力，我们的目标是精准地处理事情，并致力于提高客户的满意度。所以接到法律咨询时，先听事实；相反，没弄清楚事实之前，不要着急给说法，或者说答案。

法务在工作中，切忌太快进入法律分析流程，先听业务描述，搞清楚状况，有书面为证最好。法务耐心地听客户把事实描述清楚了，心里首先有个判断这是不是法律问题；是的话，该找谁处理，甚至对怎么处理也应当有个大致的想法。

另外特别提点下，外聘律师和客户的利益基本是一致的，不存在所谓内部权力的制衡，两者一致对外；虽然也有客户保留信息的情况发生，但相对少一些。

公司法务和内部客户就不一样了，公司的组织机构中设置法务，意在起到制衡的功能，内部是有权力分立的意思在的；因为这种设置天生的制衡功能，就有发生信息不透明、不对称的可能性。

业务人员告诉法务的事实不一定是最终调查后的事实，出现反复情况常有。法务一旦对信息的真实性有怀疑，则需要侧面收集信息，等信息掌握得八九不离十了，再给出法律意见。这样不仅可以有效地避免情况掌握不周全的情况下提出不专业的意见，而且还可以避免稀里糊涂地成为替罪羊！

你和我出差在外，心里着急，想早点结束这突如其来的电话，心情我理解；但越急越容易坏事！遇到事情先稳住，了解清楚事实，避免出现不必要的误会；如果进入分析应用程序太快了，反而容易在没搞清楚事实的情况下误事，吃力不讨好呀！

小明连忙点头。事情虽说有反复但总算是解决了，我们就愉快地切换到了晚餐吃什么的讨论上。

02 电话咨询控制在十分钟内

放下行李，小明找了个性价比不错的用餐地点，正合我意。

出门在外，吃得舒服、休息好，是我的原则。但公司为了反腐，奉行职位最高的大boss买单制，本意是解决“小兵”买单、大boss签字，审核环节在一个部门完成而滋生腐败的问题。所以，吃饭价位还是要有个尺度，不能过了，否则我去报销时CEO看我的眼神就很耐人寻味了。

这一点，小明是知道内部政策的，把握得挺好，颇有眼力见儿。于我，吃饭是很好的和手下的人拉拉家常、联络感情的机会；于是我们从公事聊到了兴趣爱好，切磋起了摄影技艺，兴致正浓。

“叮铃铃”的铃声又打破了我们之间愉悦的交谈气氛。

研发同事咨询知识产权申请保护问题。这个电话足足讲了30分钟以上，听得出来有辩论、有互相说服和纠正；好不容易等他结束电话时饭菜都凉了，我一个人也闷头喝完了好几杯咖啡，有点兴致索然。

小明满心欢喜地以为我会夸奖他这回弄清了事实，然而我听他介绍完，淡淡地喝了口凉到心里的咖啡，说了一句：“如果一件事情电话沟通达到了十分钟以上，你要喊停，建议‘上帝’给你发邮件先简要说明下，定个时间开个会讨论，是能更让人满意的处理方式。”

研发人员想到一个刚冒出的点子，就请法务来把关，我们要衷心地感谢他们对我们的认可；但是从最初的一个点子到最后的方案确定，是一个不断变化的过程，对于处于初级阶段的事情，出点子的人自己的思路是否清楚都是个问号，更何况电话沟通中看不清楚表情的争执和辩论，就没必要了。

请对方写个邮件来，一是给对方一个机会整理下思路；二是给你一份保障，将来不会出现几个小时前的同一个人的两个电话说的事实完全不同的情况，人对于自己要写下来的东西会谨慎很多，这样方便你做初步判断。

另外，我的经验是，如果一件事电话沟通超过十分钟，不如和对方约个时间通过视频或者去办公室一起开个会更有效，见面三分亲，也增加法务和“上帝”的感情。

说完这番话，小明一副还是领导高明的表情把我逗乐了，我也赶紧让人加热饭菜催他吃饭。

03 通过反问引出重点

第二天一早，我们到了经销商处开会，会议的目的是核查经销商集团对厂家和经销商签订的《授权经销协议》中反腐倡廉条款和反垄断条款实施情况，并进行风险评估。

经销商方的总经理很重视，亲自现身带着几位核心管理层解释；通过PPT展示的工作成果，看上去都非常漂亮，无可指责。

“但真实的情况是这样吗？”我问小明。

好在出差之前，我要小明准备了一份面谈表，要求他根据内控和合规的要求，把关键风险点在表格上通过问题反问的方式来调查。小明事前还不解地问：“领导，为什么要我们准备面谈表去反问经销商？”

合作伙伴报喜不报忧的情况常有，我们的内部客户“上帝”也是如此；但我们做风险评估，不能光听经销商或者内部“上帝”的一面之词。**法务有法务的调查重点，事先设置好调查表，实际上是法务对业务伙伴回答问题的思路引导为导向的提问，能有效提高工作效率，并抓住核心点。**

通过提问，一是避免合作伙伴过多地陈述无关内容，在不长的时间内掌握工作重点；二是保证由法务来带动整个调查节奏，这在调查工作中是很重要的。

而且，通过反问可以再次核实陈述内容。例如，可以问“你说你本季度的销量是××××对吗”；同时方便引出问题的重点，比如“为什么本季度实际提成的基数和本季度销量之间存在差异”，你的问题会在不知不觉中引出答案，直击重点。

小明点头："怪不得呀！上个月我和财务的同事查了两天，也没您半天面谈有效。"

看着小明那副认真的样子，我不禁笑了，孺子可教也！

04 方便"上帝"并给出正确指引

在经销商处工作结束，离飞机起飞时间还早，我提议找个咖啡厅来完成这次出差调查的结论性材料，并处理一下因为出差而在办公系统里积压的各种法律事务。

结论性材料写得很顺利，但小明处理办公系统时的表情包告诉我，又有新问题了。

果然，小明被授权审批日常合同，由于业务人员提供的材料不齐全，一来一回几个回合了，一直没有通过，他在系统里被人投诉了，理由是"没能一次性说明要提供的材料要求，故意耽误了签约"。

"故意"两字无疑会令小明感到不安和委屈，尤其在经济形势下行的情况下，公司签单活命第一位。

小明沉默半天说是个金额20万元左右的合同，业务人员提供的文件中缺了一些对方的资质材料，但对方也不是第一次和公司做业务了。我建议小明马上和业务人员打个电话沟通，语气和气些，先把眼下的问题协商一下，双方变通解决。小明二话不说打电话沟通了十分钟，问题解决，一颗悬着的心放了下来。

小明紧接着问我："老板，怎么提高客户的满意度，避免不必要的投诉呢？"

简单！以方便业务工作为出发点；**给出清楚、易懂的工作指引，方便业务人员办事；如果他们没掌握指引的话，不厌其烦地辅导"上帝"，包括通过培训、提供Q&A清单、check-list等方式。**

比如合同上，花时间区分下哪些条款是修改之前要和你确认的，哪些是不必要确认的；这样可以避免在人手紧张的情况下陷入会议车轮战，因为如果都需要确认，你就得每个会议都去，否则就会遭到投诉。再比如你虽然给了流程和材料的指引，但“上帝”们没配合时，分析下法务的口头说明是否让人不方便记？提供一个check-list，打印出来分发和辅导下，是不是效果会更好？

还有今天的事，既然过去我们和对方签订过合同，对方的资质条件在法务部肯定是有存档的；如果你转换下思路，从方便业务工作的角度出发，在内部找一找，而不是让对方去找，不是更方便业务人员吗？

这就叫业务导向！业务导向，说的是工作上尽量方便非法律专业人员，不在细枝末节上过度扯皮，抓住工作重点，互相合作，让工作顺利进行最重要。

05 及时回应

飞机返回起飞前十分钟，我接到市场总监的电话，猜测一定是有什么急事了。

果然，有个很急的市场政策文件，他发给一位法务三天了，但一直没回应，他着急了，就直接给我打电话要我催办下。于是我很快地给处理此事的法务同事一条微信，要求他如果已经收到市场部文件的话，务必估算下“出货”时间，给对方一个回复，keep responsive!

起飞后小明看着我，一副欲言又止的样子。我看出了他的心思，问他是不是想问如果不及时回复，会出什么事情。

急事，如果不能当天回过去审阅好的文件，就一定要回复对方邮件，告诉对方大约什么时候可以给修改后的文件，缺什么材料也同时让对方提供。这样让对方对法务的工作有可预期性，这在跨部门的配合中非常重要。

如果你收到业务要求后没有回应，轻则对方的大boss直接打电话给我催办；重则在我不知情的情况下，升级到了CEO处，CEO亲自来催。这两种都不是我们想要的。

保持及时响应很重要！及时响应并不是说你必须无条件按照对方要求的时间提供反馈结果，而是给对方一个工作安排的可预期性，方便彼此合作和工作推进。工作上如能互相尊重，满意度就会好很多。

06 给出方案、少说废话

飞机落地刚坐上回公司的车，微信电话就直接“追杀”过来了，是法务部的下属萧红找我汇报另外一个合资项目的进展，说需要和我商量一下再给项目组领导汇报。

萧红是法务部的高级经理，平时工作独当一面没问题，但就是过于细致，在总结和归纳要点的能力上有欠缺。

电话说得很冗长，我终于忍不住了：“萧红啊，你说得太细了，必要的、不必要的细节都糅在一起了，项目组里商业团队为主，你这样去项目组汇报没人有耐心听。你说了一堆，从你的角度讲你尽到了告知义务，但如果对方听得心不在焉，并没上心，这样的告知义务就是无效的。”

汇报之前法务自己要先列一遍要点，并不需要把过于详细的细节操作过程告诉大领导，告诉需要对方审批认可的内容、主选的方案是什么、备选方案有什么即可。这样做可以节约公司内部级别比你高的领导的时间，方便易懂；同时带着方案去汇报，在主方案之后还有备选方案。这是内部汇报沟通前，一位法务的自我修养之内的必做功课。

千万别把一件事说得像旧社会女人的裹脚布——又臭又长；也千万别露出你崇拜的小眼神问：“领导你说怎么办？”你总问领导怎么办，给人你没主意的印象，一个高级法务经理就不应该了。

打电话的过程中，我偷瞄了一眼小明，他正竖起耳朵仔细听着，边听边做小笔记，我暗想，这小子倒好学，也算是可以培养的苗子。挂了电话，车也到了公司附近，这趟出差算结束了。

小明回到办公室后给我发了条微信：“这次出差我学到了六条服务好‘上帝’的经验，谢谢领导。”

对法务六个“美丽”的误会

最近在律政职场私董会知识星球里收到不少法律圈朋友的留言。

一部分人很纠结，询问要不要接受法务工作。比如有朋友在美国读了J.D.，很幸运地找到一份工作，但是OPT到期，受中美关系影响H1B抽签没抽中，得回国重新就业。不料又遭遇新冠肺炎疫情，整体经济形势不好，律所职位基本全部被冻结，但心中又难免犹豫：自己要不要接受法务的岗位呀？接受了之后，将来会不会发展后劲不足失去职业竞争力呀？

还有一部分人很犹豫，询问要不要坚持走法务这条路。尤其是正在创业公司做独任法务的，一个人撑起一个公司法务部，宛如在孤岛上孤军奋战，万一遇到的老板也是第一次管理法务，还不知如何管理的，就更孤独了。

加上一个人的法务工作环境相对封闭，没什么机会和外界交流；做着做着就对自己产生了莫名的怀疑，忍不住冒出念头：要不我去做律所律师积累经验算了，这样今后会不会更有职业的竞争力？

在交流过程中，我发现大家对法务这个行业还存在不少误会。有的外部律师，心里想转法务行业，但心态上又有点瞧不起法务，有一种微妙的“歧视”。别说圈外人，哪怕是在这个行业已经工作了三五年的法务圈内人，也会有些“蜜汁”误会存在。

我灵机一动，那就通过新专栏“法务部的故事”来谈谈我的一些个人观察和体会。

01 法务行业门槛低

这恐怕是流传最广的一个误会了。很多人以为只要过了法律职业资格考试，做不了律师，做法务总是可以的；就算是没有法律职业资格，法务行业也会“收留”我的。

于是坊间便流传着一种说法：海归和国内一流法学院的毕业生去外所的中国办事处，去不成外所的去红圈所，三流四流的去做法务。这就是所谓的律师、法务鄙视链吧！感觉法务在不少人眼里，是一个只要读过法学院，想干就能干，没什么含金量的职业。

这真的是一个“美丽”的误会。早年，中国法律行业通过法律职业资格考试的人不多，法务更是最近20年来在国内兴起的新兴法律工作，国内司法系统人员构成又都比较复杂，怎么能要求法务一枝独秀呢？

但资深法务都懂“门槛都在门里”，“一入法务深似海，从此回头是路人”。而且随着行业要求的提高，现在法务这个工作也真的不是想做就能做得了的。如今的资深法务总监和资深合伙人，尤其是大公司的资深法务总监与大所的资深合伙人相比，彼此无论在教育背景、学历还是能力上都不分伯仲！

举个例子说，我熟悉的几位跨国公司的法务总监多是20世纪80年代末、90年代初的美国J.D.毕业背景，在美国大所工作多年后转的法务；您说说他们这学历背景和能力，是不是做大所合伙人也绰绰有余？

近在眼前的例子也有，比如轰动一时的方达律师事务所的创始合伙人去蚂蚁金服做了法总。你还敢说法务从业门槛低？

一方面，现在的大型集团公司业务模式创新之快，组织架构之复杂，避税、反垄断、反进出口管制等业务层出不穷，对法务的要求相当之高；另一方面，公司老总把“花小钱办大事”天天挂在嘴边；此外，办公室政治又何其复杂！

讲真！普通律师还真做不了高端法务。就算要做个小法务，也不仅要你在法律上能独当一面，还要懂商业思维，懂产业，研究最新法规政策，还得懂管理。入行早的，值得庆幸；还没入行的，越往后，要求越高。

02 法务业务水平不如外部律师

这恐怕是来自略带点儿优越感的律师对法务的误会了。

每个行业都有很厉害的人物，更别说在律师和法务之间能够无缝转轨的牛人，为什么法务会承受如此微妙的歧视呢？

这种微妙的歧视产生的根源在于，两个可以互相转轨的法律职业共同体之间的微妙的竞争和较劲。这种两个水平半斤八两的同学在学校里互相“别苗头”的现象，在我们的学生时代屡见不鲜；同样，法务和律师两个可以互相实现职业切换和转轨的职业共同体之间，也存在着类似的情况。

法务和律师两个群体中都有做得厉害的大咖，拿20%的优秀律师去对比80%的小法务，这种武断的比较是幼稚的，也难以令人信服！

首先，两种职业工作环境不一样，职业要求无论在深度上和广度上都不一样。法务只为一个客户服务，需要把对客户的服务做到极致；律所是1对N的业务模式，能深挖客户需求的不多。做的客户多，只能说你见多识广，并不能说明你业务精深。这种孩子气的比较和歧视，除了显示出说话者人格不成熟之外，并无其他用处。

其次，如果在职业转换时真有什么能用来衡量一个人未来在另外一个职业上能否取得成功的指标，那就是这个人在过往被证明的能力。

如果在转法务之前，你是个很牛的律师，综合能力强，那尽管法务工作中有很多新挑战，但你通过学习掌握从事法务工作技巧的概率就是比不那么牛的律师高。类似地，如果你在法务界是个“大佬”，那转去律所也更容易获得成功，因为你的智商、情商在线，做类似工作容易协调适应。

但是，法务不是做律师失败后的避风港，律师也不是做法务做得不成功后逃避的归宿。失败的命运会如影相随，除非这位法律人找到了失败的原因，并加以改进。有类似歧视心态的人，在我看来，折射的是他内心的恐慌和职业竞争压力下所导致的不安全感而已。

03 法务挣钱容易薪水高

很多律所合伙人朋友，相互之间比较熟悉的，经常会调侃地问我："李总，你这工作，挣钱不少吧？"

更是有人因为方达律师事务所创始合伙人去蚂蚁金服一事，对法总收入展开了无尽的想象力；其背后的逻辑是，既然放着创始合伙人不做而去做法总，肯定是因为收入高！

确实！在国外，法总挣钱普遍不少，不少律所合伙人转General Counsel的，收入上不吃亏。大型集团如GE、IBM、GOOGLE之类的，也确实愿意为之付出不菲的薪水。

比较之下，国内法律行业市场成熟度相对较低，朋友圈里经常有律师，包括我自己在感慨，许多陌生人随便打扰各位大律师咨询，却连基本的尊重——付律师费都不懂。甚至有的企业家的想法是"活先干着，费用的话，你就算帮忙了，不是同学校友嘛"。他们忘了，律师毕竟是靠出卖劳动力和知识为生的啊。

另外，受传统思想影响，很多人遇到事情先想到找关系，而不是找律师；用律师、法务的习惯也尚在形成之中，习惯免费服务的还是主流。这种情况下，法总的薪水能好到哪里去？更别说普通法务了！

当然，我国做得顶级的几位法总，总体收入也不错。但是，给得起高薪的公司，对法总的要求也是非常之高；那些被招录过去能当法总的律师，去所里干个合伙人也是绰绰有余的。如果拿他们的薪酬，和他们不在公司做能得到的收入回报相比，那这点薪水还真是微不足道。

很多人之所以选择法务这个行业，就如方达律师事务所创始合伙人在公开的长信里所言，是一种情怀，真不是冲着收入去的！

以他们的能力，在所里做的话，收入更高，但他们心里喜欢挑战，渴望登上下一座山峰，不断地进步。不少女性法总则是考虑到在忙碌的生活之余能有点工作和生活之间的平衡，毕竟生活不仅仅是钱；但平衡了，就意味着收入的减少。

但这些法总，是经历了多少案子，学习了多少技能，甚至掉过多少眼泪之后，才得到了今天的收入，俗话说“冷暖自知”，那都是血汗辛苦钱。

更何况，偌大的一个集团公司，也就只能有一个法总，上升的阶梯是如此陡峭；相比而言，律所的合伙人多得多了。**我自己的体会是，法务的上升竞争之路，和律所律师的上升之路难度相比，有过之而无不及，真是“一将功成万骨枯”**。想想来路，令人十分唏嘘！

更何况很多人没看到刚刚起步的小法务专员的薪水！记得2006年，我法学院毕业去吉利汽车上班，月收入不超过5000元人民币，真是勉强够吃穿用度罢了，那种奋斗的艰辛又有几人看得到！

在一些创业公司，老板给法务一个月的薪水却将其抵三个人用，法务拿着1万块工资的薪水，天天操着5万块工资的心！所以这钱算是挣得容易，还是不容易呢？

04 法务是律师，为什么还要请外部律师？

很多人觉得你既然有法律职业资格，那肯定什么法律问题都能解决，小到劳动仲裁、招标事务，大到写公司法务战略、做海外投资、跨国并购、IPO。连CEO都觉得招聘一个法务后，就自动默认他是能移动的、全能的、无故障24小时在线系统！这可真的是个“甜蜜”的误会！

遇到没接触过的新业务，法务跟老板说得请个外部律师一起商量下，老板会用满脸狐疑的表情告诉你：“我是请了个假法务吗？”

公司同事就更不用说。我经常在办公室里被笑容异常甜美的同事神神秘秘地拉到一边，咨询买房、农村土地承包，甚至离婚转移财产等；几乎实现了一人付费、全公司共用。

医生分科室，世人都能接受，但同样是专业人士，为什么一个公司法务就得全能无敌呢？**毕竟术业有专攻，和公司常规业务相关的业务，法务自然是熟悉的，但那种三五年甚至十年出现一次的业务，要求法务会，老板您这就有点强人所难了！**这个时候，请个外部律师是业内行规、为您负责啊！

另外，公司请法务是为公司的法律事务服务，不是为员工私人法律事务服务。平时同事关系好，如果法务愿意回答那是情面，不回答也是合理的。更何况法务如果上班时间回答同事私人法律问题，正经事情做不完，被老板批评怎么办？

更有遇到与公司劳动仲裁的事都要问公司法务意见的，这可是有利益冲突的，抱歉，无能为力。

05 法务是用来“背锅”的

公司内部同事对法务的功能，误会就更深了！

不知为什么，这不良的风气是如此之盛，以至于为了让法务能有效地“背锅”，什么事都得请法务在场。但这种在场，更多的是法务被请去被动地做个提线木偶，并不是真正被寄希望提出多少有价值的意见；传递给外界的意思是，他们操作时法务在场，出了问题就是法务的责任。

但如果真有“不懂事”的法务提出意见，业务人员就会说法务阻碍了项目推进，法务顿时有口难辩。分分钟把法务“套”进去不说，真是同事一场，让人不由得感慨“本是同根生，相煎何太急”！

法务是专业人士不假，但不是专业“背锅”人士！法务在公司内部提出有价值的法律意见，帮业务人员及时地调整和规避风险，防患于未然，这是他们的本职工作。首先法务要敢于出声，说出自己的观点；做法律工作，永远不要怕说“不”，这是由法务的工作性质决定的。其次，业务人员和法务一起把不合理的经营风险降低，学会带着镣铐跳舞，而不是走个过场、摆个样子。

如果遇到业务人员把法务当“背锅”专业户的时候，各位法务不用客气，一定要做好会议记录和录音，有意见及时表达，必要时向上级领导请示，做到内部追责的时候有据可查！“抱歉，这锅，我们不背！”

06 法务只知花钱不会创造利润

所有后台部门都不挣钱。人力资源花钱请员工，财务根据预算把钱花出去，哪一样不花钱？

但奇怪的是，法务花钱帮企业摆脱潜在或已经发生的重大风险，就要单独被挑出来吊打，受到所谓的“只知花钱、不会创造利润”的质疑，太冤枉了！

大约在很多人心目中，财务部门和人事部门大权在握，业务的主管得罪不起，因为还得靠着他们增加人手、增加预算呢，尽管和法务部门一样花钱，但还是要高看一眼的。“法务就不一样了，风险不风险的是公司的事，和我的部门小利益、小生态没关系；心中有气的时候，不敢得罪其他后台部门，那就得罪法务好了！”

理解了说这类话的人的背后逻辑后，就不难理解他们喜欢拿法务说事的内在心理动机了。

我记得有一年公司经销商因资金链管理不善而破产潜逃，同时收了个人客户5000多万元的款，大批个人用户到公司闹事，财务已经为此打了2000万元的坏账。最后，通过法务部和外部律所的共同努力，只花了10万元不到官司胜诉。这已经提坏账的损失最后被避免了，难道不就是创造了“利润”吗！

这笔账公司CEO应该比我会算！在公司的组织架构里，功能不同，有人创造直接利润，有人控制风险，避免因重大损失而出现负利润。

业务人员创造的直接利润不假，但正是由于法务风险把控到位，才没有遭受损失而变成负利润。如果业务人员只知创造利润，不懂得和法务一起规避风险，最后导致公司遭受风险而赔个精光，这恐怕是负利润吧！

在这一点的理解上，应该是法务和业务人员从不同方向帮助公司创造净利润才对。

五个步骤，扭转法务内部晋升败局！

对于在公司工作的法务来说，年终考评是至关重要的，基本决定了其第二年是否能升职和调薪，以及相应的幅度。

一方面，每个人盼着自己能加薪升职；另一方面，加薪升职的比例却总是那么有限。来年消息公布的时候，真可谓“几家欢喜几家愁”。

名字在升职加薪榜中的法务们，喜上眉梢，鼓足了干劲儿信心满满地开始了新一年的奋斗；而没有在加薪升职名单中的法务，眉宇之间掩不住的是失落，有的甚至开始暗搓搓地联系猎头，着手做面试外面职位的准备，老话说得好，是金子到哪里都会发光，此处不留爷自有留爷处。

暂且不讨论法务能否得到加薪升职的秘笈，今天我想在这篇文章中关心一下在职场竞争中暂时失利的法务。如果这些不如意碰巧发生了，我们该如何扭转败局——妥善地处理，并理性地走向职场的下一站呢？

01 先处理情绪

处理情绪，是扭转败局中最容易被忽视却又最容易出状况的一步。

如果没有如愿地加薪升职，在你的意料之外，难免就会有各种情绪产生。你要给自己一点时间消化各种复杂的情绪，并保持沉默和风度。尤其在情绪处于不稳定的时候，切忌采取任何行动。**首先要杜绝的是，在气头上向**

周围的同事抱怨；其次不要负气地联系猎头，说出一些对雇主和老板不利的评价，最终令自己在局势中很被动。

虽然我们时常比喻说“公司是个温暖的大家庭”，但很不幸这并非现实。

现实是，同事不是你的兄弟姐妹，彼此之间有合作更有在升职加薪上的种种竞争；老板不是你的父母，虽然他们会不定时地管教不遵守规则的下属，并在有的情况下指导甚至袒护下属。你冲父母说出狠心的话，多数情况下他们会原谅你，毕竟再讨厌也是亲生骨肉；但如果你对上司说出类似的话，基本上你是不会获得真正意义上的原谅的。注意我说的是“真正意义”，而不是口头上的。

如果你采取了与之相反的措施，你会发现不久之后，同事在纷纷传闻你即将离职的小道消息；即使实际上这只是你当时听到坏消息后生气和失落状态下的应激反应，并没有真想辞职离开。这种“被离职”令你很尴尬，甚至你被这类传闻所绑架，最后发展到竟然真的不得不离职的地步！

02 再扪心自问

当失落委屈情绪渐渐平复后，关起门来不妨问问自己：（1）**对于这个结果，客观上你认同吗？**（2）**对于被升职的人选，你觉得他们有哪些可学习之处吗？**

想一想这个问题，有助于帮助你回到客观的轨道上。

可能你是没有得到自己想要的加薪升职，但反观那位得到加薪升职的法务幸运儿，你觉得对方确实有自己可学习之处；或者说虽然自己条件不错，但对方略胜一筹；那么你可能在心里会释然许多，也更容易接受结果。

这种情况会出现在有几个法务同事都符合升职要求，但是由于公司政策原因每年升职名额有限，即便法务总做了工作，也未能争取到给符合条件的所有法务提供升职机会的时候。法务总在这种情形下就只能选出相对强的给予认可和激励；同时，法务总也会考虑到落选的那一位的感受，给出一些相应的未来承诺。落在个体身上，不好的消息总是令人难以接受的；但事后想想，落选的那位候选人也有可能比较客观而大度地接受这个结果。

但如果经过冷静期后，你依然觉得自己应该获得内部晋升，没有得到晋升对你而言非常不公平，不妨从以下三个角度去分步地做尝试：**（1）内部还有其他适合我的机会吗？（2）我要的机会在外部是否存在？（3）与法务总和人力资源总沟通的可能性如何？**

03 内部有其他机会吗？

假设你的年终绩效考评等级还是不错的（至少是高于平均水平），平时领导和同事对你的反馈也比较积极，并且有足够的理由说明为什么自己应该获得内部提拔，那么俗话说做生不如做熟，在你将眼光看向外部机会之前，可以先环顾四周，看看内部是否有其他提拔机会存在。

这比较适合以下两种法务部内部晋升失利时的情形。第一，稍具规模的法务部。你服务的法务部稍有规模，内部或多或少有分工，法务人数超过七八个，那么不妨将这个选项列入其中。**第二，规模不一定大，但法务体系在层级上有集团法务部和子公司法务部区分。**规模比较小的法务部（人数少于十人），但内部有集团公司法务部和子公司法务部之分，如果在集团公司得不到晋升，可以看看在子公司是否有途径实现升职；反之，如果在子公司得不到提拔，可以考虑是否能调整到集团法务部层面。这都是值得探讨的！

举个例子说明。如果法务部今年能晋升一位负责合同审查的经理，你作为尚未达到经理级的法务小主管，认为这是自己中意的机会；遗憾的是，公布的内部提拔合同审查经理花落他人，但同时你发现法务部投资岗法务经理的位置空缺，法务总想从外部招聘和选拔。这种情形下，你不妨和上司沟通一下，是否有可能变外部招聘为内部选拔。

以我的过往经验来看，在你过往绩效有保证的情况下，领导本人如果也有提拔你的意图，只是无奈受限于内部晋升比例，那他应该会很乐于和你做此类探讨。

探讨的结果很可能是给你增加个工作模块，并给出一个具体时间期限，让你证明自己在这方面的业务能力和管理能力，以此作为未来提拔过程中和人力资源协商时的能力依据，比如六个月为期。届时如果你能通过考验，那就很有可能在另一个业务板块上得到一个晋升机会。

虽然推迟了晋升时间，但塞翁失马焉知非福！获得了新业务板块，也是不错的选择呢！

04 外部是否有机会？

如果内部没有回旋晋升的余地，那么你所渴望的晋升机会在外部可实现吗？

有的法务同事，业务能力还不错，但存在自我认知过高的现象。打个比方说，如果一位工作三年左右的法务，他的目标是五年升到法务总监，目前急于升职到高级法务经理，认为自己的年薪应该60万元起步；可是在上司的眼里，这位同事潜质不错，但业绩表现忽高忽低，目前可以给到的职位就是法务经理，磨炼三年左右，等作为管理者的性格更沉得住气一些、能力也打磨得比较稳定了，再提拔到高级经理的位置。

在上述例子中，由于自我认知和他人认同之间存在差距，这位法务很难在内部获得他所追求的晋升机会。对于这种对自我定位有偏差的法务同仁，我倒觉得可以在外部多打听下，看看差不多规模和体量的企业法务部，究竟可以给到自己什么样的职位和薪水，也就是把外部的反馈当作反观自己的想法能否实现的一面镜子。

如果你未能获得晋升是属于此类自我期待过高所导致的，而且上司对你有他自己的节奏和安排，我建议你不妨再回过头来审视下自己，想法是否现实。

现实工作中这类法务并不少见！有的通过找差距明白自己想得有点激

进了，反而能沉下心来好好工作，这类法务将来也是有继续晋升提拔的机会的；有的则把自己的一点点优点无限地扩大，只看自己想看的、听自己想听的，不管三七二十一地非得实现自己的想法；但从一个管理者的角度看，对法务部整体而言，这类对自己存在错位定位法务的离职，并不需要太可惜。

记得我在沃尔沃汽车任职时，有一天接到吉利汽车法务副总裁的电话，他告诉我有个法务部的小同事，海归背景，想到沃尔沃汽车做法务经理，否则就要从吉利汽车辞职；而吉利汽车想留他，所以给我打电话，看看我能否按照她的要求接收她。

我一听就乐了！虽然吉利汽车并购了沃尔沃汽车，但两家公司独立运营，人员之间不可互相调岗，除非有极其特殊的情况；这位同事怎么想来就来，说得和自家开的两个集团公司之间物质调拨一般容易，难不成用离职威胁领导？

我和这位同事随即在电话里聊了几句，发现该同事只从自己的角度出发考虑问题。他觉得以自己的能力和教育背景，可以在沃尔沃汽车法务部获得一个法务经理的职位，一味地和我强调他应该怎么怎么样；但是他并没有问过我作为沃尔沃汽车法务部的负责人，选择法务经理的标准是什么，也不问问目前我们有没有法务经理多余的人员配置指标，只是任性地要某个职位。这样的沟通和要求职位，令人啼笑皆非！

既然内部和外部都谈不拢合适的机会，那么法务需要的是向内反思，考虑下自己晋升不利的真正原因出在哪里。

05 寻求辅导

晋升失败等到情绪稳定后，不妨和上司做个深入的沟通，寻求他的辅导和帮助。如果有条件，法务总也可以邀请人力资源的领导加入这个环节，多维度地沟通和反馈，这对未能获得晋升但依然有事业企图心的法务是相当有帮助的。

有经验的法务总会在晋升名单正式公布后，主动和未能获得晋升的下属做此类沟通；如果有这样的机会，建议法务朋友一定要把握好。未能获得晋升不是世界末日，有时候甚至不要自顾自地理解成一种内部否定，不妨把它当作一个向内更好地深入了解自己的机会。

如果没有这样从上而下的机会，法务朋友不妨主动地和自己的上司约一个类似的会议，说明自己想得到一些有效的辅导和反馈的意图，并征询法务总的意见，看是否要邀请人力资源的负责人一起加入其中。

在这类会议中，你可以适当地表达失落感，但更要加强表达你的事业企图心，让领导明白你愿意接受更大的挑战和责任；在这个前提下你希望得到一些反馈和指导，以便自己今后在那些维度上继续提高和努力。另外，值得一提的是，如果在过往的工作中，你和你的直接上司，再或者和人力资源的领导有过什么误会或者难解的心结的话，不妨也开诚布公地彼此说开，有时候，未能如愿晋升有可能只是彼此一些小小的误会所致。

但无论是基于什么原因最终未能如愿以偿地获得内部提拔，你都需要通过沟通了解真正的原因，了解别人眼里的你的优点和不足，以及别人对你的定位和期待。在此基础上，明确改善方向，继续发力，相信内部晋升只是时间和机遇的问题！

成为未来法总，需要具备哪些领导力？

做一对一法律职业辅导时，常有年轻同行问：“我希望将来能成为像您一样的总法律顾问，该特别注意哪方面能力的培养？”

做一个合格的总法律顾问（法总），需要全面的能力，确实需要有意识地提前培养和准备，我常说的商业思维能力即是其中之一。另外，领导力也是新任法总常见的短板之一，需要有意识地培养。

下属对上司领导力的不满，这是在一对一咨询时经常听到的反馈之一。譬如上司的种种做法让下属产生离职的想法，仔细分析下来，多数属于领导力层面的原因。毕竟不少法总虽然是专业人士出身，专业做得好，但管理能力不一定过硬。那么探讨一名卓越的法总需要具备哪些领导力，就变得很有现实意义。

就法总的领导力而言，开门见山地说，我认为至少包括以下四个方面的内容：（1）**深远的影响力**；（2）**准确的判断力**；（3）**卓越的执行力**；（4）**在压力状态下乐在其中的工作能力**。

01 深远的影响力

没有人天生就适合当领导，法总也是从小法务一点一滴锻炼成长起来的；不想当将军的士兵不是好士兵，而要想当将军，除了自己出众外，还要具备影响他人的能力。

影响力，指的是用一种他人所乐于接受的方式，改变其思想和行动的能力。为了方便阐述分析，我更乐于将它从上、下、左、右四个维度来考察。

影响力中的向上维度，我理解为对CEO的战略层面的影响力。CEO作为法总的直接上司，肯定有对法务发号施令的权力；但一个只会执行而没有能力去影响CEO战略决策的法总，我认为是不合格的。

发号施令是从上至下的单向的价值输出，只有CEO对法总指示，双方并未能互相吸收和听取对方的价值观和意见；**而能对CEO进行战略层面影响的法总，才谈得上是和CEO形成了类似“合伙人”的关系**。很显然，法总仅满足于完成CEO下达的任务是远远不够的，应有能力影响CEO的决策；彼此在战略层面互相影响、融合，形成你中有我、我中有你的合作关系。

当法总对CEO影响力深远时，CEO就会在对外公布他的想法前，或者在一些奇思妙想的构思灵光乍现时，主动地告诉法总，听听对方的建设性意见。而反观暂时未能对CEO形成影响力的法总，则免不了会认为CEO比较独裁，工作开展比较被动，有比较强的无力感。个人不妨根据上述“症状”先自我“诊断”一下。

当然这种影响力不是凭空形成的，需要法总具备大局观、强战略思维能力、商业思维能力以及非常到位的沟通和说服能力。有了这些素质的支撑，法总才有可能和CEO在逐步的工作磨合中产生呼应、共鸣，乃至相互影响。

影响力的向下维度，我理解为既有基于管理权限内的管理能力，也有基于法总人格魅力而形成的对团队的感染力和带动能力；其中，比较难得的是对团队的感染力和带动能力。

具有向下影响力的法总，不仅任务安排无障碍，还会营造出大家争着抢着干活儿的局面，整个法务体系内部充满活力和生机；员工和这样的上司一起工作感到事业有奔头。遗憾的是，我在做法律职业辅导时，听到对上司的不满多于夸赞，譬如“领导一到关键时刻就让我留在会议室里一脸茫然地替他‘背锅’，跟着他觉得没前途”等。说白了，法总的行为对下属产生了负面的影响。

卓越的法总不仅懂得如何在权力范围内安排工作，而且深谙鼓舞士气和感染他人之道，明白首先需要以身作则，其次要以诚待人。

以我的观察来看，法总个人首先得有担当并全情投入工作。如此一来，团队也不会懒散到哪里去，因为整个团队的气氛是鼓励拼搏，容不下懒散的人，即便是懒散的人也会被环境带动拿出点拼劲儿来。但如果法总平时遇事能推则推、打太极，甚至不惜牺牲下属去“背锅”，下属看在眼里、怨在心里、学在行动里，彼此能一条心才怪呢！轻则团队成员流失率高；重则人心分崩离析；久而久之，团队的离心最终也会伤害到法总的前途。

法总除了以身作则兢兢业业地工作来感染他人和带动士气，还要能少打点儿官腔、以诚待人。工作是由人去完成的，任凭你再有本事，也需要把工作分解交给不同的团队成员去完成；在这个过程中，如果法总经常出于自己的小心思，无法做到信息透明，团队的成员又如何做到和你行动一致？没有人是傻子，无非也就是碍于你是上司的身份没有直接抱怨而已；这样的合作关系下产生的合作结果，不打折扣才怪呢！如果法总还有疑神疑鬼的毛病，那团队的执行力还会大打折扣。

影响力的左右维度，我的理解是法总和其他职能部门的同事开展平级之间合作，在这个维度中，因为彼此平级，不存在通过权力来指令对方的可能，主要靠的是人格魅力和说服人的能力。

我身边就有过这样一个例子，情商高到他总能巧妙地找到彼此的共同利益点或者你的痛点，明明你一开始不太想做的事情，他总能说服你配合着一起做，甚至主动帮他牵头去做。

在大公司里，平级之间同样也是竞争无处不在。能在没有结构性的权力支撑情形下得到平级支持的法总，在我看来必定是个情商极高的人，表现为共情能力和技巧性的说服能力。拍桌子吵架过于简单粗暴，不是解决问题的好方法，能找到彼此的合作切入点和合理的利益分配机制，给对方与你合作的动机和意愿，才能解决问题。

02 准确的判断力

领导力的第二个方面是准确的判断力。判断不是拍脑袋凭空产生的，而是建立在深刻而敏锐的洞察力、自成体系且逻辑自洽的分析推断能力、对不同观点和信息的接纳和处理能力的基础上。

法总在法律事务上代表公司决策，如果判断力有失水准，绩效必定成问题。出色的法总通常都是分析、归纳、总结的高手，信息收集能力极强，能从细微琐碎之中敏锐地洞察到先机，通过对信息的分析处理，形成战略性预判；同时，他们也很少被过去的经验所束缚，能超越个人成功经验之上，包容不同的观点，因为他们明白对不同观点的包容，能有效地反射出自己的盲区。

准确的判断力，是获得CEO信任和下属依赖的利器。对CEO而言，判断准确的法总是值得信任的；对下属而言，判断准确的法总是可以依赖的。

03 卓越的执行力

领导力还必须表现为卓越的执行力。卓越的执行力首先是一种自我全情的投入，其次是这种全情投入能深刻地影响和感染他人。

大多数法总，被CEO要求完成几乎不可能的事是家常便饭。完成不可能的任务的能力，不仅体现在法总的绩效和年终奖金上，而且还体现在法总的核心竞争力上，这就决定了他们在职业上的不可替代程度。对他们而言，工作任务内容和工作场景高度复杂是常态，更重要的是他们需要承担领导责任和风险。他们是团队口中“天塌下来高个子顶着”的那种高个子。

要完成不可能完成的任务，常规方法难以奏效，即使失败101次，也不一定能灵感一现奇迹般地出现一个解决方案，需要法总对事业的全情投入和忘

我尝试，这是卓越执行力的第一个层面。在寻找解决方案的过程中，法总得竭尽所能去找到合适的方案，这需要事业激情的支撑；而且这种“打鸡血”状态必须是可持续的，不能今天士气高涨，明天垂头丧气，不断尝试、不断超越，最后才有可能在柳暗花明之后“杀出一条生路”。

再者，法总仅有全情投入是不够的，还要能感染和带动身边的人，使团队一起协作来完成看似不可能完成的任务，这是卓越执行力的第二个层面。作为一个领导者，他首先得是那个能自燃的人，无论遇到什么状况，能始终保持良好的精气神和精神状态非常重要，团队的士气因此受到感染，完成不可能完成的任务的可能性大大增加。而相比之下，士气不佳的团队，总是更容易出各种状况。

04 在压力状态下乐在其中的工作能力

要成为卓越的法总，领导力层面还要具备在压力状态下乐在其中的工作能力。

中低级的法务人才是用来执行流程的，而高级法务人才则需具备在千丝万缕的复杂环境中抓住重点、解决问题的能力。**在压力和对抗环境中提拔上来的高级人才，更有全局观和整体观，能更好地在复杂的工作情境下取得成功。**

事业上一路顺风顺水升上来的人，斗争经验不足，看问题容易简单化、处理问题容易程式化；这类法务高管在企业文化相对温和的企业里能生存下来，但在具有侵略性和扩张性强的企业文化的公司里，容易失败。那些在外企干得顺风顺水的法总，当他们转而为民企效力时，却往往鲜有空降成功，其中就有一部分这方面的原因。

在压力状态下能怡然自得地开展工作的法总，对外，能根据不同的商业情境，运用不同的策略为公司争取最大的利益。对内，他们清楚地知道什么时候要合作，什么时候对抗和冲突也是一种合作的扭曲的表现，更知道冲突过后在适当的时机再回到合作轨道上来。

公司内部难免会有相互之间的冲突和对抗发生，无论是情绪上的，还是合作方式上的，没有掌握处理技巧的人，就不知道怎么去为自己和自己所领导的团队争取利益，有的时候唯唯诺诺回避冲突并不能赢得同事的尊重，也无法在团队之中树立自己的权威。

平时做法律职业发展一对一辅导的时候，常有咨询者和我倾诉公司内部政治的复杂性，我总是鼓励他们，从另外一个角度看这不正是很好的锻炼和成长的机会吗！因为成大事者需要别人的合作和支持；但能成为领袖的人，更需要能在压力状态下怡然自得地开展工作。如果具备了这种能力，成为卓越的法总的日子就指日可待了！

05 结语

想成为一名卓越的法总，不妨从深远的影响力、准确的判断力、卓越的执行能力，以及在压力甚至对抗状态下怡然自得地工作能力这四个角度出发，平时主动做点积累，其实并不困难。

深入浅出地说，遇到事情多复盘，有助于提升判断力；对待上级安排的每一项工作任务，都做到超出预期执行，执行力会不断提升；同事之间发生工作冲突时，克服烦躁情绪，冷静地沟通和处理，有助于提升对抗状态下的工作能力；而遇到事情主动做牵头负责人，不仅自己以身作则，而且能给小伙伴打气，就有助于提升影响力。

其实平时的点点滴滴，如果有意识地留意和培养，都是一种有益于自己的职业修行。这么说是不是简单了很多？

容易让法务丢“饭碗”的N种特质（上）

农历鼠年，一觉醒来，新冠肺炎疫情已横扫中国，向着全球流行的趋势发展。疫情的最终打击点在于经济，停工停产，一切刹车；如此情形之下，虽说也有个别行业如直播业爆发，但就法律职业发展而言，形势不容乐观。这一年，保住职位无疑是法务、律师的头等大事。

从2019年下半年开始，受经济压力影响，就有不少律所人员流向法务岗位就业。法务的就业机会本就比其他岗位如市场岗、人力资源岗、财务岗少许多，如此一来就业压力着实不小。一来中小企业出于各种原因，虽然在有些事上吃了亏，但是打官司的话耗不起，不愿意在法律事务上花费时间和精力。二来即使是设立了法务部的大中型企业，企业主的传统观念里认为法务是个费用中心，一个法务部两三个人的现象很多见，吸收不了大量的法律毕业生就业，连普通的法务职位竞争也很激烈。三来现如今每家公司都是勒紧裤腰带过日子，如果说往年做公司法务容易被边缘化，要夹着尾巴做人，那现在除了夹着尾巴做人，法务还得提供点儿醒目的价值，只有这样才能巩固自己的位置，避免被裁的命运。

遗憾的是，总有些公司法务，因为其自身的某些特质，比其他法务更容易丢掉“饭碗”，着实令人可惜。

01 缺乏主动性让上级哄着干——巨婴型法务

几年前，互联网上曾广为流传格力电器董事长董明珠女士一段标题为“没人哄你”的话。

原话是：“做业绩，要上级盯着管着才去做的，请到富士康去，流水线才最适合你；天天想着上级主动教你带你，请回到学校去，多交点学费的话老师或许可以一对一教你；要让上级哄着你做事的，请回到你妈妈身边去，长大了再来面对这个世界！业绩是靠自觉自律积极主动，优秀的人从来不需要别人天天盯着做事！从不为自己的失败和不足找那么多借口。”

董女士说出了同样作为上司的我的一些深刻体会。参加工作以来，我在商业和法律领域做过多年领导，我喜欢工作主动、靠内在驱动做事的员工；如果领导再稍微给点“阳光”，自己就能笑得很灿烂的人我最喜欢。这类员工积极向上，是团队里的阳光，不仅自己努力做事，还能够激励其他团队成员。但反过来看，也总有个别员工始终是一副懒洋洋的样子，推一下动一下，我让走一步他走半步，给他安排工作时还要讨价还价，特别让人费心。

明明挺聪明的一个法务，工作能力没问题，却等着别人派工作给他，工作上缺乏主动性；更要命的是，一旦工作做得不到位而被上司批评几句，他就耍性子和上司闹情绪了，不哄就不好好做事，让人看着哭笑不得。作为上司我并非婆婆妈妈的人，也并非不愿体恤员工的情绪，但工作上有许多重要的事要考虑，我实在没有时间和精力，如老母亲般隔三岔五地安抚员工情绪。

有缘聚在一起是为了完成工作目标，公司付了薪水，被请的人工作主动对得起这份薪水，这是本分；如果员工不主动或者对工作挑三拣四且批评不得，要领导把自己当成家里未成年的小弟弟或小妹妹般哄着才行，结果不外乎是领导找个机会让这类员工走人。领导付钱划拨出预算招聘人，是为了分担责任、出业绩的，不是为了给自己增加哄人技能的。千万不要因为天天在一个工作区域，彼此互动接触的时间和机会多，就误以为彼此亲如一家人！这只是一种比喻而已，工作上的关系是专业导向、绩效导向的，主动工作、出成绩才是硬道理。

疫情之下，毫无疑问，这类员工更容易被选中走人。正如董明珠女士说的，要上级哄着做事的，请回到自己的妈妈身边去，长大了再出来。

02 动口不动手——发言人型法务

一名卓越的法务，口齿伶俐是件好事，上能出庭辩论保护公司利益，下能内部沟通说服业务人员按建议办事，不失为一种能力。

但有的法务虽然口才不错，却没用到正经工作上，平时靠耍嘴皮子在公司的平台上寄生。这类人的主要表现为：不踏实工作，光动口不动手，相当擅长指点江山、四处评论别人；但一到实操写文件、做法律分析的时候，就找各种方法推给其他法务同事完成；等论功行赏的时候，他们又会“机灵”地把不是自己做的事情包装一下，说自己是如何费心费力地完成项目的。把自己说得跟一朵花儿似的，抢同事的功劳一点都不心虚。

说到这里，你想起了身边的谁没有？

工作是踏踏实实地做出来的，所以无论你说得多么天花乱坠，但实际是蒙蔽不了领导和同事的，无非是人家有没有找机会点破而已。**口才好是一种能力，但本末倒置光说不做，就是一种负能量，树立了反面工作典型。**如果团队里长期允许这类法务存在，对其他老老实实做工作的法务是不公平的；打击工作积极性不说，还会造成劣币驱逐良币现象。法总如果不及时处理或纠正这个问题，长此以往整个团队都照此模式工作，法务部能为企业提供的价值就不消说了。没有企业会欢迎一个光说不练的法务部，一旦法务部给人印象如此，成为公司中的无显著价值的部门，经济不景气的时候，被连锅端的可能也是存在的。

如果说以前没来得及清理这类“人才”，那如今一场疫情让大家都有了时间反思和调整；一旦需要内部整顿、有裁员的压力，法总八成会将这类法务“优先”列入裁员名单。

03 口无遮拦——失信型法务

法务在公司获得事业成功，除了技术过关，最重要的是能和上司之间建立信任关系。做法总的要和CEO建立工作上的信任关系，否则再有能力也很难发挥，容易在公司层面被边缘化；小法务要和法总建立起信任关系，否则在法务部内容易被边缘化。毫不夸张地说，**提供价值和获得信任是法务在内部立足、不被边缘化的两大基石**。

信任一则通过过硬的技术建立，二则通过平时对知晓的公司商业秘密及其他不宜公开的事情守口如瓶来建立。从事法律工作的人，不该说的话一句也不能说，客户的事少在公开场合说，这是基本职业素养。道理大家都明白，但要克制住自己说的冲动，做到知行合一相当不容易。譬如当年我在北京某大厦办公时，常在电梯和食堂里听到大厦里律师事务所的年轻律师谈论客户和交易；可见这方面的意识，律师群体明白是一回事，实际中能否切实做到，又是另外一回事。

律师有这类情况，法务中也有不少，毕竟二者是职业共同体。有的法务技术不错，很有潜质，但个性不够稳重、遇事容易沉不住气，显得综合潜力有限。比如说，有的机密会议，领导有意培养他，带他参加，虽再三叮嘱会上了解的内容不要到外面去说，也不能和不在会上的同事说，但最后领导发现，叮嘱其实并无大用。这些不让说也不准说的话，总是会成为某些个性不太成熟的法务炫耀自己受领导重视的资本，被有意无意地传了出去。有时候，重大敏感项目的信息被传到媒体了，才发现是内部关键岗位人员泄密，显得非常不专业。

法务，作为内部雇员因为等级不同了解的信息虽有差别，但作为企业主心目中的自家人，知晓的内部信息确实比外聘律师要多不少。而内部泄密，比外部泄密更让企业主忌惮，因为企业主对外聘律师的戒心等级更高，对内部人防备相对要少。一旦被发现是法务部出了泄密问题，法务失去了企业主的信任，轻则被边缘化，最后事业发展不下去主动走人，重则被企业主盛怒之下当场炒掉。

有的法务的口无遮拦是另外一种表现形式。他们在工作上因为某种原因受到法总关照，但却四处宣扬，让法总的工作非常被动，有损法总的内部威信，最后他们也因为失去法总的信任而渐渐被疏远。

譬如法总在年终奖分配、工资调整上是有一定内部自由裁量权的。法总给表现不错的员工一些奖励，或者对有实际困难的法务一些适当照顾，这均在法总自由裁量权之内，但有时候确实无法做到一碗水端平，很可能照顾了这位员工就照顾不到另外一位。

这种时候得到好处的员工要主动低调行事才好，切忌四处声张！

但总有法务得到别人没有的好处之后，按捺不住内心的小激动，把秘密向其他同事分享了，典型的表现形式为"我只告诉你了，你千万不要对外讲……"。

某某某受到领导优待的消息，就这么在内部悄悄地发酵流传了，而小道消息是极其容易被扭曲的。记得我在雷诺汽车工作时，有一年公司年终晚会，所有高管一起上台做了一个传话游戏，把一句话从第一个高管传到最后一个，我们以为身为高管的自己可能会做得更好；但最终的结果是，话语的意思被严重扭曲，传到最后一位时，意思早就变了味。当小道消息四处流传时，同时发酵的还有其他同事对法总的不满，令给予员工好处的领导在知晓后后悔莫及。

无论通过和同事对比奖金、福利，获得内心被特殊偏爱的优越感，还是通过这些待遇上的优势表明自己在领导心目中的重要性，想让大家刮目相看，这种高调宣扬的结果都无异于把法总置于火炉上烤，有损他的威信。最终的结果是，这位得到一点小好处的法务因口无遮拦而失去了法总的信任，在部门内部逐渐被边缘化，原本发展向好的事业前程受到影响。

有时候，说了一句不该说的话就会影响自己的职业生涯，这恐怕是此类法务事前没有想到的。但仔细思量下，有人的地方就有江湖，大中型公司中，内部竞争是在所难免的，法务身处其中，如果缺少必要的对社会复杂性和这种内部竞争的认知，就容易在不知不觉中捅娄子，影响自己的立足和发展。

守口如瓶是身为律师的基本职业操守。大到公司机密，小到法总多给你批了几天假，不高调宣扬是种美德；否则轻则丧失信任，重则失去“饭碗”，到时候追悔莫及。

04 结语

具有危险特质、容易被领导“请走”的法务的特质有许多，我分了上下两篇来完成，关于其余几种特质，且待下回分解。读者朋友们，读此文权当作照镜子，有则改之无则加勉，避免出现令自己感到意外的后果就好。

容易让法务丢“饭碗”的N种特质（下）

写了《容易让法务丢“饭碗”的N种特质》上篇后，有读者私信我，认为文章精准地抓住了某些法务工作中存在的现象和底层逻辑；受到鼓励，我一鼓作气把下篇写完。本文虽然取材于真实的职场，但您切莫对号入座哟！

01 “老子天下第一”——孔雀型法务

做法务管理工作这么多年，有一种法务令我至今难忘，那就是自以为“老子天下第一”的孔雀型法务。

如果要画像来描述他们的话，不外乎对自我才华及能力的极度肯定和自恋，如开屏的孔雀；同时表现出目无上司、看谁都不顺眼、无法与同事开展良性合作的特性，俗话说就是“眼睛都长头顶上去了”的人。这种法务几乎百分百教育背景不错，这正是他们吸引人之处，也是其引以为自恋的资本之一；很多面试官被此吸引，在面试时“得了眼盲症”，潜意识里放大了他们的优点而忽略了其不足，因此录用了他们。

物极必反，过度自恋和自信就会成为缺点。**在职场中，终究是通过和各种各样的人合作，来达成企业设定的目标和绩效，管理者更看重团队协作的力量**。此类法务，瞧不起周围的人和事，很难和团队成员协作，最后影响绩效，这是其一。更有甚者，看领导也不顺眼，觉得领导没水平、没能力，背后嘀嘀咕咕领导的不是，恨不得跳出来取而代之。他们会毫不避讳地说：“论业务水平，我排第二，还有谁敢排第一！”用流行网络用语来形容：“我就是整条街最靓的仔！”

我曾经见过一位背景很好的律师，两个月内和领导吵了两回，大小事都要证明自己无比聪明、绝对正确，是领导水平太差。作为旁观者的我心想，既然这么看不顺顶头上司、干得不顺心，大约最后会选择自己辞职走人吧。嘿，这位仁兄还偏不走了！继续旁若无人地指点江山，越级去和领导的上司沟通，表示因为领导没水平所以他才不服管。他本以为自己会因出众的才华而受到领导上司的肯定和保护，不料职场最让人忌讳的事中越级汇报就算一条，最后免不了被开除走人，职业发展受挫。

我还见过一位打算预约做法律职业辅导的法律人，工作大约五年时间，听她自称在业内某方向排名前几时，我着实吃了一惊。我不知道此类法律人是哪里来的自信。如果自我认知有问题，职业发展岂能顺利？人贵有自知之明，在我看来法律界人才济济，在不远的将来您可能很有发展成大师级人物的潜力，但目前您的工作资历尚浅，我很难认同您的这种自我认知。我的职业辅导风格是一针见血型的，以解决问题为主，我不会通过奉承和附和来取悦客户，所以自然也就婉拒了此类要求辅导的法律人。事实上，解决您的职业发展问题的方法只有一个，谦虚做人、本分做事、调整心态。

智商高确实是天赋，教育背景漂亮更是可喜可贺；但人是社会性的动物，再高的智商，再好的背景，如果眼里只有自己高人一等的才华，而看不到同事和上司的长处，无法和人合作，也都是浪费。如果要裁员精减，对这类不可一世的“人才”，小庙容不下大神，还是早早送走比较好。

02 截止期杀手——掉链子型法务

还有一种法务，经常在关键时刻掉链子。他们平时工作态度不错，领导交代的事马上点赞回复，貌似挺省心的，但您千万别被表象所迷惑了，因为一不留神他们就会掉链子，仿佛潜伏在团队里的截止期杀手，令同事和领导防不胜防。

公司里的法律事务，如果是其他部门主动找法务部要求支援或者处理的，大致可分为两类：一类是需要跨职能合作的大项目，项目主管考虑到项目的难度，提前做风险控制，往往会主动找法务部要求支援；另一类是临时发生的紧急情况。这两类事务往往有严格的工作成果交付时间要求，否则会耽误整个项目的进程，或把本来还没有发展到十分紧急的事务，拖延成非常严重的紧急事务。无论哪一种情况发生，都是法务部领导不愿看到的。

有经验的管理者也许会说，在分配工作的时候可以先问这类法务能否如期完成，通过加强过程控制、做好预案等手段来防止掉链子事件的发生。诚然，好的管理和过程控制可以防止一部分意外的发生，但实际情况经常是防不胜防。

如果你不幸把要求准时交差的工作托付给平时看着挺乖巧懂事也服从领导安排的掉链子型法务，你的惊险历程就要开始了。他们在接受任务时答应得很痛快，让法总毫无防备；他们的口头禅是："没问题，一定办好。"在中途过问进程的时候，你收到的一般都是"正在进行""一切顺利"之类的答复，但如果你想看看中间成果，为了不让领导发现自己其实还没开始工作，他们会找各种借口隐瞒过去。直到最后一刻，他们才不大情愿地找到领导，说因为同事不配合所以还没有完成，经常让人措手不及。说好了一定会办好的事，成了一定没办好的事，令法总在CEO面前颜面尽失，这类法务就是截止期杀手！

打个比方，公司在某地有个诉讼，需要两名法务同事前去处理。工作分工都安排妥当了，临出差的前一天，其中一个法务说家里有事晚一天去，但一定在开庭前赶到，法总同意了。但实际上到开庭的前一天晚上，他因为种种理由并未如约抵达诉讼地；而已经在现场的同事根据分工做的准备，并没有料到他有临时不出现这出戏，只得硬着头皮单独应对这队友掉链子的突发状况！更恼火的是，掉链子的法务还要求同事替他打掩护，等法总知道事情最新进展时，再派人出庭支持已经意义不大。一来出庭意见需要提前准备，其他人匆忙接手效果不好；二来临时赶去受交通工具限制，不是说到就能到的，令人十分光火！更麻烦的是在后头，如果诉讼效果不好，这临时掉链子的事被法总的上司知道了，难免责怪法总的领导力，令人骑虎难下，叫苦不迭！

这种类型的法务就是被同事称为“猪队友”的那种。究其心态，无非是能力不足却又好大喜功，到处揽活，拍拍胸脯应承，以给上司留个好印象，等真正到了做事的时候又发现自己无力承担，但又不想让人知道自己的能力缺陷，就试图通过找借口对上忽悠、向同事要人情帮忙，把事情圆过去，最后还能当作什么也没发生一样。

但纸里包不住火，这种事情、这种人迟早都会暴露。与其搜肠刮肚地想圆场的方法，还不如老老实实地承认自己的不足，努力提升自己。而且，在最后一刻耽误事情，对上司而言是很难以接受的事，如果三番五次地出现这种情况，令上司忍无可忍，这类法务就容易丢“饭碗”。

03 老实不出活——蜗牛型法务

最后一类在疫情期间容易丢“饭碗”的法务，是老实但不出活的法务，一件事情如果交到别人手里是一周出成果，交到他的手里就需要两周甚至三周。此类法务多数不是工作态度问题，而是工作的技巧上有问题，不能快速高效地完成领导安排的任务。这类法务因为老实，平时也不生什么是非，知道自己的不足，多数对领导毕恭毕敬的，因此大多数法总在产生开除他们的念头时，又想到除了不出活倒也没什么大过错，动了恻隐之心，就继续将其留在部门里，寄希望于他能逐渐有所改善，提高工作速度。

但企业毕竟是以结果为导向的，这类法务如果长期不能提高工作技能，无论是法律搜索的技能、撰写法律文件的技能，还是做PPT总结报告的技能，长此以往，迟早会成为法务部拖绩效后腿的那一个，对部门士气产生消极的影响。

企业里的人情也是有限的，如果法务能力有限，就得主动进行自我提升，否则成了绩效末位，被淘汰也是迟早的事。在疫情影响下，企业如果受到冲击比较大，需要减员增效，此类不出活的蜗牛型法务就只能惋惜离场。

04 结语

至此，通过上下两篇文章，我盘点了六类容易丢“饭碗”的法务，他们分别是缺乏主动性的巨婴型法务、动口不动手的发言人型法务、口无遮拦的失信型法务、不可一世的孔雀型法务、截止期杀手的掉链子型法务及老实不出活的蜗牛型法务。

其实细心的读者不难发现，这些法务要么是工作态度上有问题，要么是工作能力有限，或者两者兼而有之。工作能力有限的需要长期坚持自我提升，但工作态度或者工作上的心态问题是相对容易调整的，这两篇文章的价值就在于对具有此类特征的法务及早敲响警钟。

即使在经济形势好的时候，有上述特质的法务在职场也是很难健康发展的，疫情只是起到加速作用，或者说提高了被裁的概率。但减员也并非全是坏事，对企业而言是提高效率整顿纪律的机会，对法总而言是清退无价值成员提升整体战斗力的机会，对个人而言，哪怕你不幸属于其中一员，也是重新开始，从哪里跌倒就从哪里爬起来的机会。

成为卓越法务的三种必杀技

现在，愿意去公司做法务的年轻律师不少，不少人教育背景不错，也有上进心想成为卓越法务。每每交流至此会心一笑之余，我会反问道：“有没有想过卓越的内涵是什么？”

卓越，在我眼里是一个人举手投足之间自然而然流露出的格局和气质，偏务虚；但它同时也是务实的，可具象化为具体能力，譬如成为一名卓越的法务同样需要具备三大必杀技。

转眼2019年已近尾声，当我们做年终总结时，除了量化地列出拿得出手的项目去争取年终奖，在和上级做未来发展及个人潜力的展望时，还应该问自己：是否通过这些脚踏实地的努力而让自己变得更卓越了呢？还是事情做了不少，个人发展潜力改观不大？

这可能是不少法务自我反思的一个问题。借助年尾这个承上启下的时机，Lily姐在这篇小文中和你聊一聊要成为一名卓越的法务需具备的三种必杀技。

01 终身持续学习能力

如果把法律业与医疗业类比的话，公司法务就是企业编制内的全科医生，律师就是在专门的医院里工作的专科医生。专科医生对比全科医生，很难说哪个更有优势一些，只是个体因事业机缘和兴趣爱好不同而做出不同的事业选择而已，也是根据客户要求不同而做出的自然而然的适应和改变。但凡能帮助实现个人的自我价值、产生自我认同的职业，就是好职业。

公司法务“全科”能力的“全”字有两种内涵。一是在法务的专业能力上，除过自己的专长领域之外，公司法务还应在其他法律领域懂点基本路数。譬如做合同评审的法务也要懂一点商标业务、股权投资业务等。**二是在公司法务的综合能力上，领导偏爱多面手**。譬如法务也要懂点商业管理和财务知识，能看得懂基本的财务报表，明白公司运作的基本流程和背后机理。

首先，法学院是一个法律职业训练所，主要培养的是律师事务所的执业律师；其次，它还是输送法官、检察官的摇篮，很少有专门针对公司法务而提供的职业训练课程。因此，想成为一名卓越的公司法务，光有法律基本知识加一个法律职业资格证书是难以满足公司对法务人才的预期的，需要终身持续学习。而一名梦想变得卓越的公司法务，需要不断学习新的知识，比如行业背景、商业管理、财务知识等，并非来自法律专业，均需要在漫长的职业生涯中持续地吸收学习；无形之中这就要求公司法务首先得具备强大的、可持续的学习能力。

可持续学习能力，第一个表现是对新知识的好奇心。没有好奇心就没有求知欲，没有求知欲就没有吸收和输入。在我成长的江浙一带，民间有句古话，不能按住牛头去饮水，好奇心和兴趣才是最好的老师。所以人的求知贵在自知、自觉、自律，通过这“三自”原则把初始的好奇心转化为行动力，才能切实学到新经验和新技能。

譬如我并非天生喜欢读法律书，而是喜欢读小说散文；但自我下定决心考法学院的那天起，就意识到必须培养自己的逻辑推理和分析总结能力。虽然读枯燥的法律书、培养法律逻辑，并非我天生就有的兴趣，但好奇心促使我去了解新学科，并且在此过程中通过自知、自觉、自律渐渐地和法律培养出了感情。按照目前的趋势看，我估计要和法律谈一场“终身恋爱”了。我猜不少读者和我的情况相差并不多。那种在某方面具有极高天分的人毕竟是少数，大多数人和我一样，从事的行业并非是自己最热爱的领域；但是依然可以通过对自己的好奇心的引导和自知、自觉、自律管理培养出兴趣。以此类推，用在对法律之外的新知识学习上也是同理。有可能你对财务报表和管理知识目前也没多大的兴趣，但只要有好奇心，兴趣是可以培养的。

可持续学习能力，第二个表现为融会贯通的学习能力。融会贯通是学习能力在应用层面的表现。那种学财务、学管理、学商业，得了一堆证书，但是所学的知识分别储存在记忆的不同区域，不会、不敢也不能将各种新旧知识融会贯通在一起应用的人，学习能力死板有余，基本上不具备通关上升到卓越法务的可能性。

割裂的学习能力是伪学习能力，真正的学习能力是能把学习到的新旧知识有机结合、融会贯通，建立起自己的有机统一的知识体系。我强调过很多次，在企业工作，无论是什么职业，一个人必须具备基本的理解商业的能力，光会背诵商业概念、定义和基本要素是无用的；要不断地提炼和总结，把学到的商业知识和分析法律问题应用结合在一起，进而促进对法律问题的应用分析，最终更精准地识别出真正的法律风险。这就需要法务能够将新旧知识有机结合、融会贯通。

说到可持续学习能力的效用，记得我在中欧国际工商学院读书时，教授领导力课程的穆恩教授问了一个发人深思的问题：“同学们，智商高重要还是情商高重要？”我的观点和穆恩教授的一致，智商更重要。因为回想自己的成长经历，我发现情商是可以学习修得的，但是智商不足是天生的硬伤。情商高的人让人相处起来很舒服，但是智商高会让人脱颖而出，智商中包含的终身学习能力，才是决定了人究竟可以走多远的内核；说白了，包括和人愉快相处的能力，都可以学习。同样在事业发展中，终身持续学习能力不仅是成为卓越法务的必杀技之一，而且更有助于我们不断地自我进化、自我更新迭代，成为更好的自己。

即使你的某一种能力在事业开始之初表现并不出彩，你也可以通过终身持续学习不断发展；无论你在事业开始之初有多出众，如果缺乏终身持续学习能力，能走得多远也是个打着问号的问题。正因为持续学习能力是如此重要，成为一名卓越法务的第一种必杀技就非它莫属了。

02 沟通能力

要想成为一名卓越的法务，沟通能力是第二种必杀技。虽然这一能力在我心目中的重要程度排名第二，但其威力巨大，在成为卓越的法务的过程中，能起到如虎添翼的作用。

首先，出众的沟通能力，有助于法务顺利地就某个具体事务和业务与对方达成一致目标；而相对拙劣的沟通能力，就会使原本期望的双向友好沟通演变成紧张的内部对抗。这在法务的日常工作中屡见不鲜。有的法务人员专业素质很好，沟通能力欠佳，经常会好心办了坏事、吃力不讨好；作为他们的上级，如果把这位业务素质很好的法务人员的想法，交由另外一位沟通能力强的法务去交流联络，事情往往就发生转机。沟通有时能化腐朽为神奇。

沟通能力可以作为成为卓越的法务必杀技之二，是因为好的沟通不仅有助于目标的实现，而且不少公司法务绩效考核目标中的客户满意度这个软目标，就和一位法务的沟通能力有很大的关系，进而和升职晋升产生连接，因此要十分重视。

其次，出众的沟通能力，有助于公司法务整合资源完成工作目标，在大项目管理和跨部门沟通中提升领导力。要成为一名卓越的法务，能独当一面地处理日常事务只是个开端，真正的成长，多半要通过大项目的历练，最终才能成为内部冉冉上升的法务明星；而在这历练和上升的过程中，沟通能力的好坏至关重要。好的项目管理者，往往是具有战略眼光的管理者，高阶管理人员挂帅很常见；而作为参与项目的职能部门之一的法务人员的代表，如果具备优秀的沟通能力，能有力地保障项目的实施推进，成为出色的项目执行者，这对项目管理者来说是一种耀眼的能力，不仅能一改法务在公司里经常处于隐性、被边缘化的地位，而且个人在公司管理中的专业权威和领导权威也在无形之中得以树立，不可谓不关键。

但需要提醒的是，沟通能力的重要性是建立在出众的学习能力和业务表现基础之上的，一定要注意两者之间是存在一个顺序问题的，不可以偏概全地来理解。嘴皮子耍得再好，哪怕能把死的说成活的，如果没有实际的业务能力作支撑，那也仅仅是个空中楼阁；但如果在具备了好的业务能力的基础上，再辅之以出色的沟通能力，事业发展就会顺风顺水。

最后，出众的沟通能力也使得法务在日常上请下达的处理过程中，能更好地被听见和看见。这一点我不展开讲了，沟通能力不仅体现在口头上，书面的沟通、做PPT呈现自己的工作重点和成果也是沟通。要成为卓越的法务，在沟通能力上也必须全面。**恰到好处地被上级看见和听见，与业绩出众一样，是同等重要的。**

03 虔诚的工作态度

如果说终身持续学习能力、杰出的沟通能力是成为一名卓越法务的根，那么这第三种必杀技，是法务超越普通、成就卓越的魂！特别需要说明的是，最后一个必杀技属于个人经验总结，有没有道理，读者自己可以在今后的事业中慢慢体会。

如果你问我做法务这么多年，我的强项在哪里，持续学习能力算一个，书面沟通能力尚可，口头沟通能力还需修炼，然而这些能力和我身边条件出众的法务同行相比并无过人之处；但是，我对工作近乎虔诚的认真是少见的，这是我个性中的点睛之笔。这种工作态度是性格所致，但无意之中帮我衍生出特殊的能力——完成不可能完成的任务的能力，这也成为我职场核心竞争力所在。

虔诚的工作态度首先要求专注，以解决问题为目标，只关注问题本身。

在公司工作，有竞争、有冲突是难免的，做法务不可能不涉及其中，因为不能很好地处理这类关系，很多人经常提到公司法务成了替罪羊。这方面，我并不擅长，甚至说我傻也不过分，但当我不考虑那些人为变复杂的各种关系，只考虑问题本真面目时，复杂的问题会变得简单，解题的思路会逐渐清晰。有时候就是因为我考虑得直接，反而能一眼看到问题的核心，直接而犀利；在老练、有城府的CEO面前，我的这种单纯反而是一种优点，意味着我更容易相处。

虔诚的工作态度其次是愿意竭尽全力地尝试各种手段方法解决问题。很多人强调要聪明地做事、解决问题，这观点本身没有错。聪明地做事，能有效解决80%的问题，但当剩余20%的真正的难题出现时，聪明的做事方法反而行不通。恰恰相反，我做事比较“拙”，比较“轴”，不偷懒、不投机取巧，我习惯一步一步地去尝试，甚至穷尽每一种解决问题的可能性去寻找出路，这恰恰就是解决难题的最好的办法。**当硬核的难题出现的时候，需要的是硬核的解决方法，而不是聪明的捷径**。

有一次我用两个月不到的时间、两万元人民币不到的预算完成了别人曾经花费11年、用几十万元预算没做成的事。而且那件事并不是法务传统职责范围内的事，是业务部门做了十几年没做成的事，总部催得厉害下了死命令后，CEO无奈之余把任务交给了我，因为业务人员说他们需要专注在业务上，历史上十几年都没人完成，不要浪费时间了。在和CEO绩效面谈时候，他在赞赏和表达感谢之余，直接问我是怎么完成那个不可能完成的任务的。

首先，信念上我从来没觉得那个任务完不成，虽然拖了十几年中间换了无数CEO。我猜其间很多被委以该任务的人，在信念上就认为它是不可能完成的，也可能他们的想法是反正那么多人试过没完成，就应付下吧。其次，你一研究就会发现总共就那么几种可能的解决途径，但历史上每个接手任务的人，无一例外地选择了最容易的、最不需要亲自花时间的渠道去做，十几年都没解决，因为受制于外部供应商的配合，而配合不成功；我选择的是最耗费精力和时间的渠道，但是内部可控，最终在同事的帮助下找到了正确的解决思路。**我能够找到解决思路，聪明只是一小部分因素，关键是我愿意花费时间和精力去探索各种可能性，虽然我的职位决定了我的时间和精力在公司属于稀缺资源，但我愿意投入；这导致别人完不成的任务，最后由我完成了。**

虔诚的工作态度，最后还表现在对事业、对人生保持持续的激情。当我们工作的年数变得越来越长以后，不心生厌倦已经是如此之难；而要保持对事业、对人生旺盛的需求，更是难上加难。主要的诀窍还是调整好心态，不骄不躁，不卑不亢，勇往直前。

可能是我太普通了，我没有那么多可挑挑拣拣的机会，我是女性，我的上升通道有无形的天花板，因此我更珍惜每一个给予我的事业机会。很多机会，我明白并不一定是必须要给我的，而是因为信任，因为别人看到了我的事业心、做事的态度才给予的；能力大小不论，回报这份信任，最起码我得对事业认真虔诚。但很有意思的是，你越虔诚越认真，回报越直接有效，这就是事物发展的普遍规律。

04 结语

其实想要成为卓越的法务，哪里有什么捷径可走；大道至简，放到事业上看也是如此。

卓越不是口号，可以具象化为终身持续学习能力、出众的沟通能力，以及虔诚的工作态度。其中以杰出的终身持续学习能力为首，辅以出众的沟通能力则如虎添翼，如再具备对工作的虔诚态度和传道士般的执着，成为卓越的法务人才是迟早的事。

用“90天工作计划”实现法务成功转型

写这篇文章送给我在沃尔沃汽车任职期间的小同事，感谢她曾经在工作上给我的诸多支持和贡献。

十多年前的这个季节，在面试过很多个候选人之后，有律所想转法务的律师，也有其他大公司法务，我放弃了选择男性法务共事的想法，选择了她。现在她即将去开创自己的事业新未来，承担更多的责任，面对更大的挑战；一切可期又一切未知。

除了祝福，我分享一个有用的工具，希望这篇针对法务职业跑道转换阶段，如何做90天工作计划的文章，能启发她以及和她一样处于职业转换期的法务。

01 为什么需要一份90天工作计划？

法务转换职业跑道最怕什么？对候选人而言，无疑是不成功的跳槽经历！

跳槽不成功的原因各种各样，其对候选人和公司造成的影响差别也很大。对公司而言，最糟糕的情况无非是换个人、赔笔钱的事情；但对充满职业发展上个台阶美好愿望的候选人而言，结果和预期差距比较大的跳槽，最终导致其不得不在试用期内重新找工作，从头开始，这种打击有时候会令人怀疑人生，用“重拳打击”来形容也不为过。

我见过不少此类令人郁闷的案例，跳槽不成功对候选人的职业生涯伤害会延续很长时间，长时间自我否定之后，有时候需要求助职业辅导，严重的时候甚至会对下一次转换职业跑道带来一定的心理阴影，我需要分若干次花时间深入地沟通，帮助他们重建信心。

在此过程中的风险分布对候选人相对不公平，主动权总体来说在公司一方。面试是一个短暂的由公司主导的过程，虽然有素质的候选人和公司基本倾向于对基本面情况如实相告，但毕竟存在信息不对称性；一般的职位，见过两三面聊几个小时就发了offer，彼此了解是有限的，即便内推也无非是多了一层背书而已，远远谈不上信息对称。一方面，对公司而言，有的用试用期去磨合和验证，有的甚至利用试用期的好处，明明需要一个人但招聘两人同时到岗，通过试用期观察留用一个；另一方面，对候选人而言，等到岗了如果发现出入比较大，又或者融入新环境困难重重，出现严重水土不服时，旧的工作岗位已无回去的可能性，新的工作岗位不能确保，这种苦就只能用“打碎牙齿往肚子里咽”来形容了。

在这个新旧交替、承前启后的新阶段，你需要一些工具，类似出门探险时带的探路手杖，来帮助自己顺利地“摸着石头趟过”试用期，融入新的工作环境开展工作，做出公司所期待的贡献并实现个人事业突破。90天工作计划书就是这么一个工具。

2010年我从吉利汽车转换到了沃尔沃汽车，环境变化很大。告别过去在吉利汽车从底层做起积累的人脉、人情和领导支持，到一个刚刚并购过来的品牌企业工作，从民营汽车的工作环境转换到跨国公司的工作环境，我在各方面都面临不同程度的挑战，压力可想而知。不少习惯了外企文化工作环境的总法律顾问，跳槽去民企空降，普遍存在水土不服，这早已不是什么新闻；更何况我一个民企的青年法总，转轨到外企任法总，逆袭的难度可想而知。

压力逼人进步！我到处请教身边的领导朋友，90天工作计划书，就在那个时候经由领导指点第一次听说，当时我实践得不是很充分，但有帮助。

2012年新机会又接踵而至，我再次转换跑道从沃尔沃汽车到雷诺汽车。这次不仅职务晋升，而且要从上海搬迁到千里之外的北京工作，对一个南方小囡来说考验可想而知，有喜悦也有一定程度上的焦虑。

和绝大多数人一样，我在工作上很依恋安全感，摩羯座本性使然；但我更明白动荡中孕育着更多的机会；我的历次选择最终都是拥抱变动和改革，同时变动和改革也回馈我成长。在2010年和2012年分别经历两次大的职业转换，于我而言，第一次是实现了从民营企业法总到跨国公司法总的转变，第二次则是在跨国公司之间的一次突破和晋升。

两次职业转换，在外人眼里可能仅仅是简历上的寥寥数行而已，但甘苦自知。在拥抱变化的同时，所幸没有出现特别大的意外，或者说虽然有不大不小的意外，但我都在及时调整后走上了正轨。对比两次职业转换过程，我在第二次转换中适应得更快一些。究其原因，是我自己总结第一次法律岗位跳槽经验而制定的90天工作计划有效地发挥了指引作用，为我的职业跑道转换增加了保护栏。

后来在北京工作期间我又经由CEO指导制定了我的人生计划书，不少人很好奇它长什么样。简单地说，它是一份长期规划和短期规划在各个不同维度的交叉融合。归根结底，再宏伟的人生计划也是要分解的，90天工作计划不仅在新职业征程开启之初有效，而且长期有效，是很好地帮助我们达到职业年度目标的工作计划书。90天工作计划书，在入职前是你对新岗位的预判，在到岗后是帮助你在新岗位扎根并焕发新的生机的工具，因此很有必要对这个工具进行一定程度的解构。

02 90天工作计划的基本结构和原理

首先，做90天工作计划，合适的时间段有两个：（1）最后一轮面试前；（2）到岗后的第一周。

如果应聘的是高阶法务岗位，面试过程中或多或少会涉及今后如何开展工作的问题，虽然面试官问的方式各不相同，**但本质都是要求候选人能在回答中展示出对未来工作有一定的组织、规划、管理能力。同时，通过候选人的回答，面试官考察候选人的行事风格是否和公司匹配，能否满足公司招聘需求的预期，能否对公司有超预期的贡献**。如果在面试前你已经有了相关的思考和准备，就更容易令招聘人员印象深刻，从而增添了一份竞争力。

如果在面试过程中并没有涉及这方面的问题，也不是说你就不需要做一个90天工作计划。各个公司的新员工试用期与劳动合同的期限长短相关，虽然各不相同，没有绝对的时间规定，但设置90天试用期的公司比较多见，180天的也不少见。如果公司选择90天的试用期，这份90天工作计划正好完整地贯穿新工作的试用期始末；如果是180天的试用期，基本上经过三个月的试用，公司对你的去留已有定论，无非是剩下的三个月给公司多一份额外的保险而已，万一有意外情形发生，公司依然有主动权在手上。那么作为准备转换职业生涯的青年律师，在入职前除了和过去的同事挥手告别，以及各种放飞自我以外，还需要提前准备一份90天工作计划，以免入职后面临各种新情况而没有明确目标，最终没能达到公司对这个岗位的期望值，而导致跳槽不成功。

其次，就计划重点而言，90天工作计划中，以30天为单位划分成三个不同的阶段：第一个30天，重在理解新商业环境；第二个30天，重在评估当下的法务工作；第三个30天，重在改善和提供新贡献。

毋庸置疑，公司会给新入职员工一定的时间去熟悉新环境，公司也会接受一名新员工的学习曲线和成长速度，但公司更需要新员工为目标岗位及时提供新的价值贡献。**不同阶段的计划重点的转变，恰如其分地配合了一个岗位对员工的目标要求，尤其是公司对新员工在新工作环境中的能力成长及爬坡曲线**。

实际情况是，如果员工能比较好地按公司的期待完成试用期，在不同的阶段关注不同的重点开展工作，基本上可以安全地通过试用；反之，如果员工不能很好地理解公司招聘背后的原理，这个试用期过程中就会出现彼此不协调的情形，试用期考评结果就很难预料了。

在过去的职业辅导经历中，我见过很多所谓的聪明人这方面考虑并不周全的情形，他们并未真正理解公司招聘新员工背后的原理和预期。很多人只知道问新岗位是新设的还是替代性质的，而并不去深入地交流和理解公司对新员工在产生新价值方面的预期；还有不少人以为自己过去的成功能够完美地在新公司复制，很少去观察和思考新环境和过去环境的不同，需要开发什么新能力；更有甚者，在得到一份新工作后，以为大家都是成年人，不至于谁为难谁，没太把新工作的试用期当回事，除了吃吃喝喝和同事聚会、到处旅游，就没想过自己到了新岗位要怎样做得更好。

准备充分都不一定能安全无虞地通过试用期，更何况是在准备不充分的情况下！有时候不由得我替他们捏把冷汗。

最后，仅有时间维度上的阶段性重点区别是不够的，在90天工作计划的不同阶段，需要从不同内容维度去做计划；从人员、流程、专业领域，甚至是从法务预算角度去完善计划，让它具备可实施性及可跟踪评估性。

因公司不同、职位差异，法务工作内容会有一定的区别。但法务管理工作常离不开几个通用的维度：人（客户、团队成员、其他利益攸关者）、流程（商业运作流程）、专业领域（涉及法务工作的领域、存在的问题、如何解决）。对于高阶法务管理人员而言，最终落实所有的措施也离不开预算，这一维度对总法律顾问而言也是必不可少的。

另外，就做这份计划书的可参考资料而言，如果你想入职前做一个90天工作计划，可以参考你所得到的公司的职位描述来展开；如果你在入职后的第一星期做这个工作，那么相对而言信息会更充分一些。我个人的习惯是入职前先搭一个框架和基本方向，入职后的第一周根据新收集到的信息完成定稿。

03 90天工作计划实施小窍门

有了计划，如果无法有效实施，也只是纸上谈兵而已。这份90天工作计划的实施窍门又落在哪里呢？

首先，光有一个大的纵横框架是不够的，作为计划的制定者，要有能力开发一些细化的、可跟踪反馈的KPI；然后再根据自己拟定的KPI，在有必要的时候细化成一份行动计划来具体落实。

举个例子来说，在“人”这个维度，我们可以看上下左右这四个位置，你的上司、下属、同事、利益攸关者，他们应该分别占据“人”这个维度中的四个框框；当然别忘记了你自己。具体到你自己，你可以考虑你来这个公司为什么，需要体现出什么能力，为体现出此类能力你需要做什么。特别是对你需要体现出的能力，可以再将其具体化为某个可跟踪、可量化、可实施的KPI指标。这里我仅仅列举了一个维度来解释说明，实际上需要做的工作有很多。

其次，计划的实施需要人的配合和必要的资源支持，作为计划的制定者，在实施计划之前或者过程中，需要和不同的人去沟通你的计划并获得反馈和支持。

到新的工作环境，你观察同事，同事也在观察你，坦诚地沟通并获得积极的反馈可以减少很多实施计划的阻力并获得必要的支持，让大家明白你准备怎么做、想怎么做、你的目标是什么，这很重要。

为了更好地实施这个90天工作计划，同时为了避免不必要的误会，获得更多的第一手信息，更好地评估环境，**计划的制定者需要在适当时候就90天计划和计划相关人做必要的沟通。这个相关人，在我看来首先是自己的上司，其次是自己的下属，最后是自己的业务伙伴和利益攸关者。格外提醒一句，要注意沟通顺序和沟通深入程度，对不同的相关人，应该有不一样的沟通顺序和沟通深入程度。**

最后，确保你实施的90天工作计划和公司对这个岗位的价值期待方向上是一致的。

我之所以提出这一点，是因为我真的见过有些人一旦深入到计划的细节里，就失去了纵观大局把握方向的能力。为细节而细节，在自嗨中完成计划，却忘记了使自己的计划与公司的目标相匹配。那么这样一份90天工作计划，对公司而言，是浪费时间和资源，是没有价值的。

做这份90天工作计划的初衷，是为帮助求职者在面试中展示良好的规划和展望未来的能力，是为帮助新员工在新的环境中，遇到层出不穷的新情况而不迷失自己，能够顺利融入新环境并创造新的价值。所以无论计划做得有多完美，多令人印象深刻，**时不时地问一问自己：（1）我想传递什么信息给新同事？（2）我想传递的信息和公司的价值目标相匹配吗？（3）我怎样去获得公司各个层面的支持，让他们支持我的计划？**

用一句诗意而浪漫的话来总结就是："脚踏实地，也记得仰望星空！"

04 结语

在公司做法务，光有专业知识是远远不够的，公司一定是注重管理、讲究绩效的，法务最终是要帮助企业实现特定的管理目标的，注意是管理目标而不是法律目标。这是我常说的法务做得好，功夫在诗外的原因之一。

90天工作计划的精妙之处在于，它既帮助我们展望未来，又提供了探路的手杖。其核心在于对三个不同阶段的区分，并赋予不同阶段以不同的工作重点，最终帮助转换职场跑道的法务顺利地通过试用期，继而在新的公司顺利地融入进去并开创自己的未来。

最近不少朋友提到目前属于行业的严冬，市场机会不多，大家都不愿意动，好的机会更是罕见。但是，任何时候市场也不是绝对静止不动的；不要急，此一时彼一时，万物都在变化之中，每个人也有不同的机缘，跳槽的机会永远都是存在的，只是看你看重什么。时机好的时候抓紧谋发展，时机不好的时候抓紧自我修炼；像我这样多写写文章，像我的读者那样多读读我的文章，也是不错的选择。

律 | 师 | 之 | 道

——客户至上，合作双赢

公司法务胜在离客户距离足够近和综合法律事务的管理能力上，资深律师则大都是某个方面，比如劳动法、合同法方面的专家；双方各有各的特色和优点，在业务上互相需要、互相依存才是常态。

亲历不靠谱的知名律所后，一线法务的三点痛心领悟

老金，律政职场私董会资深会员，最近遇到一件烦心事。

老金所在的集团虽然受到了新冠肺炎疫情冲击，但所处的行业好、现金储备充足，上半年依然有不少大项目正在实施；这令城里各路“神仙”——律师、合伙人闻风而动，盼着在这凄风苦雨的市场环境下多少能分得一杯羹。

集团公司家大业大，对法务工作颇为重视，老金虽说只是在这家集团公司的子公司工作，但就子公司的法务部规模，也赶得上不少公司的法务总部规模了，集团总部的法务规模就更不用说了。

老金想趁着公司这波项目操作的机会和大律所合作一番，业务上也能跟着外聘律所长长见识。谁料最终却是打错了如意算盘，请来的律所竟成了她和法务部其他同事上半年工作痛苦的根源！这家律所的“优质”服务令法务部的同事们叫苦不迭！

老金痛定思痛，想把从公司一线法务和这家律所合作的亲身经历中得出的三点痛心领悟说出来，希望法务朋友选律所时务必擦亮眼睛，**选专业的，选服务体验好的，不要只看价钱，要更注重价值！**

01 合伙人走高层路线，不走专业线

老金的第一个痛心领悟是：**选律所千万不能只看律所的牌子、合伙人的**

报价和合伙人高大上的背景！一定要优先考虑合作过的、口碑好的律所，对于没有合作过的律所和合伙人，务必要做好背景和口碑调查！

在律所选聘上，老金所在的集团公司启用了招标采购流程，把城里的红圈所和其他具有一定知名度的律所都请来了。但和以往不同的是，这次在招标的操作上，集团领导开了个口子，并不只邀请了过去有过合作历史并且口碑不错的律所，还接受了内部推荐的一个律所。谁料正是这样一个不起眼的操作，埋下了彼此合作不愉快的祸根。

老金曾私下提醒过法总：“没合作过的律所，一上来就承接这么大的项目，可靠不？万一搞砸了或者添乱怎么办？”

法总说熟人关系难以推脱，集团推荐的领导说这个律所的牌子还不错，合伙人的背景也不错，我估计水平还可以，否则也做不了合伙人，就试试报价吧。话已至此，老金听着也不好反驳，也只能先走招标流程试试；一试，竟是这家律所低价中标！

高层领导推荐，价格摆在这里，合伙人虽然没合作过，但是律所也是有头有脸的大所；法总内心的小天平开始倾斜了，不再坚持对没合作过的合伙人和律所做口碑调查，也不再坚持选合作过的、价格稍微贵一点的排在第二名的律所。老金亲眼看见法总和该所合伙人握手道：“兄弟，下次价格一次让到位，肯定还有机会一起合作，优先选你，放心！”

签了合同之后，外聘的会计师团队、律所团队开始提供服务，但没过多久就出了一桩桩事情。

首先是派到公司对接尽调服务的律师不熟悉其从事的法律业务，错误百出；其次是合伙人总是微信联系不上，不仅子公司的法总联系不上他，集团公司的法总也联系不上他，打他电话也很少接，偶尔接起来总说自己在会议中，推给下面的律师助理来对接公司法总；唯一联系得上这位合伙人的是推荐这家律所来的那位集团高管。

这种法律服务体验感太差了！可对方和集团高管关系不错，背景深厚，法总在协调会上抱怨了几句，推荐人也说“这么大的所不至于不专业吧，别生气，我让他改善改善”。但这位合伙人仿佛是吃透了集团的内部规则，对法务部上上下下依然是一副懒得搭理的样子。人家走的是高层路线，把集团大领导服务好就成了，看你能怎么样？

这套做法把法务部从上到下气到内伤，预算从法务口子出，对法务部的正常工作要求爱理不理；一口气咽不下去，不少法务暗地里抱怨，到底谁是甲方！

老金反省说，大项目走招标流程没问题，但一定要对第一次合作的合伙人做好背景和口碑调查。

首先，光看律所的牌子是不够的，选择律所服务，最后还是要落到一个或几个合伙人和他的团队来服务，合伙人的职业素养和专业水准应该被重点考察。

大所也有很不专业的合伙人，尤其是有背景的合伙人，因为背景深厚客户来得容易，反而不珍惜客户，不用心去维护；而且每家律所给予合伙人职务的标准不甚相同，千万不要一看名片上印的“合伙人”三个字，作为客户的你就马上露出星星眼，这里面的水分可有不少。有背景的合伙人不一定是专业的；而那些没有背景和靠山，靠自己能力上来的合伙人，反而更可靠些，毕竟人家要靠实力吃饭。

其次，在大项目的律师和律所的选聘中千万不要把价格便宜作为关键考察指标，权重评分上切不可给得过多。

价格低可能是偷工减料的前兆，或者派不合格的律师上阵，以降低成本。最后的结果可能是外聘律师对客户的事情不闻不问，或者直接对接的律师专业不过关，基本流程都弄不清楚；也可能价格的确是便宜了，但事情被做成一个烂摊子，误事！孰轻孰重，法务自己掂量下。

最后，在大项目上，选择律所时做生不如做熟，要谨慎；对于不熟悉的律所，从小项目开始磨合比较好。

这是从无数法务前辈选用律所的经验教训中得出的结论，毕竟大项目在集团内部众所瞩目，做好了没多少人念及法务的功劳，做不好，法务就成了“背锅侠”！

质量过关、服务体验好才是选择的第一要素！这类项目一般持续时间比较长；质量不过关的话不仅内行看得出来，时间长了外行也能看得出来，令人质疑公司法务部选择的律师水平就不好了；退一万步讲，万一法律服务质量出问题，到时候谁都不会记得价格便宜这个事实，也不会记得是集团高层领导推荐的内幕，公司只会质问法总：“怎么这么没经验，不了解法律服务市场的状况，选的是什么律师！”

而且因为服务的持续时间长，服务体验感就太关键了！像老金公司这样，选择了没有合作过但价格最低的合伙人，结果合伙人的风格就是走高层路线，对法总和法务部的需求爱理不理。不解聘，法务也只能自己打落牙齿往肚子里咽！解聘，又得罪人，真是请神容易送神难！

02 律师专业不过关，撒娇来凑

如果说，对于老金的法总而言，体验最深刻的是合伙人与法务部沟通不畅、服务体验感差，那么对老金这个一线法务而言，办理现场尽调的律师和律师助理不专业的杀伤力实在太大了，这切实影响着老金每天作为一个小法务的工作幸福感和成就感。

老金说，合伙人凭着关系介绍和低报价得到项目之后，派了几个从法学院毕业不到三年的小律师和律师助理在公司做尽职调查，自己本人则基本没露过面。

老金公司也不是第一次被尽调了，以前其他律所操作的时候，法务部配合起来还是比较顺畅的，而且法务部对尽调的内容是有必要的了解和准备的；但是这次新合作律所提供的尽调清单，法务部看着都很不专业，需要不断地追问。

同样是尽调，财务部门老早就和会计师事务所做完了，法务部这里还在等律师完善清单！更要命的是，律师工作不细致，对政府的流程性要求不清晰！譬如说一个工商调档的细节要求，法务几次要求核对，迟迟得不到回复和确认，差点耽误事！

最令人无法忍受的是，对接的律师玩起了两面派。在一线法务面前说话是一副嘴脸，一脸瞧不上法务的样子；但是到了和法总一起开会时候，就在电话会上火力全开地撒娇，娇滴滴地问法总要微信。老金说："您是没见过她在电话会上的表现，如果有律师淘宝店铺而且派的是这样的人，我就直接给差评！""专业能力不够，撒娇来凑？这究竟是什么鬼？"

我听罢笑言："古人云，上梁不正下梁歪。合伙人走高层路线，不理会法总；团队的律师和律师助理看在眼里，不理会对接具体工作的法务；在法务总面前撒娇一套一套的，功夫和心思都不用在正道上，这样的律师和助理，遇到了千万要早早地换掉。"

03 让甲方爸爸工作量翻三倍

打太极、工作不勤勉，是老金这位一线法务对这不靠谱律所的痛心疾首的控诉！

老金说，**请律师本来就是花钱分担法务的工作负担，律师是法务的外援，是法务的左膀右臂；另外也相当于公司法务部在专业上给自己买个质量保险**。对合伙人的服务体验感差，律师专业水平不过关，这些已经令法务感到无法忍受了；然而还有更要命的是，法务根据清单要求提交上去的文件，律师连基本的核对工作都想尽办法打太极推给甲方自己做，懒到家了！加上中间核对和沟通不善，最终的结果是法务部内部算了一下，法务工作量增加了三倍有余！

老金和同事们一合计，找法总商量，准备拒付送过来的前两月律师费账单，下一步就考虑解聘律所。

要我说呢，这件事的根源还是在于公司法务部用了关系户，因迷信律所品牌而对关系户没做口碑背景尽调，再加贪便宜，现在骑虎难下了。既然事已至此，不如直接投诉记录在案，和这家律所解除聘用关系比较好；至于已经做完的工作，核算一下账单，该剔除的重复劳动就剔除，该付就付，该断就断。

所幸的是，在项目初期发生了这样的状况，还不算运气太坏，清理完和这家律师事务所的合作关系，后期还是能找到优质的律师团队来服务的！但这回请律所千万要多长个心眼，还是在合作过的靠谱的律所当中去选择，或者和市场上有口碑的律所合作，这样质量才有保证；外聘律所做得好，公司法务部才有面子！

总而言之，选择律所千万不要只顾着看报价和律所的名气，律所的名气只能说大概率你会遇到还过得去的律师，但法律服务还是要看合伙人本尊和他的风格，可一定要考察清楚了；这市场，一分价钱一分货，对于报价格外低的律所，反而要警惕呢！

04 结语

选择律所和律师团队，是做法务的一门大学问，说简单不简单，说复杂也并不复杂。

如果迷信律所的金字招牌，没有对合伙人及其团队做背景和口碑尽调，发生在老金公司的情况，也很有可能在其他公司上演。

金字招牌虽然诱人，但做具体工作是否给力，合作能否圆满，还是要看合伙人和其个人带团队的素质及风格。

合伙人本尊是什么风格，一定要给予重点关注。因为合伙人是否专业，决定了其是否会用专业的律师，能否带好专业的队伍；合伙人什么服务风格，团队的律师会依样画瓢地照抄不误。

法务眼中卓越外聘律师的三种素养是什么?

最近，有法务在律政职场私董会知识星球上要我解答下作为公司法务会涉及的律所选聘和管理问题。

其实我在已出版的《总法律顾问手记——律政职场胜经》和《总法律顾问手记——百战归来再读书》中有八篇文章讲的就是这方面的主题。但即使我过去写了不少，也还是有没涉及过的；这篇文章里，我就说说在公司法务眼里，作为一名卓越出众的外聘律师应该有的三种基本素养。

我会从态度、执行力、技术能力这三个方面来阐述，希望能对读者朋友有所启发。

01 尊重法务同行

同行相轻这个现象哪一个行业都有，律师行业也不例外。

但作为一名卓越的、能在法律市场上乘风破浪的外聘律师，第一种素养就是尊重法务同行，切莫既挣着客户的钱又不尊重客户。你潜意识里的不尊重是无法掩饰的，会在日常言行举止中表现出来，对方迟早能感受到。

在法律圈子里，流传着各种行业的鄙视链版本。譬如外所律师鄙视红圈所律师、红圈所律师鄙视其他非红圈所律师；出了律所的圈子也是如此，公检法从业人员鄙视律师，律师鄙视法务。而且，受这种想法“毒害”的律师还真不少，他们在和公司法务的合作过程中展露出自己的高傲姿态，挣着客户的钱却又看不上客户，非常令人费解。

这类律师表现出的特征如下：（1）不认可公司法务的业务水平，急于展示自己能力高人一等，必须压着法务的自尊心走，最后导致和客户关系破裂；（2）不认可外聘律师向公司法务部汇报的安排，最后导致关系破裂。

第一种特征对应的具体表现为，律师喜欢有意无意地在和法务同时出席的商务场合露两手，显示他的水平比法务更加高明，公司请他来真没浪费钱。在谈判场合，我见过有律师急于表现自己，贬低同行，看上去如同好斗的公鸡，令人摇头叹气。

执业律师显示自己的水平本也无可厚非，但非要拉上同行给自己做陪衬才舒坦的做法就令人生厌了。本是同根生，相煎何太急？在商业社会里律师本来就已经属于弱势群体了，你还处处不忘记踹其他同行一脚，只能说明这律师素质格局不高。

公司法务胜在离客户距离足够近和综合法律事务的管理能力上，资深律师则大都是某个方面，比如劳动法、合同法方面的专家；双方各有各的特色和优点，在业务上互相需要、互相依存才是常态。

如果只知道把合作场合当作竞技场，说明律师本尊缺乏一定的社会常识和情商，为人处事不成熟，不适合与其建立长期的业务合作关系，而且恐怕能力上也是难以担当大任的。

窃以为，律师专注通过良好的客户服务和优秀的专业素养把业务做大做强才是正道！而业务做强做大过程中的竞争，往往发生在律师选聘阶段律所的律师之间报价竞标的时候；我很诧异，为什么有的律师会把这种竞争延伸到自己的客户——公司法务身上？

想来想去恐怕这是律师平时在职业修养上的缺失。总以为自己是能人，业务上谁都看不上，在所里和其他律师，甚至和自己的合伙人律师暗暗较劲；等到能独立为公司客户服务了，又看不上公司内的法律界同行，把公司法务当作自己的假想敌，明里暗里地表示出对其能力的轻视。

扪心自问，你的费用最后是从谁的预算里出？律师是被聘来为公司法务部排忧解难的，如果你总是以一种令客户尴尬的方式来展示自己的专业形象，恐怕离和客户关系破裂已经不远了，公司法务部迟早另觅懂得尊重甲方的其他律界贤达。

第二种行为特征主要是关系户律师不认可对公司法务汇报的安排，这是另一种合作大忌。这种特征多表现在外聘律师入场在前、公司法务部入场在后的情形中，且更多表现在外聘律师与公司客户的一把手或者某个高管有一层特殊关系的场合下。

公司法务对关系户律师的反感，并不在于他们因关系而获得业务，而在于他们在与公司法务合作的过程中不懂得珍惜机会，反而恃宠而骄，整出各种幺蛾子，从而把简单的合作关系复杂化。

具体到合作细节，高管对这类关系户天然地多一份信任，给其直接安排工作的情形确实不少。聪明的关系户律师会和法总知会一声，互相通个气，这样将来结算费用的时候也有凭有据；毕竟公司到了付费阶段会让法务部审阅你的费用账单，如果法总都不知道你做了什么，结算费用就很麻烦了。至于压根儿不把公司法务看在眼里的关系户律师，除非你和公司创始人关系不一般，否则这样的做法就等同于给自己树敌。

我早年供职的单位就用了好几位关系户律师。他们每年收着高费用，平时开口闭口拿“董事长”三个字做尚方宝剑，就是不告诉法总自己做什么项目，着实惹人厌烦。到了年底收账，董事长让法务部审阅他们的费用，要从法务部的预算中支出，但因为法总不知道他们做了什么，砍一半以上的费用是常有的事，拖上一年多才付费也很正常，理由就是“我不知道你在干什么，我需要调查核实，而核实调查则需要时间”。企业主多喜欢光做事不付钱，一听法务部汇报说能砍费用省钱，自然也默不作声。后来，恰好这几位律师连续出了几个技术事故，在法务部坚持之下不再被聘用。

但反过来说，这类律师如果低调点，正常地和公司法务部开展合作，没有一个法总会选择跟关系户律师对着干。

俗语说，“拿人钱财，替人消灾”。消灾不消灾的先不说，收了公司的钱，瞧不上公司和公司法务部的种种，说白了这种律师就没有基本的职业素养。只有先从心态上端正了，才能彼此合作顺利。

02 客户至上

客户至上，不是要求外聘律师对公司客户提供24小时随叫随到的服务；更不是对于公司客户的无理要求，外聘律师都得无条件迎合；相反，这种对客户至上的理解，是望文生义式的曲解。

无原则的客户至上，就会导致公司请外聘律师把关和一起商量的目的丧失，外聘律师也就起不到作为公司法律业务第二根保险丝的作用。**我说的律师的客户至上原则包括以下几个层面的内容：（1）对客户的要求能在合理时间内响应；（2）在服务和沟通过程中，不先入为主做判断，尊重客户的要求和选择；（3）具体工作中总能替客户多想一步。**

记得有位律政职场私董会的成员，也是一位资深法务，说起在一个项目上公司第一次请的律所和律师做尽职调查时，几天一变，不断补充调查清单，完全不考虑给公司法务部增加的内部工作难度，公司法务部非常不满意；无奈之下换了一家律所，对这家新的合作律所和律师团队很满意。和我说这件事的时候，她看上去非常开心。

我就让她说说，新聘用的律所和律师团队好在哪里，给其他法务一点参考。她说了三件事情，令我印象深刻。

首先是新律所对公司法务部提出的要求直接回应，提供了详细的清单，这样公司法务部比较容易估算应该投入的法务人员和大致的工作量、工作时间，工作的可预见性明显改善；其次在工作细节上新合作律师能注意到客户的需求，当了解到公司规定要求法务部对项目进行电子归档后，他们提供的文件中都额外增加了扫描版，而和前一家律所合作时，法务部必须专门安排人拆开文件进行扫描，相比之下，前一种方式无疑贴心了很多；最后，公司法务部这边找新律所合伙人时，总能得到及时、高效的回复，相比原来的合伙人总是找不着、由资历尚浅的律师应付着的情况，法务感觉新律所对公司的业务比较重视，合作起来也更安心。

通过法务的视角，我们不难发现，公司法务客户的需求其实也简单：能及时地找到对接的合伙人商量事情；提出的需求能得到及时关注和回应；在工作的方案和细节上能多考虑怎么便利公司法务部开展工作。

关怀客户、以客户为中心在很多成熟的行业都是正常的服务要求，在我看来都是非常合理的要求；但回到法律业，可能是由于不少律所正处于从个体户联合到真正的公司制发展的转变过程中，目前市场上律师和律所的素质参差不齐现象很普遍，所以提出客户至上成为外聘律师的一种基本素养，是具有现实意义的。

很多律所的律师感慨生意一年比一年难做，开拓客户很难，获客成本也不小。但我个人觉得维护住老客户，就等于隐性地开拓了新客户，客户愿意帮你口碑传播说一句好话达到的效果，可比你自己登台说上100句还强！

在对公司法务客户提供法律服务的过程中，如果能很好地把握客户至上原则的内在精神，客户的满意度就会极大地提高，老客户每年的顾问合同续约签单率就会提高，加上在公司法务圈的口碑棒、报价合理，生意不兴隆都难！光是开拓新客户，而不注意开拓后的服务质量，这样的客户和律师关系恐怕也是难以长久的。

03 给客户方案C

过去很多公司没有法务部，请律师多半是因为发生了大事或有大项目，企业主对法律不在行，律师只要能帮他们达成目的就好了，有没有更优选的法律方案，他们既不懂，也提不出什么要求来。另外，早期哪怕有公司法务部的企业，从业人员素质也不如现在，非科班出身、只考过一个早年的律师职业资格、在小律所干了几年生意不好转法务的，我见过不少。以至于那个时候给公司做常法业务，有个方案能解决眼下的急事就成。

而现在不仅中等规模经营成熟的公司纷纷设立了法务部，而且不少高科技创业公司从一开始就设有法务部。很多初创企业都是冲着IPO上市去的，企业主对法律天然就重视；而且公司法务从业人员的素质在最近的十年内有了大幅度提高。以2020年为节点，我对最近五年做法律职业咨询接待的100多名公司法务的背景做过粗略的统计：全日制的硕士研究生学历占了80%左右，学历最高的咨询者为博士后，20%左右的咨询者在海外接受过英美法法律教育；95%以上的人早就通过了法律职业资格考试，从业人员整体素质着实比十几年前提高不少。

虽然我的咨询样本数量有限，尚不能代表整个法务行业的现状，但我的法务来访者主要来自北上广和其他一些省会城市，也可以在一定程度上说明一些问题。我的观察是：北上广的公司法务部的法务，基本由在颇有知名度的律所工作过3~5年甚至7~8年的律师组成。

值得一提的是，正因为律所律师已经成为目前大的公司法务部的主要人力来源，法务部内部专业团队的素质和外聘律师已经区别不大。差异在于律师转法务之后客户单一，遇到的问题不如律所的律师多，因此虽然很多工作他们都可以做到内部消化，但遇到疑难杂症、大的项目时依然要请外聘律师帮忙。

这个转变带来很多好的变化，表现在和律所律师的沟通上彼此不用多费口舌，容易沟通和理解；但对律所而言也有压力。其中，由于公司法务整体的素质在上升，表现为公司法务对律师出技术方案的能力提出了更高的要求，对外聘律师而言，做甲方的生意也变得越来越有挑战性！

譬如新法规颁布后，公司法务部往往会根据新法规评估合同模板中潜在的法律风险，在这个过程中会请外聘律师来介入，并给出一些调整方案。市场上优质的外聘律所团队能做到基于公司的过去的文本表述，向公司提供方案A和方案B；但公司法务期待的其实是外聘律师团队基于对商业模式的理解，结合新法规重构后，拿出方案C。

在我看来，能拿出方案A和方案B的律师，属于敬业勤勉的好律师；而能拿出方案C的律师，那就是市场上那个真正掐尖儿的卓越的律师！

因为能出方案C的律师，不仅要对每天接触的日常业务有持续的热情，对客户的商业模式非常熟悉，而且能够做到在理解法律的基础上热衷于技术方案的创新，从而能为公司提供超值的法律服务！

这类能提供方案C的律师，他们提供给客户市场上90%的律师无法提供的价值，不仅能帮助客户解决问题，而且能帮助客户赢得超额利益，给客户提供的价值是呈指数级增长的，属于公司客户遇到了要竞相追捧的律师，生意不好才怪呢！

04 结语

最后让我们再回到律师和客户关系这个话题，毋庸置疑，最近十来年法律市场发生了翻天覆地的变化。

首先，客户的主体变了，过去是企业主，现在是公司法务部，要成为出众而卓越的律师，就要能敏锐地捕捉到这个变化。

其次，客户专业素质提高了，律所律师已经成为绝大多数公司法务部的人力资源输出者，这就对律师的法律技术方案提出了更高的要求，要求能够提供超额的价值。

另外，客户更注重彼此的合作和彼此关系的平等，所以也对客户至上精神提出了新的要求；最终，客户和律师的关系是要建立在互相尊重和平等之上的。

我认为，一个能在市场上乘风破浪的律师应该能敏锐地观察到这些变化，并在服务方式、服务态度、服务质量上做出相应的调整。

为什么
法务部是与外聘律师联络的唯一出口？

01 案例

前两天，原单位一位好久没联系的同事联系我：“Lily，你们律师打个电话也是要收费的？这么黑？”

一听他这样问，我就大概猜到是怎么回事。沟通后，果不其然，事情和我猜的八九不离十。这位前同事（业务总）在一个商务谈判场合跟外聘律师交换了名片，没过几天就瞒着公司法总给人家打电话咨询，通话大约有90分钟。法总收到账单时一头雾水，就按照外企的规矩发给他了解情况并抄送共同的老板CEO。

外企相对更看重组织内部规则，处理结果是这笔费用发生时法总不知情，业务总也说不出特别的理由为什么放着公司法务部不用非得找外聘律师才能解决问题，于是就让业务总个人承担费用。

一个半小时的电话，自掏腰包好几千块，业务总心疼了，但又磨不开面子去找法总帮忙，情急之下就找我这个多年前的同事核实下为什么给律师打个电话也要付费。用他自己的话说：“这都还没办正经事呢！”

正好，在这篇文章中我们就讨论下外聘律师工作指示权为什么应只属于公司法务部这个话题，希望对公司法务、业务人员和外聘律师三方都有所启发。

02 业务部门为何喜欢绕过法务部给外聘律师指示工作?

要说到业务部门喜欢绕过法务部给外聘律师下指示的原因，可用一句话概括，距离产生美。这就好像我小时候到同学家去做作业被留吃晚饭，总觉得别人的爸妈比我自己的爸妈和蔼可亲，是一个道理。

公司法务和公司业务在组织架构内，天生就处于互相制衡的地位，难免在平时会有磕磕碰碰，这是常态。虽然大家都有心和和气气地开展工作，但遇到具体工作的时候，围绕着公司利益，彼此在内部你攻我守属于常态，攻守同盟状态则多发生在一致对外的时候。即便双方的管理者都是十分理性的人，要说平时工作中没有点儿小情绪，也不太现实。

这是公司法务和公司业务在组织中的功能和地位所形成的天然的紧张局面，只能通过不断增强彼此的信任来互相体谅；但当公司法务和业务互相好得像穿了同一条裤子的时候，恐怕CEO要急得睡不着觉了。

理解了公司业务和公司法务彼此关系中的这个症结，也就不难理解为什么会出现公司业务人员绕过法务去找外聘律师的“三角关系”局面。

原因很多。也许前几天他们刚刚为一个方案争执过，就给外聘律师打电话了，外聘律师虽说只有一面之交，但看上去好说话些；也许是因为业务部门和法务部门之间的关系一直以来比较紧张，譬如业务总不太懂得尊重同事、事事要其他人为自己的单方利益开道，彼此摩擦多；也许最近法总疏于工作，业务人员有要事的时候找不到人着急所致。如果正好在这个过程中碰到一个对客户公司情况不太了解的外聘律师，没及时提醒业务总是不是在公司内部先讨论下，再由法总来和外聘律师对接，绕过法务对外聘律师下指示的状况就发生了。

至于我这位老同事，虽说公司CEO一再强调信息透明，但他做事情时喜欢自己捂着，生怕别人知道了会没他什么事或坏了他的好事。这样的性格也导致别人和他合作时，信息在他那里经常是不透明的，他对内部律师的警惕性尤其高。他总觉得：“你们律师喜欢通过小题大做来刷存在感，哪里来的这么多风险，都是你们说出来的吧！”

公司内部正常的工作流程是：除非有特殊情况，董事会决定特殊交易前期需要绝对保密，不希望公司内部人员介入，事先已经就此做了决议；对外聘律师指示工作的权力属于公司法务部。

这就意味着如果业务总不准备自己承担相关律师费，期待这笔费用从公司法务部的预算中支出，那在拿起电话打给外聘律师之前，先跟公司法总讨论和沟通一下才是正确的处理方式。但问题在于该业务总并非法律背景，平时风险意识比较薄弱，他对法总和法总所领导的法务部遇到什么情形时会请外聘律师介入、什么问题应由法务部内部消化并不了解，对法律行业收费标准和计费习惯几乎一无所知，想当然地以为给外聘律师打个电话问问总是不要紧的，所以絮絮叨叨地说了好多。等到这90分钟电话换来他自掏腰包的结局时再心疼钱，已经为时晚矣。

03 法务部对外聘律师的排他性工作指示权

公司设立法务部的一个重要目的是：用更少的钱，获得及时高效、便宜可控的法律服务。

及时高效，并不是针对外聘律师工作拖拉、反应不够迅速说的。比较客观地讲，大多数在一二线城市稍微有点名气的律所工作的外聘律师，这方面都是比较勤勉的；这里的及时高效是相对于公司法务在公司内部的响应速度而言的。

绝大多数企业主是急性子，想到什么马上要去实现，他们总是希望需要律师的时候能随叫随到。

但外部律所是以1：N的模式来运营团队的，即便外聘律师天天不睡觉，也难以满足客户的这种要求。有规模的律所也会应客户的要求提供律师外派业务，一般根据客户的需要派工作3~5年的律师提供服务，如果换更资深的律师，相应的费用就非常昂贵了，客户也难以承受。但年轻律师到律所工作多半看重的就是这种1：N模式的好处，短期外派对年轻律师而言还可以接受，长期外派为一个公司客户服务对很多年轻律师而言则是不可接受的。更何况，就算外聘律师能做到随时响应客户，费用算下来也是很惊人的！

面对这样的一个供需矛盾，许多民营企业考虑自己的需求、费用和成本的平衡，最终选择了自建公司法务部来分流外聘律师的业务，用内部法务员工来解决绝大多数的法律需求。有些性质特殊的国有企业则有政策的考虑，譬如目前很多央企、国企在推进的总法律顾问制度。对外企而言，更多的是传承海外母公司已经成型的法务文化和传统的需要。

无论当初在公司设立法务部的原因是什么，及时高效是公司内部律师区别于外部律师从而有机会把法律服务做到极致的一个核心价值所在；从另外一个角度而言，单纯请外聘律师而不设立自己的公司法务部，已经很难满足公司客户对法律服务的更高要求了。

回到本文案例中所提到的咨询事项，做法律工作的都能理解，律师在解决法律问题之前对客户陈述中一些基本条件的理解是非常重要的，否则一个小小的变量就会导致不同的法律解决方案；外聘律师对公司的情况很难做到随时掌握，遇到业务总问询的时候，为谨慎起见，不免要从头问起，90分钟的电话沟通时间说长不长、说短不短。

但同样一件事情，如果业务总先到公司的法务部找法总商量，结果就会不一样，因为法总对公司的基本面和发展动态更了解。如果真的要请外聘律师介入解决，法总事先会把问题归纳好了再找外聘律师，通过公司的法务部对外指示工作，并且可以过滤掉许多无用信息、增加必要的决策变量，这样沟通起来既快速又让外聘律师好理解，从而使法律方案出具得更快捷、高效、无误。

对公司客户而言，成本费用是要考虑的一个重点。什么事情公司法务可解决，什么事情要外聘律师介入，这是属于需要专业判断的事情；业务总显然不具备这种专业能力，所以要把给专业人士下指示的工作，留给同样属于

专业人士的法总去做。

如果放任业务同事对外聘律师瞎指挥，一来业务同事没有受过法律专业训练，会一股脑儿不经过滤地安排工作，二来他们一般也没有机会了解法律行业的计费规则，从出差到打电话都要算在账单里，最后产生一个惊人的账单也就不奇怪了。

综上所述，无论是从及时高效还是成本可控的角度，对外聘律师的工作指示权均应该归法务部排他性独有，这对公司而言是最合适的安排。此外借用一句名言“让上帝的归上帝，恺撒的归恺撒”作为总结，在本文讨论的语境和话题下，估计大家不难理解。

04 发生这类情况该如何处理？

本案例中所描述的事情，引起我们的重视之余，还提醒我们需要将落实和改善措施具体到实际行动上。

首先，法务部应在公司内部明确规定对外聘律师的工作指示权，并规定一旦出现违反约定情形，法务部有权不认可费用。本案例的处理应该给了业务总一个很好的警示，安排外聘律师这样的事不可擅自做主，即便他看法总再不顺眼。

其次，要加强对外聘律师的管理，在聘用之初即严明谁拥有工作指示权，否则公司不认可相关费用，防止外聘律师团队在此类业务结算上扯皮。尤其是那些大的集团公司，内部组织机构非常复杂、子公司众多，如果谁都可以打电话给外聘律师指示工作，不仅外聘律师经常一脸茫然，还会出现许多交叉重复工作、沟通过程中信息混乱、内部保密性散失等问题。如果不对此事先做此约定，对法务管理有百害而无一利。

最后，也是最重要的，业务人员和法务团队要加强彼此之间的信任。本案例其实或多或少地反映了业务人员和法务之间至少彼此没有就工作流程达成共识，如果属于有意而为之，则背后反映出的还有公司内不同职能部门之间的信任缺失问题。

比较理想的是双方开诚布公地沟通，业务部门能充分理解公司设置法务部的目的，法务能给业务部门提供的价值，以及提供价值的商谈过程哪怕是有冲突，它也是正常工作的一部分，对事不对人；反之，法务也要明白建立信任靠的不是一个死板的制度，其核心是价值和信用。

题外话，法务在沟通过程中，不要过多地强调这类做法会损害法务部在公司内部的权威，要反思并看见对方之所以绕过法务的内在动机，进而不断积极主动地提高服务质量。

05 结语

文章写到这里，有律政职场私董会的成员私聊我，说他们的业务人员已经好几次直接拿起电话给外聘律师打电话了，可以说是屡教不改。

确实，业务人员工作上的不良习惯已经养成，要从观念上改过来，可能也非一蹴而就的事情，那就只能请法务朋友多点儿传教士般的耐心吧。

最受外聘律师欢迎的公司客户的五个特征

几年前我写过一篇“爆款”文章——《不可不知的挑选外聘律师的江湖秘笈》，当时有律所的朋友私下和我说：“合作是双向的，有的公司业务我们律师也并不是很想接，有的时候甚至婉转拒绝了。”那会儿我就有过想法，找个合适的时机从律师的角度来写写受外聘律师欢迎的公司客户。

最近和律师界老友相聚闲聊，朋友无意中提及某企业客户，表示不想再做这家公司的业务了。我听完颇为吃惊！因为这家公司的业务盘子不小，对于需要自己开发业务的律师来说，做出这个决定绝不会是情绪化的，多半是律师对公司法律顾问忍无可忍后的选择。

这也引起了曾经长期作为甲方的我的一些思考。从2008年我有权决定聘请哪家律所为公司服务时起，我在和律所合作方面经历了一个从彼此磨合到渐入佳境的过程。在这个过程，有磨合但并没有相互厌弃，反而彼此形成了更深层次的合作关系，现在回想起来有颇多感触。

01 公司客户的“完美”画像

“钱多、活少、人傻，速来！”

读到这句话您也许会忍俊不禁！但如果真有这样的客户存在，换了我是外聘律师，我也会乐开花。可是目前国内为知识买单的习惯尚未全面养成，法律服务收费这件事还是一件需要向大众普及的事，按小时收费模式，退一步说该为律师服务买单这事尚且未得到普遍接受，何来“钱多、活少、人傻”的公司客户?

不信您瞧瞧律师的朋友圈，隔三岔五可见“声讨”厚着脸皮问了十万个为什么、却不肯付费的蹭免费咨询的客户。有些更过分的公司客户，打着合作的旗号和每家律所挨个儿开了一遍会后，一分钱没付，把本该付费咨询的法律问题给解决了，这种现象也不是什么新闻。所以，“钱多、活少、人傻，速来”这句话也就是律师之间相互调侃一下而已。

但在已经接受有偿律师服务的公司客户群体内，总有一些客户是外聘律师都喜欢的。那么那种能令外部律所争先恐后想提供服务的公司客户对象，在现实当中又具有怎样的具象化特征呢?

不妨让我从合作前提、合作基石、合作关键、付款条件、合作方式这五个维度，总结出五个方面的特征。

02 合作前提——不利用律师从事非法业务

现在谈论初心比较流行，那么公司客户请外聘律师的初心是什么?我认为请律师的目的，首先是希望外聘律师利用过硬的专业技能，根据法律流程依法解决问题；而不是利用律师做非法业务，或让其充当“背锅侠”。这是彼此合作的前提。

但总有个别公司客户认为“有钱能使鬼推磨”，他们聘请律师的小九九是想借助律师的法律专业知识帮助自己从事非法业务。绝大部分律师受职业道德的约束能做出正确的选择；但也有个别律师“艺高人胆大”，在利益的诱惑下滋生了侥幸心理，选择铤而走险，最终因从事非法业务被主管机构处罚。每年上市公司监管机构爆出的被处罚的律师和律所也不少。律师是做个人品牌信誉的，重在口碑的长期积累；因此在挑选公司客户这件事上，我的愚见是尽量谨慎一些，与初心正确、真正需要专业法律服务的公司客户合作为好!

除此之外，有的公司客户请律师的目的，既不是常见的发挥外聘律师专业能力特长解决问题，也不是公司法务常用的借第三方观点说出自己不方便直说的想法，或者借由第三方的角度佐证公司内部法务的观点和判断；和心怀非法目的聘请律师的公司客户又有不同，此类客户聘请律师是出于提升安全感和未来分担责任共同“背锅”的需求。

本质上，这类公司客户是把请律师当作“消灾”的一种手段。譬如公司法务部的法律顾问已经预计到相对较大的法律风险，但没有什么特别好的方式绕道而走，所以聘了请律师。这样做，一是抱着最后一线希望看看外聘律师有什么好办法，二是希望将来出了问题公司法务部面临被追责时，能让外聘律所来担责任。如果外聘律师能提供好的规避风险的方式，则客户和律师皆大欢喜；但如果外聘律师也没有什么好方案，人家见多识广，很容易就看到将来自己要面临的风险和对自己个人品牌信誉有可能造成的损害，也是不愿意来单纯“背锅”的。

扪心自问，如果我处于外聘律师一方，见到要求律所“背锅”的公司客户，肯定是远远躲开为上。毕竟，一旦目的变形，动作也会变形，律师稍不留意就掉进客户的坑里了，拿自己多年积累的名声去冒险，不值当！

03 合作基石——实话实说的公司客户

聘请外部律师只是第一步，即使聘请的律师是比较专业的，其是否能有效发挥自己的专业特长，很大程度上取决于公司客户是否愿意信任外聘律师，是否愿意对外聘律师吐露实情，一起去解决特定的法律问题。

有些客户虽说请了外聘律师，但并不愿意把事实情况向律师和盘托出；甚至存在故意隐瞒情况、歪曲事实，影响律师分析判断的情形。这种公司客户也着实令外聘律师头疼。还有另外一种情况就是，不少公司法务抱怨有的外聘律师靠关系接到公司业务，自己业务水平不够不说，对公司法务还不够尊重，彼此很难合作。这就导致法务虽无权决定该律师的聘任与解聘，但因为对该律师及其团队缺乏信任而采用消极应付的方式，不愿将公司与提供法律服务的相关关键信息告知，令双方合作十分困难。

诚然，对于律师的专业能力口碑，法律界暂时还缺乏类似大众点评网这类的评价机制及平台；但公司法务只要在业内稍加打听，过滤掉人品和专业能力有问题的律师，也并非难事。有一种比较尴尬的情况是，并不是所有的公司法务都有权参与到外聘律师聘任的决策过程中。

我的观点是，**对于设有公司法务部的公司客户，律师如果发现在聘用过程中公司法务部并未介入，尽管内部的原因可能有很多，而且和自己不一定有关系，但从未来长远合作的角度考虑，也可以巧妙地提醒公司决策者，选择适当的时机让公司法务参与其中**。毕竟，参与了律师聘用过程的公司法务部，即便自己没有最终的决定权，也会感觉到外聘律师的好意，将来也更乐意与外聘律师合作，这就为今后的相互合作开启了方便之门。与人方便，就是与己方便。

反过来，对于公司法务部而言，如果并未参与到外聘律师的聘用流程中，被动接受后发现公司请的律师确实存在专业能力欠缺的情形，或者和公司需要解决的法律问题不匹配，公司法务可拿出靠谱、充分的证据向高层领导说明情况，提请解除合作关系。我认为这好过在确认彼此的合作关系后，公司法务对外聘律师因为缺乏信任和尊重基础，而相互心存芥蒂，出现隐瞒事实的情形。

一方面，客户和律师需要建立信任，如果相互之间不信任，再好的律师也发挥不出其应有的专业水准，对公司来说则是浪费钱财。另一方面，被聘用的律所，无论是通过公司法务部聘用的，还是通过CEO或者其他有决定权的人聘用的，尊重客户公司的内部律师、将自己的法律服务方案和公司法务做充分的事前和事后的沟通与解释，帮助公司客户选择最优方案，是外聘律师应尽的责任和义务。**基于不信任而产生的不合作甚至对抗，很难产生附加价值，唯有彼此信任并开展开诚布公的合作才有聘请外部律师介入公司事务**

的必要性，并产生额外的附加值。

不管怎样，在请律师这件事情上，公司客户宁可事前做足了对律师背景的尽职调查后再谨慎地聘用律师，也不要在没做足功课的选择后或者被动接受某家不认同的律所之后，双方互相提防。缺乏基石的合作，最终只能是浪费钱财和精力。

04 合作关键——重证据、愿赌服输的客户

有的公司客户，信奉关系至上，但同时他们也抱着机会主义的心态聘请律师。

这类公司客户并不认同法律在社会生活中的作用。有的本身就社会关系深厚；但是在各种走关系、跑路子之余，为了装点门面也好，配合诉讼流程的需要也罢，会聘请律师。他们并不是很期待律师发挥专业特长，帮助他们通过法律程序解决问题，而是为了满足万一关系走不通或者出了问题，做两手准备的需要。

有的公司客户，则属于自身缺乏关系，但对关系又有迷之执念。他们聘请律师的口头禅是："您在××机构有关系吗？"这种客户请律师，是不太在意律师的专业水准的。如果律师能当着客户的面，成功地让他意识到自己的社会关系非同一般，这笔单子八成就签了。说白了，相比较专业过硬、学院派出身的律师，他们会更偏好江湖习气重的律师。

和此类迷信关系的客户合作的一个通病是：既然客户如此迷信关系，那么最终事情了结后能否从客户手中成功收款，也是一个问题。毕竟在客户的心目中，结果比较理想，是关系发挥了作用，并非律师的能力；结果不是太理想，客户会认为是律师的关系比较弱，或者关系没有打点到位。抱着这种心态找律师的公司客户，从一开始就没有认同律师的专业能力所包含的价值，因此在后续关系中，也更容易发生各种状况。

相反，**比较优质的客户是那种具备基本的法律常识，明白决定法律诉讼**

结果的三个重要变量是：（1）证据对哪一方更有力；（2）律师的专业技术能力；（3）律师勤勉敬业的服务态度。纠纷也好，争议也罢，哪怕是商业谈判，都要看哪方处于比较有利的地位，事实和证据对哪一方比较有利。懂得这一点的公司客户会更理性、客观地看待外聘律师提供的法律服务和随之而来的法律服务的结果。只要律师帮助客户处理问题勤勉敬业，解决问题的方式专业，彼此沟通到位，即便结果不理想，客户也明白这不是律师所能左右的，对结果会表示理解。而且如果客户的费用预算又相对合理充分的话，那这种公司客户是可遇而不可求的！谁遇到了都喜欢！

但这种公司客户也不是天生就存在的，需要外聘律师在和公司的合作过程中不断地去培育，甚至创造，进而形成法律市场的良性循环。

05 付款条件——预算合理、不克扣款项的客户

有的客户虽然愿意承担请外聘律师的费用，但是费用预算和市场价格差距很大，这也着实让外聘律师头疼。生意红火的时候，外聘律师很多时候不愿意接费用差距很大的单子，但生意不是那么忙的时候，不开张各种成本也不小，只要能满足边际成本，律师们可能也是会默默接下的。

但市场毕竟是遵循最基本的经济学原理，一分钱对应一份应有的法律服务。客户愿意支付多少，就会得到什么等级的律师为你服务；想要律师长期无私服务、亏损自己，谁也做不到。更何况价格过低，对客户而言也不见得是好事。譬如就很有可能发生合伙人声称会亲自过问客户的案子，但因收费过低实际合作中把文件交给刚入门的初级律师来做，合伙人质量把关十分有限。**所以对客户而言，考虑您的出价时，总得找到个支撑点让外聘律师愿意为您服务，而不是一味地强调低价；应该在保证质量的前提下，再考虑价格是否有可节余之处。**

当然，有些律师确实存在要价虚高、小时费用虚高的问题，对公司客户而言，挤掉些水分也是必要的。相对而言，小时费用虚高比较容易凭经验来

察觉，但律师的服务费定多少价格才合理是因人而异的，应综合考虑资历、专业特长、做过的知名案例、在业内的声望等因素，很难用一个固定的数额来量化。或者再精确一点说，法律服务是一种定制性的服务，量化机制的合理性本是因律师本人资格水平而异的，同时也因不同客户的付款能力而异。关于定价机制的合理性，虽然国家可以指定一个指导价，但是服务交易的非标准性和商品买卖的标准价相比，存在可比性差的问题；如果对这个行业缺乏深入了解，很难做出合理与否的判断。

所以客户和律师之间的一对一议价就显得很关键。有的时候大家投缘一拍即合，价格很轻松地敲定了；有的时候大家虽都有意开展合作，但关于服务价格在心理上彼此差距较大，最终无缘合作。但这种谈判，终归有一个着力点。**这个着力点很可能是客户做事比较规矩让人省心，或者业务比较单一处理起来不麻烦，再或者合作时间长了律师对客户比较了解，不需要过多的前期投入，又或者是客户付款比较爽气，不存在克扣现象等**。如果这些着力点都不具备，作为公司客户想用低价获取优质服务，悬！

这么多年和我一起合作过的律师事务所也不少，我对服务的质量相对而言是挑剔的；但我在付款上是个让人省心的公司客户。只要质量满意，每个月的月末，我会主动让律师把账单开过来处理了，不存在对方需要不停地催款，或者到了最后服务结束时再大幅度杀价的情形。我觉得在合作中公司客户和外聘律师各司其职就好，外聘律师把委托的工作任务保质保量地完成，而作为客户也要遵守承诺，别在付款的金额、进度安排上为难给你提供服务的律师。毕竟账面上总是挂着应收款，一开管委会对合伙人而言也是面子上过不去的，时间长了合伙人会对客户有意见。合作讲究的是长期双赢，彼此为对方主动考虑多一些，合作才能长久。

另外，也借此机会谢谢和我一起合作了多年的几位红圈所和外所的合伙人！为了避免打小广告的嫌疑，我就不提律所名字和合伙人了。好的律所合作伙伴，真是公司法务部有力的左膀右臂和优质外脑，不可多得！同时也需要彼此有这个缘分和耐心来互相磨合、一起成长、互相帮助，也互相包容。

06 合作方式——理性、有人情味、不摆谱的客户

公司客户素质参差不一，这也是事实。

虽说客户是金主，但所有的法律服务都是通过人与人之间的互动和交流完成的，良性互动很重要，影响着双方在合作过程中的成就感和满足感。有的公司法务管理风格比较霸道一些，有的相对谦逊温和，这既和企业的管理风格有一定关系，也和管理者个体有很大的关系。虽说做服务行业的律师适应能力普遍比较强，但不管是何种管理风格，**和律师对接的那位公司客户管理者的风格，都会极大地影响外聘律师的工作状态，乃至工作质量。相比较之下，理性、有人情味、不摆谱的公司客户，是每个外聘律师不可多得的好客户。**

坦白说，就我接触过的外聘律师而言，基本对客户的容忍度相对是比较大的，只要客户不干出什么特别出格、不理性的事，彼此就能合作下去。谁也不喜欢天天生活在紧张和焦虑之中。如果不幸遇到性格极端、喜欢投诉律师、摆谱苛刻、不近人情的客户，彼此的合作关系就会变得紧张。

但有的客户总觉得付了钱就是大爷，在合作的心态上欠端正。譬如对外聘律师尊重不够，指着鼻子训，就会伤害其自尊心。退一万步讲，即使是外聘律师工作上出了差错，客户如果存在沟通上不理性的现象，也是很多律师无法忍受的。只要有选择，没有人愿意为摆谱、苛刻、喜欢投诉的公司客户服务；于是乎，终止合作，走为上计。

再仔细地观察一下周围的商业世界，即使是做点摆地摊的小生意，遇到说话彼此不对付的客人，小老板也会以一句“不卖了”让客人走人的。该问商品质量的就问，该质疑的就质疑，但客户要注意说话沟通的方式和语气，别让人放着生意也不想和你做。

毕竟能进入北上广一线城市的红圈所的律师基本上是985、211大学本科/研究生+海外留学经历的为主；即便不是红圈所的律师，能进品牌好点的

律师事务所的律师，基本都受过良好的教育；讲道理、摆事实、有理有据地沟通的客户，会比较受外聘律师群体的欢迎。反之亦然，外聘律师也得避免心理过于脆弱、客户指出问题而批评不得的情形。这些现象在高年级外聘律师身上比较少见，但低年级的律师出道时间不久，就比较容易对此类沟通有情绪，这就属于律师自己修行、克服的问题了。

07 结语

外聘律师和公司客户的组合，在我看来是一个内外一体的法务部，两者在合作关系中仿佛拴在一条绳上的蚂蚱，一荣俱荣，一损俱损。如果能够彼此尊重对方的专业特长，合作中互相尊重、平等沟通，达到互利双赢是最理想的。

公司客户虽说是甲方，但合作是本着双方自愿的原则的，不能一厢情愿。甲方在合作中也要考虑到乙方的感受，谨记乙方甩了令人无法忍受的金主也并非少见；同时，并非付费了就可以对乙方为所欲为，尤其优质的乙方就是稀缺资源，人家并不缺业务。

事实上完美客户是不存在的，完美律师也不存在。最好的合作关系不过是你尊重我、我尊重你，你包容我，我体谅你，彼此一起发展、共同进步吧！

海 | 外 | 留 | 学

——星辰大海，逐梦万里

封闭式的恶性竞争并没有什么好处，开放式交流前提下的竞争反而会形成良性循环。我不排斥竞争，但更追求合作互惠；因为职位越高，竞争越不重要，合作和沟通才是最重要的。

选择决定未来——LL.M.选课之我见

对于每个即将去美国读LL.M.的同学而言，选课和申请宿舍、打疫苗、办签证、付学费、申请考纽约律照评估、准备行李一样，是去美国之前必须完成的七大事项之一。我也不例外！

当年我入学时，纽约大学法学院从5月下旬开始就选课组织了分专业方向的线上答疑，6月初同学们分别通过电话和学校的选课辅导老师进行了一对一20分钟沟通。然后，大家又陆续浏览了学校网站上的课程、教授、学生评价等信息，并结合个人的兴趣准备课表，中间也少不了和纽大校友或其他在美国读过法学院的朋友交流。虽然学校、校友网络很给力，身边经验之谈丰富，但这一路经历下来，我深感选课不是一件容易的事。

和中国法学院在课程设置上对每位学生无差别、程式化提供课程不同，美国法学院的课程设置对LL.M.同学来说基本是自由的（J.D.同学除了第一年学习受限制较多，后面两年亦比较自由）。学校尊重同学们的兴趣爱好、职业发展需求上的差异，提供了丰富的课程供其自行选择，并要求他们最终对自己选择的结果负责。**一句话，一年LL.M.之行学到什么，在于你选择的课程。由于课程选择上的个体差异，即使是相同的LL.M.培养流水线，最终的结果也有可能完全不同，同学们需要在选择时就开始认真思考。**

从习惯了一切由学校做主，到自主安排自己的学业，即便是我这样的老

“法师”也有点摸不着道的感觉。就我自己而言，在选课过程中经历了四个不同的心理阶段。从最初陶醉于新世界天高地阔、自由不羁的选课模式，逐渐过渡到聚焦但执着追寻亮点模式，再到受限于专业方向要求、学习工作量和考bar要求，挫折感油然而生后进入佛系随缘选课状态，最后到打起精神在框架体系之下捡漏拾宝、确定最终课表的收尾阶段。这着实是一个心理活动丰富活跃的过程。

在这个过程中，我和校友、同学、老师一直保持沟通，也和不少非纽大的LL.M. / J.D.过来人沟通，听他们分享自己的经验，搜集到不少实用的反馈。写这篇文章，我主要想和大家分享我的选课思路和感受，希望能对LL.M.同学有所启发。

01 选课路线之传统 vs. 前沿

当我第一次浏览纽大春秋两季课程安排时，坦白说挺受震撼！譬如除了众所周知的纽大法学院独有的“Venture Capital”课程之外，时下很火的区块链、体育法、娱乐法、艺术法课程均有开设。再譬如对于做跨国公司中国总法律顾问多年的我来说，“The Role of Corporate General Counsel”课程和法律人领导力课程的吸引力更是不言而喻。当我和斯坦福的LL.M.同学聊到此类课程时，他对纽大提供这些不寻常的课程也感到惊讶！由此可见，学校的课程资源是相当丰富了。

另外比较令人震撼的是老师的大牌程度。能有机会上业内鼎鼎有名的教授的课，做他们的学生，听他们传道授业解惑，令我倍感兴奋！不只纽大，其他顶级法学院应该都是如此；我渐渐理解了业内关于美国Top14法学院出品都算得上是良心制造的说法！

可供选择余地多和学分有限之间产生的矛盾就这样猝不及防地出现了。选择丰富，同时也意味着无从下手。

美国法学院费用昂贵，本国人大都要靠贷款完成学业，毕业后再靠着高起薪渐渐还清；绝大部分中国学生普遍懂事，深知父母供自己留学不容易，有的同学还借了助学贷款，即便我是工作20多年用自己挣的辛苦钱来读书，想到费用也挺心疼的，故而大家都想充分利用每一个学分，不虚此行。在这些想法的驱使下，我陷入了第一个选课误区，不由自主地想挑战每学期最高15个学分的上限；我完全忘了选课辅导老师的提醒，纽大法学院历史上没有人突破过30个学分。我甚至想，也许我能改变历史呢（此处省略无数自嘲），心态上变得有点儿野心勃勃。

根据学院提供的课表，6月初我试着制作了第一份秋季课表，但课表出来后发现一旦上了那些酷炫课程，我再想上美国法学院的六门核心课程（宪法、刑诉、财产、侵权、合同、证据）时就没有学分了。很显然，完全随心、放荡不羁、爱自由的心态，在选课这件事上是不可取的。**选择传统路线，还是前沿路线？这是我需要面对的第一个问题。**

我的第一个求助对象是我四川大学的研究生导师黄力华老师。他基本上每两年会去国外做访问学者半年，法学院课程安排的事他比我更有发言权。黄老师简单明了地告诉我：**在学分有限的情况下，选精华的、传统的课程。那些课程有丰富的历史积累和沉淀在，自己自学的话恐怕读不明白；至于对新兴事物的法律研究，相对比较浅，回来后和业内人士多交流沟通，了解了它的商业模式后学习起来并不难。**听罢，我恍然大悟，宛如拨云见日。

另外我发现，新兴前沿的课程在方向上非常发散，而且多数以seminar为主。一方面，这类法律问题还有许多不成熟的、有争议的领域；另一方面，上多了seminar课程，学到的知识存在不成体系的问题。因此，将其作为基本课程的补充来学习会比较好。学校的选课指导上也明确规定了，如果选择讲座、专题类的课程，一个学期限选两门；我猜也是出于上述考量，学校才做出此类限制。

把黄老师的意见，和自己的一些思考与观察结合起来，我的第一个问题迎刃而解：**选课路线上，有限学分内首先确保传统核心课程，在此基础上搭**

配讲座、论坛等其他课程方式，主线清晰、辅线补充。定了这个调之后，我就开始进入选课的第二阶段。

02 选课口味之继承深入 vs. 开阔视野

但即使我把重心放在传统课程上，可供选择的方向也实在是太多了！每一个主要的法律类别内，都有相当多的课程可供选择，比较的、跨境的、专题的，30个学分远远不够用。

对于没有工作经验的同学而言，学什么都能开阔视野；但对于有工作经验的人来说，比如我，选课时就会思考，是在已经形成的职业优势上加强核心竞争力，还是选择新的方向去开阔思维和眼界？这对已工作二十多年的我来说，是个无法回避的问题。

此时，我深刻理解了我的纽大校友推荐人和我说过的话："你到了美国后，也许读着读着就想转J.D.了。"是的，看了那么多课程后我觉得自己什么都想学。如果我年轻20岁甚至10岁，我可能会更倾向于系统地学三年J.D.，这样不仅能面面俱到地对美国法律体系有比较充分而基础的了解，而且可以使得我在中国法律体系下已经形成的职业竞争优势更进一步加强，两全其美。但留给LL.M.的九个月时间实在太短了，只能对美国法律有个入门学习。这注定LL.M.的学习无法承载太多想法，不如接受现实，想方设法利用好时间。好在LL.M.对有工作经验的律师来说主要是为了开阔视野的，毕竟我们中的绝大多数人要回国就业；有了解，胜过没有任何了解。有这样中断一年事业来读书的机会，已经很难得，就考虑如何把时间和精力花在刀刃上吧！

纽大录取的LL.M.不少是有专业方向的，也有传统的不分方向的可供选择。我是公司法方向，这既是一个优势，也是一个劣势。优势是学校对公司法方向选课设置的条条框框挺多，由此保证最后出来的"成品"在质量上不会出现太大的偏差；劣势是选课时不自由。在一个领域工作时间长了，人难免想看看全新领域，开拓思维，但这方面的想法因为专业方向限制，就会被牺牲掉不少。

我一个以前的同事2016年上纽大法学院时，就出于公司法方向选课上不自由的考虑，申请转到了传统的LL.M.方向；但据她读后反馈，其实转不转结果差不多。**首先，受限于学分，LL.M.项目注定了学生选择有限；其次，因为她曾是公司并购业务组的律师，即使转到选课相对自由的传统LL.M.方向，所选课程也多数落在了自己擅长的领域内。因此，如果能在继承个人职业竞争优势的基础上，合理地安排新领域的课程搭配，相对更为合理。而这其实留在公司法方向也能做到，不需要额外地申请转到传统LL.M.方向。**

我工作时间比那位同事长不少，在职业方向上已经很明确了。记得几年前上EMBA课程时有一个深刻的体会：并不是中欧国际工商学院的名师课上得有多有用，而是我积累20年后产生了许多困惑和想法，在时机合适的时候，经过教授的指点和同学的启发，变得豁然开朗，思考能力和解决问题能力有了质的提升。反观今日选课，从中可借鉴的一点是，首先我得继承，然后在此基础上进行开拓，这样可避免大的失误发生。另外，在新的领域我并没有积累，**如果选择以陌生领域为主，学习过程中我就会以思考为主，上课时可提供的观点、课堂贡献比较有限；但如果以继承为主，我能为课堂做出的贡献就会大得多，在课程学习上也能更自信从容一些，同样我得到启发和解惑的机会也更大。**

过往积累的职业竞争优势是基石，新的方向是亮点，新旧传承，穿插搭配。我想明白了这些事，在继承和开拓的选课口味选择上，心就定了。最初什么都想跃跃欲试、烦躁不安的阶段就这样安全顺利地过去了，我自然而然地完成了选课心理阶段二，逐渐走向心理阶段三。

03 选课目标之追随我心 vs. 就业导向

即使是专注在过去的执业方向上选课，适当搭配新的亮点，筛选一轮后我的学分上限也早就爆了。没办法，我只好再增加另外一个维度，据此筛选出精华中的精华课程。就业导向就是一个很好的维度。

人到中年读一个LL.M.，既是出于完成自己多年的心愿，与未来职业发展规划也有很大关系，我不想在原地打转，就得勇于突破。读LL.M.就是兼顾了这两点需求的一个尝试。我对自己未来的发展方向清楚得不能再清楚了，根基是依托公司发展。**如果从公司业务的角度考虑，公司的法律业务内核无非是公司、合同、证券、海外并购、反垄断、合规、知识产权几大板块**。过去我在汽车业，企业体量够大，所有的业务均有涉及，选课就须照顾到这些板块的平衡。未来就业，我如果要找足够大的企业，而大企业一般都是上市公司或者全球经营企业，那么学习公司、证券、反垄断、海外并购就是核心中的核心。考虑到新一代国家领导人对反腐的强调，以及中兴通讯事件在国内引起的反思，合规代表了未来的方向，因此这也是我要学习补充的。反过来，合同法虽然是基础性课程，但如果学分实在是修满了，倒可以先略过。

经过这番思考，我的选课优先顺序就很明确了，在此基础上，我制作了课表。**当然，如果读者还未踏入社会，没有就业经验，那么可以从未来的求学或就业方向的角度来思考**。想做诉讼还是非诉业务，希望在哪些方面执业，或者认为自己在哪方面的学习上有比较优势，这是一个可以思考的方向。而同学中有未来读博士打算的，就不一定从职业发展角度考虑了，从学术方向上做思考倒是很不错的选择。

在这个过程中，我请教了曾经去美国读过LL.M.或J.D.的朋友，本校、非本校都有涉及。关于什么课是一个公司法务从业者在LL.M.期间必须学习的，许多已经在外资所或红圈所做合伙人多年的朋友都在百忙之中给予了热心周到的回复，但由于彼此经历和从业领域的差异，对于得到的信息我需要经过仔细地甄别方可使用，学校网上课程评价信息和纽大法学院2015—2016届中国校友制作的课程评价信息也是如此（向校友致敬）。

比如我对反垄断有兴趣，本身在应对调查、政策合规、与部委和政策制定者及协会等沟通方面也算比较有经验，但在看了学校网站上对两位老师的课程评价后，我差点把反垄断从课表中划去。直到和比我年长几岁、对我很熟悉的纽大校友沟通时，忽然发现那位老师竟然是他20年前的老师，他仔细地和我说了教授的背景，这才避免了错失好课。问到学生的评价，朋友说，一个业内权威专家给一群对美国反垄断什么都不懂的人讲，而且那群人中有的有过去在其他国家的类似执业经验，有的没有，你说反馈能一样吗？注意课程工作量的评价就好了，其他对你这样的老律师来说意义不大；但是你想读的那位老师是克林顿政府的顾问，这方面绝对的大拿，他的课必须去。

你看，每个人的个人经验不一样，在课程评价上，即使是权威专家，也不容易获得学生一致好评，我们需要学会甄别信息。同理，周围朋友、同学给予的意见，也是基于他们过去经验的投射，人生阶段不同、经历有差异，你同样需要学会筛选。那种不过脑子、自己不思考的拿来主义，对你并没有什么好处。

04 选课模式之“学霸”模式 vs. 平衡模式

经过十天左右的自我研究和四处求教，课表终于基本定型，到了工作量的加减和学期之间的课程分配阶段。

和同学们相比，我虽谈不上是“学霸”，但因为想多学点东西，再加上心疼钱，所以曾经想过挑战30个学分的上限，好在最终忍住了。记得2019年我和申上哈佛的北大妹子聊天，我劝她别一门心思学习（从小学习好的人容易形成这种惯性），而忽略了其他更有意义的东西，这也是一种损失。其实，劝她也是说我自己，我除了高考失手，从小一路读书过来，拿个奖学金对我父母而言没什么好惊喜的；连读个EMBA还要当个学习委员，一下课同学们就等我分享笔记，可见争强好胜的性格已经在不知不觉中成为人生习惯。回头反思，这种习惯把自己弄得很累不说，某些方面自己和书呆子差不了太多。工作后也是因为这种个性，我失去了很多可能性。

我觉得好好读书是应该的，但我不会再以做美国法学院“学霸”作为自己未来一年的人生追求。纽约是个如此丰富的城市，周边的国家又有那么多好玩之处，我也该和纽约的商界、律师界朋友多交往，这些都需要时间。另外，学校老师已经提示历史上从来没有人修到30个学分，这也说明在美国法学院读书和在中国法学院读书有很大不同。在美国，上学功夫在课外，需要自学的很多，平时需要很抓紧，修的课程过多到时候顾此失彼也没有什么意思，倒不如我一开始就聚焦，把修了的课程努力读好再说。

一口吃不成一个大胖子，一年成不了法学家，我是这么安慰自己的。这段经历，就是用来开阔眼界的，别贪心；毕业后的人生路还长，需要持续不断地钻研和努力。希望自己回想起在纽约的这一年时，我既认真学习过，也好好地探索过这座城市。基于这种想法，最终我管住了自己的惯性，选择了平衡模式，把学分控制在24~26个，这对我而言是个不小的进步了。

05 结语

写到这里报告一下，我还升级了摄影器材！难得出去看一次世界，这和以往世界各地出差可不相同，我要抓紧一切机会去感受和体会纽约这座城市！另外我喜欢古典乐、音乐剧，是个不折不扣的文艺女青年，纽约有很多的艺术场所值得体验，如果没有时间那该是多大的遗憾呀！说到这里，还没出发我就心里美了。

最后多说几句过来人的体会。选课是学生之间通过竞标方式进行的，我承认某种意义上有竞争意味的存在。但我觉得，一方面，中国学生在国际学生中所占比例本就不高，即使中国学生选课完全趋于一致，对结果也起不了大的影响作用，不用过于担心；另一方面，分享使信息在同学中间充分流通，降低了信息不对称带来的选课失误概率，也是互惠。

我的人生经验告诉我，封闭式的恶性竞争并没有什么好处，开放式交流前提下的竞争反而会形成良性循环。我不排斥竞争，但更追求合作互惠；因为职位越高，竞争越不重要，合作和沟通才是最重要的。

2018年，在纽大法学院的第一轮选课日，我厚着脸皮把秋季课表与同期入学纽大的中国同学做了分享，有幸得到不少同学和学长积极的反馈，很感恩。写下这篇文章，首先希望对纽大LL.M.的同学有启发，其次希望对其他将去上学校LL.M.的同学也有借鉴意义

2020年，每个留学申请者都经历了许多不为人知的辛苦，这些我感同身受。祝愿大家读LL.M.能入宝山满载而归，有各自精彩纷呈的收获，回国后共同构筑一个百花怒放的法律共同体！

美国法学院留学谈——如何渡过LL.M.学习的语言关

结束New York Bar Exam，凑足一年三百六十五天停留期，我就回国了，中国才是我的主战场。

对纽约这个城市有许多不舍。不是因为它繁华、人称全宇宙中心，也不是因为我在这里度过了小同学口中“最好的年华、最美的体验”。我对纽约的不舍，是因为它见证了我过去一年竭尽全力的付出、遇到过的绝境及最终的感悟和收获。

2018年2月，我被美国纽约大学法学院公司法方向录取。后来，我用**“百战归来再读书”**作为个人2018年8月出版的第二本“总法律顾问手记”丛书的副标题，表达我读LL.M.临行前的心境。2019年5月，我顺利地从纽约大学法学院毕业，并获得学院为表彰学生领导力而设置的“范德堡奖章”。但真实的体验是，一个奔五的人，重回学校学习的难度远比正常读书上来的同学大；遇到过绝境，然后绝地反击，直到走出绝境，是一个螺旋式上升的过程。

没有任何一个人的留学之路与他人是完全相同的，但不同之中又有相似的困境，有些解决方案也许能给他人带来启发，这是我写这篇长文的目的。

在美国，中国的LL.M.学生通常会遇到如下几个问题：**语言关**、**体力关**、**社交关**、**职业发展观**、**考bar**，涉及内容较多，为便于读者阅读，分三篇呈现，这是第一篇。

01 突如其来的法律英语关

我在LL.M.学习上的困难源自教育基础的相对薄弱。我上大学的那个时代，教育资源与现在相比相对匮乏，上大学是精英教育，毕业包分配、分房，教师资源稀缺；在纽约法学院，我的基础教育底子和普遍小我20岁左右的中国小同学比起来，完全不在一个水平上。与国内出来的学生比较都是如此，更别说和其他欧美发达国家的学生相比了。

在国内工作，实务经验比教育基础更重要；但是重新回到学校读书，教育基础占据的比重更大一些。另外，中国经验在美国是否适用，这是一个需要打问号的问题。关于这一点，尽管我在入学之初就有心理准备，但实际遇到的困难还是比设想中的大很多。

由于基础教育的薄弱，我在LL.M.学习中首先遭遇的就是语言关。法律是文科，需要做大量的听说读写，即便用中文讨论的时候道理你都明白，但考试或者写最后决定你分数的memo或者essay时，你写得不如别人，也还是无法取得比较理想的成绩。

另外强调一下，我这里说的语言关和托福成绩没什么太大的关系，因为我说的是法学院的法律英语这个语言关。留意我公众号的朋友可能有印象，我的托福成绩还是不错的：109分。但应试突击和日常的英语水平并不直接相关；而且我这里说的是法律英语，不是托福英语。

第一学期结束，很多同学包括我都感觉自己尽力了，却很难取得期待之中的成绩；这种现象不仅在中国留学生中较为普遍，在全体LL.M.人群中也相当普遍。尖子生变成普通人，有一个重要的因素是非母语考试，输出结果有问题。情况往往是，考试的时候自己觉得写得不错，但实际情况是和母语为考试语言的学生比起来，写得有一定的差距。

我经常安慰自己和身边的同学：假设一个国际友人到中国参加法律考

试，也是写不明白的；你要是帮助教授批改他们的卷子，八成是边改边笑哭。我们写的试卷在外国教授的眼里大约也是类似情形吧。但安慰归安慰，依然要想尽办法去提高自己的语言能力。

法律英语的重要性在于，它不仅关系到我在美国法学院的学习表现，而且和我未来的国际化发展定位息息相关。

发现这个语言关的问题后，我投入大量的时间和精力去解决，如果以成绩论的话，最后的成效还算不错。不了解我的人也许会认为我之所以花时间去提高，主要是因为对自己的学习成绩有帮助；但实际上，成绩不是我想提高法律语言能力的决定性要素。只要能够顺利毕业，我并不在乎成绩究竟如何。作为一名已经工作了20多年的资深“法师”，我清楚我的雇主为什么愿意付高薪，我的核心竞争力在于我能完成别人不可能完成的任务。法学院的考试成绩只是纸上谈兵的结果，职场才是真正的考场。反过来，当我已经证明了自己的能力后，如果还有雇主根据我的考试成绩来决定是否录用，那一定是我敲错门了。

我真正在意的是，语言不应该成为我职业发展国际化道路上的拦路虎。我对自己的未来有比较清晰的规划，内含一份时常更新的人生计划书；并遵循这份计划书不断自我进化、更新迭代。有意思的是，我认为我在商业和艺术上比在学法律上更有天分，学法律的过程中我没有用到什么天分，只是奉行天道酬勤的道理努力耕耘。事实上，绝大多数正常工作中都用不到天分，只有极其少数的高精尖学术领域中才用得上。职场上，如果基本智商够用，就看谁更认真、更严谨、更肯下苦功夫了。

在常规法律工作中需要的法律英语学习中，不需要我天赋异禀，所以也不存在学不会这一说，我的法律英语主要靠自学就是一个佐证。但是，我经历过国内教育资源稀缺的年代，相比过去长期靠自学获得知识，美国法学院留学是一个很好的我能够在语言方面脱胎换骨的契机。我珍惜这个契机，想最大化利用这个难得的契机为未来的事业发展做好准备。

02 法学院学习必备的三种语言能力

法学院就读需要过的语言关，在我看来它大致包括三种能力。

第一，语言的承载能力。语言是用来表达思想的，同理，法律英语是用来表达你的法律观点的。语言相对于思想而言仅仅是载体，并不需要写得多华丽、多惊艳，但需要能够承载你的基本想法。如果你的法律语言组织能力达不到这点基本要求，学习上面临的麻烦就会很大。如果在国外学习文科的同学认为自己写明白了，但考试结果不尽如人意，除了其他同学水平确实高这个原因之外，不妨从语言承载能力着手去找找原因。

第二，IRAC实际应用能力。其中，存在的最大问题是分析过程不符合规范。简单粗暴地说，美国法学院IRAC写作答题方式相当于美式法律八股文答题方式。新手应用的时候，由于不同法律体系在法律训练和应用方式上的不同，导致过程分析和输出方式存在差异，这种差异就会体现在IRAC答题方式的应用中，并左右考试结果。如果你觉得自己的问题（issue）识别正确，规则（rule）应用正确，结论正确，不妨仔细地查看下分析（analysis）是否符合规范。分析部分我会在稍后展开。

第三，在压力状态下的写作组织能力。纽约大学法学院的J.D.和LL.M.学生一起上课，考试的时候也是用统一的时间标准，并不会因为你是国际学生给额外的时间；考试结果评价也是采用统一的标准，根据你的考试成绩在所有学习这门课程考生的成绩中所处的位置而给不同的等级，不存在照顾一说。

好处是公平，国外法学院对国际学生和美国学生为主的J.D.一视同仁；劣势是对初来乍到的国际学生而言，阅读、分析和写作能力要求都很高，要得到一个好成绩很不容易。**美国法学院的考试以室内开卷考为主，有时间限制，所以压力状态下的快速语言组织能力就很重要。**由于我个人在纽约大学考试时和后来考bar时，屡次发生最后一题或多或少做不完的情况，因此少说废话、快速精准地回答，在我看来非常关键。

03 法律英语学习的绝境和解决方案

如果说“绝境”两字太形而上，那我说说在学习和考试的语言关方面遇到的具体问题。

我的法律写作承载力上的问题包括：（1）指代不清（自己觉得挺清楚的，但经不起仔细推敲）；（2）**动词选词不够准确**；（3）**连词特别是转折词用得不够生动和多样化**；（4）**习惯写长句，尤其是复杂的长句**；（5）**受害于word自动拼写检查功能，单词拼写小错误比较多，导致法律写作的严谨性大打折扣**。

原因在于我的法律英语基本是自学的，主要靠翻译法律书籍和自学来提高，我们那个时代的国内法学院基本不开设法律英语课程；另外，我长期在公司从事法务管理工作，以看别人写的文件为主，和在外所中国办公室每年1500~2000个billing hour写出来的同学相比还是有差距的。真正要命的是，这些问题未能被我提前发现并对此有所准备，而是在一个学期结束后对比考试结果和自己的预期，分析原因，在法律英语辅导老师有针对性的指导下才识别出来的；但好在解决方法并不复杂。

首先，问题（1）和（4）都可以通过平时有意识地纠正获得解决；而且我认为，语言的承载能力方面能有效地传达写作的思想即可，所以只要识别到了问题，就可以很快提高。**其次，问题（2）和（3）则需要长期、反复地积累**。**我的解决方法是仔细读教科书，而且要非常仔细、不怕花时间地读**。在美国读LL.M.时阅读量很大，那些教材中选用的好案例，本身就是优质的法律英语写作材料。我阅读得很细，尤其会注意转折词和一些关键动词的用法，并且在第二学期做了一个EXCEL表格积累，特别是固定的写作句式，这对我解决问题（2）和（3）帮助很大。**最后是下功夫苦练**。**针对问题（5）的唯一解决方法就是重新背单词**。总之，针对所有问题的解决方法是多练，第二学期我选择了需要大量写作的课程，通过课程要求倒逼自己提高。

IRAC写作方面，我曾出现过的问题主要是得出结论过快，分析对比不够充

分，不能很好地踩分。学习“Graduate Lawyering”课程并没给我什么帮助，不是老师不负责，而是他不明白亚洲学生真正的症结所在。这门课程教了基本的写memo的结构，但是对每一个段落该怎么写，指导得非常不够，对案例法教学分析过程中引用的案例和本案例的分析对比该怎么写，也教得比较糊涂。**每一个规则都有背后的支撑事实或者说背景，而不同案件背景事实的不同可能导致完全不同的结论，或者导致你有强烈的、充分的理由去遵循或者偏离这个规则，这才是分析的核心所在！**而这些都不是通过教授的“Graduate Lawyering”课程学习搞清楚的，我是后来在其他人的指导下自己逐渐摸索清楚的。

有一次写作教授和我谈话，问我为什么有的段落写得特别清晰，而有的段落又没写清晰呢？我非常直接地回复她：“这问题是我想问您的，不清晰的段落究竟出了什么问题，我需要怎么提高？”她无法说明白。时值纽约深秋，从她的办公室出来，我的心情如同秋风扫落叶一般凄凉。但那天的交流使我确信，她恐怕不是指导我提高写作能力的合适人选；因为她只提出问题，却没有给我具体的改进方案，无法指出我具体需要写清楚和补充的地方。

我认为写文章，无论用哪一种语言都是需要天分的，我自认为在中文上颇具写作天分，因此无法容忍自己的法律英文写作水平和中文写作能力不匹配，这不断驱使我去解决问题。同时，我过去短暂的教师经历告诉我，没有教不会的学生，只有不会教的老师，我要去找适合教我写作的其他老师。功夫不负有心人，我最终找到了合适的辅导我写作的老师，经过一个学期，我们一起找出了我法律写作IRAC方式上存在的问题，他介绍给我正确的方法，我在掌握了正确的方法后通过大量的练习来提升。

至于压力状态下的写作能力，我存在的主要问题是结构安排上重点不突出。我根据在国内养成的答题习惯，认为必须原原本本地写；但按照美国法学院的答题习惯，可以一笔略过的内容写多了，无法有效踩分。第一学期出了成绩后，我找到平时对我上课表现比较了解的教授，要求看考得最好的同学的考试试卷；教授很客气地让我想看多少次就看多少次，但根据惯例，不能拍照做记录，只能心中默默记住要点。我看了一次考试表现最好的同学的试卷后，马上意识到了自己的局限性；我也充分利用了教授“想看多少次就看多少次”的好意，蚂蚁搬家式地做了总结归纳，这对我后来帮助很大。

04 绝境的意义

“绝境”是我事后回顾自己当时所处状态的自我总结。

绝境，每个人在一生中或多或少都会遇到。有时候是经济上的，比如我20多年前家中的变故，彻底改变了我的人生；而有时候是心灵上的，外人明明看着你一切都很好，说夸张点你是人生赢家，但你实际却身陷一种不可名状的无助和绝望之中，不为人所理解，也无出路可循。

坦白说，我查阅的那位得A+成绩的J.D.同学答题之漂亮简洁，令我十分汗颜。关键是这只是一位没有参加过工作的美国J.D.学生的试卷，假设他和我一样，已经工作了20年左右，我们在某个国际交易中成为对手，我有把握战胜他吗？这个问题令我直冒冷汗。

我知道法律英语对我在美国法学院的学习很重要，我付出了努力，却进步有限；看到和别人之间的差距，认知到自己的局限性，却不知道该怎么改变。如果说过去我在职场中的表现印证了自己颇具侵略性的扩张力和进化力，那么在纽约大学的一年，我更多的则是认知到了自己的局限性。认知到局限性，也意味着看到了我追求的国际化发展路径的天花板。有段时间，我犹如吃了一记闷棍，又没有什么特别好的解决办法，用“绝境”来形容那种状态也不为过。

所幸我的“求生欲”很强烈，对自己的能力也有充分的自信，在短暂地消极了一段时间后，我又积极寻找改变的方法了。想到我就读过的商学院也有不少聪明得让我由衷佩服的人，但反观事业成就我并不落后。原因在于**综合实力比局部优势更具决定性，人不可能事事领先，真正卓越的人除了综合实力强，还要有能抓住机遇、弯道超越的能力。**

我的优势在于认真专研的精神、较强的学习能力、高情商和对事业的持久激情。我认为解决事业发展局限性的方法在于：**第一，保持优点，不断学习进化；第二，尽可能地减少认知盲区；第三，保持身体健康，增加可工作年限，用时间换能力**。而决定以上三种方法成效的基本起点是遇到问题不要怨天尤人，多找内因，自己肯下苦功夫去成长。

但法律英语写作能力的提升很艰难，难在找到正确方案，更难在坚持。一方面，我离开学校很多年了，对学生之间的学业竞争感到非常陌生；另一方面，职场上要成事，更多的是需要合作和双赢，所以当我按照职场思维寻找学习方法的时候，初期收效不大，非常不适应。

好在我总是能遇到很善良的人！比如我考托福时，把自己花了很长时间总结的写作资料无偿提供给我，帮助我提高到109分的小老师，她今年也被纽约大学法学院录取了，非常为她开心，这是题外话。还有那位非常适合我的法律英语辅导老师、寻找学习方法时遇到的被我努力学习的精神所打动的善良的人，他们愿意花时间和精力耐心地帮助我，非常感恩。

走过这一段，我常常想自助者天助是有道理的！你平常的所作所为就是你的通行证。我其中的一位老师就是被我平常的表现所打动的，他总是说："你愿意为大家付出时间和精力，我也愿意帮助你；你愿意学，我就愿意教。"当对方通过毫无保留的辅导，将那些法律写作要点一一清楚地呈现在我面前时，困难带来的黑色渐渐褪去，我的世界亮了起来。另外，只有你非常想要改变的时候，那些能帮你的人才会出现在你身边；如果你自己改变的决心不够坚定，是很难吸引来那些能帮助你的贵人的。也正是因为曾经受惠于别人的帮助，现在的我愿意花时间把自己曾经遇到的困难和解决方法记录下来，而不是装酷，装着自己这一年过得很轻松。

学习方法不容易获得，坚持更难！第二学期刚开始的时候，我写一篇1500字左右的reaction paper，从构思到修改完成，需要六七个小时，非常耗时。每周交论文的时间是有截止期限的，这样花大量的时间，能否及时交上令人满意的作业都成问题。另外，在法学院每一个小时的学习时间都很珍贵，写作练习会挤压我其他科目的学习时间，需要定定心才能坚持下去。但方法运用正确后我越写越顺手，写作时间也从最初的六七小时一篇小文到只需要三小时左右，并在期中和期末两次收到教授表扬性质的email。所以，贵在坚持。

写memo就更耗时了，在动笔写之前先要把问题弄清楚了。在分析层面，首先，需要理解清楚这些问题在整个学科体系中的层次和结构所在。其次，找到可以引用的案例并区分案例和本案之间的区别和相似之处，决定引用该案例的目的——支持或是反对；考虑如何引用，是有保留、有条件引用还是无条件引用？最后，根据规则和对法律的理解，从正反方的角度列出不同的观点。

就列观点和驳斥观点而言，我的基本思路是：（1）列出我的主要观点及理由；（2）列出我认为对方会反驳我的观点及理由；（3）再一一反驳对方用来反驳我的观点和理由；（4）中间务必用正确的连词连接，表达出层次和强弱。这样写的好处是比较完整而成体系地回答了要讨论和交流的问题；不好之处是会写得挺长，后期需要花费大量的时间去精简和完善。写memo，我不清楚其他同学改几遍，就我个人而言，改个七八稿是常有的事情。

幸运的是，渐渐地我能把自己想要表达的观点清晰、准确地传递给教授，教授也能理解我的观点并给予积极的评价。第二学期，当教反垄断的教授评价我的期中memo“令人满意地回应了他所有想批判的问题，令他无可挑剔”时，我正在华盛顿看樱花，读到邮件的那一刻我如释重负，我知道自己走出了这个绝境。

05 结语

走出这个语言关的绝境，对法律英语甚至法学院的学习来说仅仅是一个开始。

毕业后我和几位长期在美国做律师的华裔朋友交流过这个话题，他们的感受是，真正在法律英语上的脱胎换骨是在毕业后留美国律所工作中完成的，尤其是华裔律师，在和非华裔合伙人一起工作的过程中，不断地被批判的同时自己也在不断地提高，最终达到一个令自己满意的水准。

对我也一样，我依然保持着阅读法律文章、看到好的词语用法就记录下来的习惯，并开始帮助一位美国法学院教授翻译他的书籍在中国出版；我也考虑把我的“爆款”法务管理文章用英文重写一遍，让世界听到中国法务从业者的声音。

留学不是简单的地理位置的变化和拿一个学位，于我，是竭尽全力的付出和经历绝境后的成长；毕业也不是学习的结束，而是一个全新的开始。

美国法学院留学谈——读LL.M.如何平衡社交和学习

在美国读法学院，不仅有大量的阅读天天在你身后“紧追不舍”，还有大量的社交活动向你“招手”，令人应接不暇、分身乏术。去，还是不去？都需要你根据自己的时间、体力和精力来做出选择。

难得来海外学习体验，作为一个心态开放、好奇心十足、学习认真严肃的中年人，我面对这么多花样的选择，感觉很无力，只能痛苦地做取舍！我只恨时间不够用、体能跟不上，总想如果年轻的时候来读LL.M.该多好呀！

在这篇文章中，我们来讨论下和读LL.M.相关的时间与体能管理上的话题，比如读LL.M.的时机、阅读怎么做合适、社交和学习如何平衡。

01 什么时候读LL. M. 最合适？

如果时光能倒流，我希望自己能和在纽约大学法学院一起读书的小同学一样，一路读书读上来；即便经济上困难一点，甚至需要用贷款去读书，只要你认定那是必须要走的一步，就是值得的。

一路读上来，好处是成本小，起点高，体力吃得消，有同伴未来可以一起成长发展；缺点是经济压力大，面对未来的不确定性，小同学不一定敢冒险。而我是年纪一把来读书的，虽然目标明确、经济压力不大，但是我错过了最好的读书和发展时间窗，面临体力与记忆力双双下降、思维相对定型等问题；更重要的是比较落单，少有与我聊得来的同龄同学。

我起初并不明白这个道理。记得我在国内读研究生的时候，导师见我很想出国留学，平时读书也刻苦，曾提议推荐我去美国一个州立大学读J.D.，能不能拿全奖不好说，但半奖估计能有。当时我家里有事，经济情况受到很大影响，因此虽然考LAST确有难度，那个学校也不是特别理想，但影响我做决定的最关键因素这是经济条件。当时的想法很朴素，就想研究生毕业赶紧挣钱养家，以后经济条件好了再去留学。

时隔多年，即便我做成了许多同龄人没有做成的事，成为不少同龄人心中的榜样；即便我在事业的风口上踩点踩得比较准确，抓住了机遇，有了一些小成绩；但我依然后悔自己去晚了，早20年就去该多好！

在一个对的时间窗做一件方向对的事情，对一个人的发展而言太关键了！所谓的时运，指的就是这个。我后悔当初没听导师的话，国内研究生一毕业就一鼓作气地出国读J.D.。年轻的时候读，回国后起点高，加上自己的奋斗和运气，很多人生方向上的事也许就完全改变了。

当我人到中年到美国读LL.M.时，我成了2019届纽约大学法学院毕业生中年龄第二大的学生，仅次于比我大两岁来自韩国某大学法学院的教授。但他是学校保留了教职后来的，我是辞职后来的，为了这个决定我比别人付出了更为昂贵的经济代价！当你已经站在一个小山顶时，你下山归零、重新开始，自然比那些还在山脚或者半山腰的小同学，下山成本高许多。

人生没有万全之策，不同的阶段有不同的辛苦。年轻时留学为经济能力操心，而年长时则为体力和记忆力烦愁；但如果人生能够再给我一次选择，我愿早点去留学读书。毕竟，大多数年轻人的经济能力是走上坡路的，虽然不确定性存在；而年纪大的人体力和记忆力都在走下坡路，是非常确定的。两者之间一比较，该如何选择一目了然！

02 如何有效地做阅读？

众所周知，在美国的法学院学习阅读量很大。和我一起在团队里工作过的两位律师比我早两年从法学院毕业，所以在来之前我就对此有所耳闻，知道一般情况下是读不完的。但来了以后还是觉得吃惊，真是百闻不如一见！

举个例子，正常一次课程为1小时50分钟，如果只有50页的阅读，那你就要偷笑了，说明教授很厚道；很多不是太“厚道”的教授会布置100多页，让学生每次上课前读。正常一天四小时到六小时的课程，你自己计算一下就能知道每天得做多少阅读。

刚开始读的时候速度慢就不说了，我大概也就一个小时7~10页的教科书阅读速度；而且我不认识的单词不少，需要时不时地查字典，这种被迫中断后的阅读效果不是很好，容易出现读完了还抓不住要点。读书的时候，我经常左边放一个阅读书架，右边打开电脑中的电子词典，但效果不是很好。有一段时间我还尝试用IRAC方式把教科书中涉及的案例一个一个地分析下来，这下子速度就更慢了；而速度慢的直接后果，就是牺牲我的睡眠时间，所以在第一学期我很少能凑够五个小时的睡眠时间。“70后”的体力和“90后”的体力相比本就毫无优势可言，我就慢慢地琢磨：怎么能抓住要点有效率地读？那就要想想读的目的是什么。

于我而言读的目的是：（1）上课时能跟上教授的思路；（2）提前熟悉在下节课中可能会出现的陌生法律词汇，避免出现某单词卡壳后很多内容跟不上的情况，提高课堂听讲的吸收效率；（3）确认课堂重点，做好大纲，为期末考试做准备。于是我就根据这个思路在第二学期做了一些调整。

首先，单词不认识要查，而且当天查的单词当天背完，不过夜。法律是门严谨的学科，如果像读小说那样遇到不认识的单词自己估摸着猜猜意思就过，那可能会“差之毫厘、失之千里”。遇到不认识的单词就老老实实地查字典，当天查的词当天背诵记住，这样就可避免一个单词你反复地查了无数次还没记住的情形出现。渐渐地陌生的单词少了，阅读速度自然会提上来，阅读过程的中断现象有效减少，你就能享受到阅读的乐趣了。

其次，案例要仔细读，其他概略地读。写书的人局限于自己的思路或者约定成俗的著作发表习惯，有时候在课本中介绍了不少理论，有用的没用的写了一堆，你读的时候挑精华来读就可以。英美法是案例法体系，案例就是核心。老师上课问的多数也是要同学介绍下案例的事实，法官怎么说的，有几种说法。如果你能把案例读得相对仔细，那么应付上课教授提问也好、cold call也好，问题都不大。

再次，放弃边阅读边做IRAC式案例分析的做法，阅读时改用“事实—规则—争议点”方式来记录。这是纽约大学法学院同学陈岚的学习方法，是一个很好的学习工具。采用这种方法，不仅阅读的时候方便做记录、方便抓重点，而且能很好地覆盖课堂上老师会重点讲的内容，毕竟老师启发或者教你一个规则的应用，也是围绕着争议点讲授的。

最后，阅读前先看往届同学的大纲，边阅读边做课前书面小摘要。之所以建议阅读前先看往届同学的大纲，主要是它可以帮助你提炼上课的重点使重点更加突出；但也不可以全部依赖往届同学的大纲，需要自己边读边抓重点做记录。在法学院学习，毕竟归纳总结和分析应用一样，是基本功，平时需要多练习，考试时才不会慌。

我比较老派，一般会根据上述方法随手写一张便条，但如果你能把阅读的重点在阅读结束后用WORD文档捋一捋，整个上课思路就会更清晰。而且，采用书面记录方式有利于在上课时考查自己阅读时的摘要重点是否正确；如果你记录的争议点和老师强调的点基本一致，那你做课堂笔记时只要在下面记录老师展开的不同规则应用方向就好了，考试复习时重点更突出。

值得一提的是，我把我上的所有课程的阅读全部做完了，为此付出了牺牲睡眠的代价，但阅读效果也经历了一个不断调整、逐步提高的过程。

作为LL.M.的我们，建议不要纠结于一个学期的学习表现，而要看到自己整个LL.M.生涯的学习进步曲线。在美国法学院读书，对我们而言最大的困难

是如何快速掌握学习方法；我们远渡重洋来到异国他乡学习，需要一个适应过程。学习上遇到小挫折时不要怀疑自己的智商，更不要封闭自己；找到正确的学习方法后，一切都会迎刃而解。我身边的同学第二学期成绩直线上升的不少，我亦如此。

要相信能来美国法学院读书的同学其原来的GPA都是不错的。即便是我这样70年代出生的“学渣”，在国内读法学院时GPA也是很不错的，也是拿过一等奖学金、以优秀硕士研究生荣誉毕业的。要相信美国学校挑选学生的眼光，相信自己的智商是在线的，缺的只是正确的学习方法。

遗憾的是，我们刚掌握学习方法就要毕业了，希望这些过来人的粗浅的体会和经验对后来者会有帮助。

03 学习之余如何有效社交？

美国法学院的社交安排太丰富了，这是他们的一个特色，缺少自制力的人，很容易花了大量的时间却达不到预期的效果。

课外活动之丰富，只有你想不到的，没有他们办不到的。而且学校还拨经费给各类学生组织搞各种活动，从喝酒聊天到工具学习，各类讲座天天不断。尽管我不再追求成为“学霸”，但我认为还是要分清主次。我来美国主要目的是读书，在体力有限的情况下，读书属于优先级，务必要保证效果；其他事情，包括社交和旅游，尽量兼顾即可。

人和人的想法差距是很大的，有的同学学有富余，社交和学习均不耽误；但大多数同学还是和我一样，光为了完成学习任务就已经将自己折磨得非常疲惫了，社交时间非常有限。遇到社交邀请，去，或者不去？这是一道选择题。

我经常问自己，去参加这个活动真的有帮助吗？能获取什么？就为工作机会进行的社交而言，我认为陌生人之间的社交（弱关系）最有可能获得的是信息，或者一两句让你铭记一辈子的话；并非很多人传说中的内部推荐的可能性。

说到内部推荐，如果用我的名誉做背书去推荐，前提是我必须和你一起工作或学习过不短的时间，且对你的印象是正面的。我自己这么想，估计大多数资深的前辈也是这么想的。基于这个常识，我认为内部推荐的可能性来自熟人（强关系），来自陌生人的推荐可能性不大。

当然，和陌生人社交，你输出许多信息，你也接收到许多信息；如果你情商够高，善于从信息中提取到别人看不见的机会，社交就对你有用。反之，你就需要在学习和社交的时间分配比中做平衡。于是我把讲座、和陌生人（包括业内人士和校友）的咖啡社交与一对一同学及群体交流做了区分，并做了不同的时间分配配比。

关于讲座，我以目标导向为主做取舍。从一开始我就不参加绝大多数讲座，所参加的讲座不到学校组织的5%。我只参加以下几种讲座：（1）我对那个话题真正感兴趣，比如反垄断、并购、合规系列；（2）嘉宾是我仰慕已久的；（3）输出某种必要学习、就业技能的，比如如何在法学院应对考试、如何在美国找工作的讲座。对于参观律所我兴趣不大，因为在过去的交易中我参观过不少知名律所，将来估计也有很多机会参观，所以就先放一放。在时间不够用、体力不支的情况下，我直奔更重要的目标而去了。

关于同学的一对一聊天，我是比较愿意花时间探索的。纽约大学法学院也算是聚集了世界各地的青年法律精英，我对人有好奇心，也愿意去探索那些出众的法律人的想法，学院也正好提供了很好的社交平台。关于聊天对象，我不太在乎对方的年龄，关键是三观是否有共同之处，是否能求同存异地交流。每周我会留下2~3小时的咖啡社交时间，另加一顿中餐或者晚餐，一共预留大约5个小时的时间用来结交青年朋友。

朋友在精不在多，在于能否互相理解和支持。我选择和什么样的人聊，就完全凭彼此的缘分和个人喜好了。如果初步接触后我觉得对方还不错，就会过一段时间继续相邀；两个学期下来，也慢慢地积累了一些朋友。有时候几个人之间相处很融洽，也会成一个小组定期聚会，比如我们就有个四人组，保持每月一聚会的节奏，彼此成了能够很坦诚地交换观点的朋友，毕业后也保持联系。

有些人只和外国同学交朋友，也有些人只和中国同学抱团。可能我以前的工作环境中外国人很多，对我而言，国籍和出处是已经淡化到不重要程度的一个考虑因素，我没有只和外国同学交朋友的偏好。而对于后者，我理解可能是和中国同学在一起更有安全感一些，所以不妨更大胆一些，毕竟这一年是来体验的，体验包含了社交中的多元化和开放心态。

关于和陌生人（包括业内人士和校友）的咖啡社交，我觉得是一种新鲜的尝试。刚开始我来纽约后国内朋友介绍了不少纽约法律界朋友和我相识，加上我在过往的交易中也有一些还不错的外国律师朋友在纽约工作，来了以后我先和他们约出来彼此更新下近况和一些想法，用江浙话讲“领市面”。

对咖啡社交的尝试是从第二学期，得到一位美国J.D.毕业的律师朋友热心传授经验后开始的。我一般是从LinkedIn上自己找校友和专业相关的人士，简短地发个邮件介绍下自己，问问能否一起约个咖啡。**这种尝试主要是练胆量的，不要担心失败，有意外收获的可能性**。我时间有限，最多一个月也就能约两个业内人士或校友一起喝杯咖啡，帮助我更深入地了解美国法律行业或某个细分专业的现状和发展趋势。

在国内我常常收到陌生人的类似邀请，拒绝的多。但因为这段留学美国的经历，尝试过咖啡社交后，我想以后会一个月留出固定的时间，有选择地接受我有兴趣见的人的邀请。关于这种见面要提醒的是，注意安全，一般约在中午、公共空间就好了；如果聊得很开心，有所收获，我会写信去表示感谢，并在对方有兴趣的情况下继续约下一次的聊天。

关于和教授的社交，我没开展。主要是美国的教授为了避免对其他学生不公平，在上课期间一般不会接受学生的邀请，教授本身是主动避嫌的；当然课程结束后是另外一回事。课程结束后，有教过我的教授请我一起吃饭，聊得挺开心的，主要看教授是否欣赏你，我在此一笔带过。

04 结语

我刚到美国留学时，有个关于体力的小故事。

有同学入学时见我比较苗条，又年过四十，猜测我可能体力不太好，想和我抱团搭个伴儿学习；孰料时间一长，发现熬夜看书对我而言是家常便饭，就不再来找我玩了。我问常一起玩的男同学，男同学道出原委，我解释道：在高节奏、高压力的会议车轮战中能存活下来的高管，没有一个是病快快的！

但即便我有这久经大企业考验的体能，在纽约法学院的一年，因学业太重，我还是感到疲惫不堪。尤其是复习考bar那个阶段，每天复习12~13小时，到了我这个“70后”的体力、记忆力的双极限。一点不夸张地说，为管理时间控制节奏，我就在学生公寓学习，这样省下了路上步行到图书馆的时间、节约了体力消耗；学习累了就设置一个闹钟在公寓里小睡一会儿，12分钟为限，其中2分钟用来入睡，10分钟用来给休息，一分钟也不能多。这种艰苦也是终生难忘！但和经常睡图书馆的同学比起来，和看书看到因为睡眠不足而腰痛的同学比起来，我这又算什么呢？

一年里，我通过取舍和时间管理手段，最终体能经受住了学习和社交的考验。尤其是经历过了艰苦的考bar那几个月，我有信心去承受更严峻的工作压力和体能考验。这也是一种意外的收获吧！

美国法学院留学谈——LL.M.毕业后的职业发展取舍

LL.M.的学制，加上考纽约州律师执业资格的时间，一年而已。

几乎每位同学都有时间飞逝的感触！第一学期在“兵荒马乱”中度过，忙什么自己也说不清楚，但绝大多数时间处于紧绷状态，很难松弛下来；第二学期总算熟门熟路了，如果幸运的话，还能体会到学习、生活和社交平衡的乐趣，但求职面试、提醒走毕业流程的邮件，又都在“告诉”我们毕业在即。以至于有同学总结：“LL.M.就是两个期末考试，外加一个律师执照考试。”

对工作党而言，这种留学方式的优点是以最快的速度拿学位、考律师执照，节约时间和经济成本；缺点是和学校“仿佛刚刚熟悉，转眼就要分离”，有点意犹未尽的意思，心想要是两年制就完美了。

时间有限，但收获依然丰富。在这篇文章中，我想和大家交流下LL.M.学位带给申请者的附加价值、LL.M.学位获得后的职业发展思路，以及我为什么选择回归东方而不是留在西方发展。

01 LL. M. 学位加持的意义

读美国LL.M.学位的好处，我出国前认为主要是圆梦、学习新知识和增加自信心；但回国后发现，其他收益对我也同样重要。

通过这一海外学习获得的学位加持，我获得更多的竞争机会，无须再做大量的无效解释。对有志寻求国际化发展的律师来说，一份国际通用证书和资格的背书作用不可小觑！这在一个人漫长的职业发展之路上，会渐渐显现出来。**主要表现在两个方面：（1）就读的法学院在国际上和行业内的知名度、受认可程度为毕业生的基本素质做了背书，间接为毕业生的职业发展做了背书。（2）参加纽约州律师执业资格考试，通过则会获得额外的一项资格认证；即便是未能一次通过，能报考这个事实本身，间接对你的国内法学院教育背景做了背书。**

就拿我自己来说吧！假设我想换个平台发展，市场上出现的机会中，每年我可以看的不会超过15个。一方面，优秀是相对的，这世界上不缺比你更优秀的人！另一方面，中国这么大的人口基数，北上广的杰出人才层出不穷，薪水诱人的职位几乎可以引来任何拥有杰出背景的人才。而我的成长背景是非典型的，一眼看去，猎头收集的各色候选人简历中，出国前的我教育背景并不突出。教育背景是个敲门砖，个人实力则和怀孕一样，需要一段时间之后才能显现出来，如果连进门都有困难，何谈实力展示呢？

至于那些“网红爆款”文章被大谈特谈的人脉，我曾说过人脉是属于强者的，和弱者无关。首先，认识多少人和有多少人出手相助，是两个不同的概念；其次，即便是强者，有人脉，被推荐去某公司应聘，无非是你比别人更容易获得信息，以及有推荐人的信誉帮你背书，在同等条件下更容易获得机会。但请切记一点，推荐人推荐你的时候，你的背景不应让推荐人感到为难，这是个大前提。

在过去一些转换跑道的尝试中，有一次我有机会进了目标公司的shortlist。但面试的时候，我能感觉到坐我对面的面试官心中有无数疑问。和其他候选人有国际通用背景不同，我的成长背景主要在国内，而且国内读完书后的就业之路也不是一帆风顺的。大专到自考本科再到全日制研究生，懂国情的人会理解其中的不容易；但是对一个外国面试官而言，他看到你没有国际通用背景可参照，更多的是感到困惑。一方面，他得花大量的时间和你在面试阶段沟通，试图从一个外国人的角度去理解你；另一方面，这种沟通会一遍遍地带出你并不太愉快的回忆，而出于礼貌和尊重你必须耐心回答，尽管并不舒服。更吃力不讨好的是，最后需要做出判断的时候，由于没有国际通用标准，随意性太大，很可能你花了一个下午去沟通，对方的判断依然对你不利。

回国后也尝试了新机会，我意外地**发现对于外国面试官而言，海外LL.M.学习经历使得彼此之间多了沟通和理解的渠道**。没有人再反复地盘问我的教育背景，他们了解纽约大学法学院的声誉；我提到考了纽约律师执照，目前在等待成绩，他们鼓励我，祝我好运，也有更善解人意一些的告诉我他当年也没有一次考过。但如果你仅仅有中国律师执照，对他而言，没有经历过此类考试，对你就读的中国法学院也缺乏了解，确实就没有什么可和你多说的。正如一位比我更资深的外国同行所言："美国离中国那么远，我需要一个了解美国也了解中国的人，在当地帮我们获得更大的成功。"

LL.M.项目只有一年，但通过这个项目契机，我们了解了美国社会的基本状况，学习了当地基本的法律制度，获得了文凭加持，考了当地律师执照，一年中我们所完成的事，在很多美国人看来是不可思议的！实际上这个乍看目标明确甚至带点功利色彩的项目，带给我们很多无形收益，也许它无法立刻带来现金流的回报，但它的好处将会在我们漫长的人生画卷中逐步呈现出来。

当然，LL.M.项目也不是包治百病的良药！个体付出不一样，收获也不一样；目标不一样，回报也不一样。如今回想起来，除了证书的背书和加持作用，我通过这个项目也初步积累了一些国外的人脉，他们是我的同学、朋友和教授，是学校这个平台将我们联系在了一起；这种人脉的积累发生在互相尊重、双向选择的前提下，最后带给我意想不到的收获。

说句题外话，有人总喜欢拿LL.M.学生和J.D.学位做对比；实际上这两个项目设置的目的不相同，LL.M.和J.D.处在两个不同的轨道，在我看来是没有比较意义的。

一言概之，J.D.项目培养的是在美国本土律所工作的生力军，LL.M.项目培养的是扎根于母国但具有国际化视野和格局的涉外法律人才。如果你想正经地留美国的大律所发展，那就应该投入时间和精力去读三年制的J.D.，这是进入美国百强所的标配；想凭LL.M.学位进军美国律师界不是不可能，但是若干年后有可能会面临事业发展后劲不足的问题，需要三思。

02 就业选择：中产 vs. 卓越

入学时的喜悦还没有维持多久，就变成了对毕业走向的思索。

有的人可能一开始就决心趁留学机会留下来，而我是一开始就想回国发展；但经过一段时间的融入适应后，我觉得自己开朗外向的性格和纽约这个城市很搭，我也很享受纽约包容、多元化的文化，所以不免也动过留下来的心思。中间有点儿小插曲，我算是体会过了美国律所求职和公司求职的感受；最终上天以独特的方式指引了我，我在4月中旬受邀去波士顿哈佛大学法学院做短暂的guest speaker的旅程中顿悟，确定了回国发展。

先说说我一厢情愿的对哈佛法学院的追梦过程吧。我人生中第一次到美国，第一个到访的城市就是波士顿，因为哈佛大学法学院是我的二十年梦校，激励我从一个从事国际贸易的商人变成一名律师，并为这个梦想一路做着准备。我全力以赴地做申请准备、为哈佛而去，但最后无缘哈佛而花落纽约大学。因为这段经历，我常提醒申请者，即使我竭尽全力准备申请，但竞争激烈、出国留学的优秀人才层出不穷，我最终也就申请到排名第六的纽约大学法学院；如果你不用心准备申请，结局就很不好说。

正所谓“有心栽花花不开，无心插柳柳成荫”，缘分又以另一种方式来临。2019年1月的纽约正值隆冬，寒假的某天下午我和同学夫妇正在学校附近的一家网红咖啡馆喝下午茶，邮箱里来了一封哈佛大学法学院亚洲法律协会的邀请，他们读我过往写的系列文章时，无意中发现我此时正好在纽约大学法学院留学，问我能否去波士顿给同学们做个讲座。4月中旬，我去了波士顿，给同学们做了场关于“海外并购交易中总法律顾问的作用”的讲座。

去交流的那段时间前后，我正在为留不留在纽约工作而犹豫。当时在美国，我尝试了各种面试机会。我性格比较外向，利他主义的人格特征比较明显，作为管理者果断有担当，这种个性在求职面试中挺招人喜欢的。如果我非要留也可以，有不少中国企业在海外买买买，机会是存在的。但留或不留，对一个四十出头的人而言影响深远，其中的利弊得失是需要仔细权衡的。4月的哈佛之行，无意中帮我坚定了回中国发展的心志。

交流结束后在回程的火车上，我忽然意识到，有这样一个机会来哈佛法学院做讲座并不是因为我是纽约大学法学院的毕业生，而是因为我过去在国内的业绩，无论是写的专栏文章，还是事业上侥幸做出的成就；我在纽约大学读书，只是正好提供了一个促成讲座发生的地点上的便利因素而已。同样，如果我留在纽约或者美国发展，我的起点就是纽约大学法学院的教育经历，外加一个有可能获得的纽约律师执照；在美国这样的履历真的算不上什么，只能说通过努力我会成为一名在纽约律所工作的律师，有可能会拥有一种中产的生活。

但纽约的律师多如天上繁星，我落在美国这个大熔炉里是不会激起多大涟漪的，反而容易被这个大熔炉吞噬。中产，是我想要的吗？

即使你从未见过我，从我的文字中你也不难发现，我是个乐于挑战自我、打破边界、富有生命力、称得上坚韧的人。我内心渴望的是卓越，而非中产。**留纽约和回中国本身就是个伪命题，无论在哪个国家工作，你想发出声音让世界听到，你本身要足够出众，业绩和成就才是硬道理。真正的问题在于：你在哪里更能取得事业成就？答案不言而喻。**

首先，中国有我过去二十多年的积累，我可以在原有的高度上继续前行；其次，在自己的国家发展，不仅原有的优势不受损失，而且海外经历能成为加分项，我会有更多的机会；最后，中国正处在蓬勃发展的过程中，这个历史机遇将给每一个人成就卓越的机会。因此，**立足中国而谋求国际化发展，用我在中国的成绩为基础来撬动世界，展示中国法律从业者的声音，这才是对我有利的方向。**

回到纽约的第二天我就订了回国的机票，这是第二次哈佛之行带给我的意外收获，我把它当作冥冥中上天的指引。确定了方向后，我的心才真正地安定了下来。

03 留学对我的独特治愈意义

这一年和美国法学院的短暂交集，治愈了我内心作为70年代生人的诸多遗憾。

说来有点心酸，我四岁前还有吃不饱饭的短暂经历，为吃上三个肉包子需要等一年，因为那是生日时才有的礼物；这导致我成年后喜欢在冰箱里存放大量吃不完的食物，因为那能治愈我心里对食物匮乏的敏感和不安。有时候我打开冰箱门，常想起一句话："幸运的人一生在被童年治愈，而不幸的人一生在治愈童年。"

从小我还面临男女不平等的局面，最后导致了我要强的性格。我出生的时候计划生育政策尚未实施，江浙地区重男轻女的思想还比较严重；从小我就要努力去证明我比男孩子强，这样才能从父母处获得更多的资源、受教育的机会；而当时，有很多父母让自己非常聪明的女儿放弃读高中和大学，转读初中中专或者高中中专去养家挣钱，供家中的兄弟读书、结婚、生子。有证明自己的倾向、珍惜机会、比较要强，是许多生于70年代的女性的写照，工作上我也是如此。其实，这是非常辛苦的人生。

留学，对我们这代人是一个格外奢侈的梦。我上大学时教育资源短缺，能有机会留学的人更是寥寥无几；即使有，刚开始也是国家选送，后来才逐渐开放。而我的人生曲折，经历让我学会承担责任，通过努力解决难题，但曲折使得留学这件事离我有点儿遥远。不想命运垂青，年过四十还能到美国

Top6法学院学习一年；尽管学历背景复杂，但最终我还是通过上诉获得考纽约律师执照的资格，这大大超出了我的预期，已经不是一句感恩能够表达的了！

因为感恩，我在纽约大学读书的时候，尽力多为社团做事，最终获得了法学院奖励具有杰出领导力学生的“范德堡奖章”。坦白说，我原本不爱主动和人交往，读书写作思考让我自得其乐。促使我走向社团的原因只有一个：被治愈后的感恩。

回顾前半生，我把自己看作被上天挑选出来去经历一些考验的特殊的候选人，通过了严苛的考验后，上天又给了我与同龄人相比无比幸运的奖赏；到纽约大学后，前半生心愿达成，内心流动的是被治愈后的感恩和幸福。

有爱的人才愿付出，缺爱的人贪婪索取。不是吗？

04 结语

回国后，我和去美国读LL.M.的小同学一样面临重新就业再出发的现状。也趁刚毕业记忆还比较新鲜，把我的LL.M.学习感受用三篇系列文章总结下来，我自认看人生和事物还是比较通透的，故而希望这些观点能对后来者有些参考价值。关于纽约州律师执业资格考试我有意略过，是因互联网上前人文章太多，我就不画蛇添足了。

我对纽约大学法学院早早录取背景复杂的我这件事非常感激，对学院老师的高素质、敬业、对国际生的友好和整个学院的服务意识非常满意；虽然永远不知道自己的明天会有惊喜还是惊吓，但我会用心活出自我！

毕业是终点，亦是起点。祝福远渡重洋、前赴后继去美国留学的LL.M.们！也希望我的下半场人生更从容、出彩！

美国总法律顾问的三种决定性能力

2019年春季，LL.M.学习第二学期，我竞标到一门名为“Role of Corporate General Counsel”的课程。于是，我有幸在九位来自美国知名企业、政府机构、NGO的总法律顾问的引领下，完成了和总法律顾问作用有关的不同议题的课堂讨论，对中美两国企业总法律顾问的能力和作用做了对比及反思。事后想想，这是我在美国学习期间上过的最有启发性的一门课程了！

这门课程在美国法学院算是比较先锋的，开设的学校有限，选修的人数被严格控制；想选修的学生必须通过教授的事前遴选，我能被选上很幸运。为保证教学质量，课程由Dean Professor Morrison 亲自设计，Dean动用了他最好的校友资源，找来美国各行各业极具代表性的总法律顾问为我们授课。同时，来上课的总法律顾问对课程很上心，讲授和讨论的内容也是经过精心设计的，组织有序，整个过程令人享受！

最难忘的是上课过程中思维碰撞、火花四射的瞬间！随着时间的推移，细节被我渐渐淡忘，但美国总法律顾问在领导力、商业常识、创新性解决问题能力方面的突出表现，给我留下了难以磨灭的印象。“他山之石，可以攻玉”，写下这篇总结性文章，供国内同行参考。

01 领导力——美国公司法务部的规模

去美国读书前，我在汽车业的法务部做中国区总法律顾问。汽车业代表了一个国家的工业发展水平，涉及的产业链完整而冗长，很多汽车零部件厂商本身就是知名的跨国公司，每一个单独拎出来名字都是响当当的，所以当时我们的法务团队人数并不少。在世界著名汽车品牌企业，全球法务部200~300人团队成员的规模很正常。但给我们上课的美国总法律顾问，团队成员少则上百人，多则高达1500人，个别为NGO和创业公司服务的总法律顾问除外。说实话，这样的规模有点儿刷新我的认知。

法务团队人数越多，对总法律顾问的领导力要求就越高。一个领导500人以上法务部的总法律顾问，意味着他/她需要具备一个中小型公司CEO的领导力！更难得的是，有的政府机构也有庞大的法务部，其团队成员数高达四五百人，这在我出国前是无法想象的。

之所以介绍美国知名企业的总法律顾问所带领的团队人数，有两个方面的考虑。**一是不少媒体宣传我国法务行业薪资和美国的差距时，参照系是美国总法律顾问的薪酬调研数据，但这种参照并不可靠。**因为单纯的数字比较没有意义；而且这些比较没有涉及数字收入背后的支撑点（包括团队人数和对领导力的要求），容易被片面解读。二是公司法务团队大小，反映了美国公司的实力和其对法律在商业中的作用的重视程度。虽然中美两国传统和国情不同，但整个社会对法治的重视程度会或多或少体现在每一个社会基本结构中，而商业的基本结构是公司。所以，中国和美国总法律顾问带的团队人数，在某种程度上也反映了中美两国公司的实力差距和公司对法律在商业中所发挥的作用的重视程度的差距。

就第一个方面而言，我也喜欢高收入，追求通过在公司提高法务的影响力最终能够实现体面的薪酬。**但是，不看法务部的团队组成人数、日常工作中所处理问题的复杂程度、对总法律顾问领导力的要求、总法律顾问的任职资格标准，泛泛而论地解读中美两国总法律顾问的收入差距，是无**

价值的误导。

这种误导的负面影响会令人心浮气躁，使得青年律师在追求个人发展时动作变形，投机取巧心理激增，故有必要澄清一下。譬如，我在接待法律职业辅导的过程中，常遇到希望薪水迅速翻倍的青年律师和法务，拿道听途说的市场薪水来和自己的收入对比。作为职业导师，我觉得追求价值认可的想法是值得鼓励的，但更应鼓励的是提升自己的专业性，一步一个脚印、踏踏实实地向前走。我更愿意竭尽全力地去努力，在努力有成效后再获得经济上的认可。我希望青年律师具备这些基本认知。

对于美国总法律顾问的市场薪酬数，我更关注支撑这个数字的基础，并在此基础上再观察中美两国总法律顾问在每一个薪酬支撑点上存在的差距。实际上，中国市场上也有收入可以和美国的总法律顾问比肩的资深总法律顾问。如果你恰好多了解他们一些，就会知道，对他们的任职实际上也是按照国外的标准考察的；他们无论在中国工作还是在美国工作，都属于人群中的杰出人物，很多时候令我自愧不如，激发我人到中年时还远渡重洋去追求进步。没有什么可抱怨的，多多努力向他们看齐是正道。

另外，目前国内法务的职位，相比其他发达国家远未到普及的程度，还有很大的改善空间。我国企业有的规模还太小，不需要请公司法务，毕竟对于一个生存都存在困难的公司，很难要求它从一开始就配备公司法务；有的是企业家对依法治理公司不重视，只考虑商业风险，不考虑或较少考虑法律风险，这种企业是很难做到基业长青的。

最近一个好的转变是，国家正大力推进央企的总法律顾问制度，而且总法律顾问是要进领导班子的。相比较过去总法律顾问多存在于跨国公司和大型本土民企，这是一个划时代的进步！但架子搭起来了、总法律顾问请进来了以后，怎么用、用到什么程度、多大程度参与公司的决策，这些问题的答案比设置一个职位更为关键。

02 商业常识 vs. 法律常识——两难的选择

这门课程的另一个迷人之处在于，正当你沉浸在故事情节里听得入迷时，两难的选择跳出来了；正在授课的总法律顾问提问："如果你是公司的总法律顾问，设身处地地想想，该怎么办？"我非常喜欢这样高度真实的场景，这是美国法学院课程的一个特色所在：场景逼真，真实还原，和实践高度结合。

课堂上的学生以三年级J.D.为主，另加三四个LL.M.，所以你在课堂上要大量发言。现实地说，除非LL.M.本身就来自英语国家，否则LL.M.的口语是无法和美国J.D.媲美的，因此J.D.在课程上参与程度更高些。有些问题对我而言很轻松，就想多听听其他同学怎么说，有好几次同学的回答"惊艳"到了我！别看小同学尚未正式开始职业生涯，但他们解决问题的能力是惊人的，这一点也让我由衷地佩服美国法学院教育的务实性！相反，有的问题没经验的同学回答方向偏了，授课教授希望有人把问题的方向带回正确的轨道时，我会主动说一说。

往往那些跑偏的回答，并不是法律应用能力欠缺所致，而是因为缺乏商业管理上的常识。那个时候，长期在一线从事法务工作的我，处理问题经验感的优势就体现出来了。比如法律的规定是这样的，但现实是那样的，一个向左一个向右，该怎么办？小同学的第一反应是按法律办；但如果真能如此简单地解决问题的话，还需要我们如此热烈的讨论吗？

在两难的选择之间，至少需要考虑以下几点：（1）公司长期发展战略；（2）目前做法的优点和存在的问题；（3）法律的边界在哪里；（4）公司的企业文化是怎样的。

企业是一个复杂的综合体，每一个决策都有特定的几个关键维度需要考虑。总法律顾问不仅是具备法律常识的全能律师，还是具备商业常识的管理层，应在综合考量上述因素的基础上再来做方案的平衡和取舍。这门课程对那些没有工作经验的小同学的价值很大程度上就在这里：挑战律师固有思维，开拓思路，为将来的工作做准备。

但这些都不难，工作时间长了，解决问题的思路会逐渐转变成一种习惯。听到我的回答，给我们上课的总法律顾问会松口气，估计心里在想总算有人回答到点上了。我听到他们确认我解决问题的思路是正确方向时，也松了口气，心想总算是这么多年没白干公司的法务管理工作。虽然我们所在的国家国情、企业文化、社会制度不一样，但是解决问题的思路基本趋同。

有启发也有开悟，更有彼此的认同和印证，这是这门课程对我的价值所在；往大了说，也是我来美国读一年LL.M.的意义所在。

03 创新性解决问题的能力——核心竞争力之一

作为一名总法律顾问，无论你在哪个国家工作，解决问题是你的本分；能解决别人无法解决的难题，是一名优秀的总法律顾问的核心竞争力所在。我在课堂上的感觉是，这种附加的核心竞争力，有一种必定是创新性解决问题的能力。

授课的美国总法律顾问竭尽全力地想提前把工作中会遇到的极其有挑战性的场景，最真实地展示在我们面前，考验我们解决实际问题的能力。如何在全球妥善地处理公司的合规事务？如何处理公司危机？如何帮助创业公司设计出能满足公司业务未来发展要求的，但看上去又几乎不可能实现的最佳合作方案？这都是我们课程学习中会涉及的议题。

有一周，来上课的总法律顾问就职于一家知名的独角兽公司，课程显得非常有挑战性，拿到案例后连我都觉得难度很大！上课前我按照提前给的资料，写了反思文章，列了两三种解题思路；同时也好奇，选如此情境下的案子，上课时难道不怕冷场？

但结果却出乎意料！面对难题，课堂上的讨论气氛反而异乎寻常地热烈！同学们发挥了令人惊叹的解决问题的能力，脑洞大开，思路源源不断地喷涌而出；最后，一个看似完全不可能实现的目标，在大家的互相启发和协作下被实现了，大家居然总结出了四五种解决问题的思路。而这四五种解决问题的思路中，有一个思路是我贡献的，被教授认为有价值，可单列一种来讨论，其他都是美国同学的贡献。

看到自己的思路被单独列出来讨论，我感到自豪，但也十分汗颜。毕竟其他方案都是那些尚未正式工作过的美国J.D.同学提出来的，我已经在这个行业内工作了十多年了，加上商业从业经历都二十多年了。看看周围的小同学，真是不由得感慨后生可畏！

另外，那位授课的美国公司的总法律顾问说，他每天在硅谷工作需要面对的实际问题是：怎么帮助公司更好地“活”下去？当自己很弱小的时候，如何在和强大竞争对手的谈判中获取最佳利益？怎么为公司争取最好的付款条件？我不由自主地想，如果我处在他的位置上，我能做到和他一样，甚至更好吗？这引起了我在三个方面的反思。

首先，这份工作和他过往超过20年的律所合伙人的生涯，有本质不同，我很佩服他放弃那个律所合伙人职位，转而接受这份有挑战的工作的勇气。

他现在服务的不是四平八稳的客源稳定的企业，而是一家有未来但同时现金流很容易出现问题的公司；公司对生存和发展的需求，对一位总法律顾问的能力提出了更高的要求。我猜测他内在的渴望挑战、活出自己最大能量的心态应该或多或少成就了他的转型。

再想到自己，国内的朋友多数对我放弃已有的成绩去国外读书感到惊讶，可能是这一行为挑战到了不少人的固有思维；反而是我认识的国外朋友或同行中，表示理解和认同的更多。再看看我所认识的美国总法律顾问，有不少是已经做到了知名律师事务所的合伙人后，突然有一天接到一份到公司担任总法律顾问的邀请，然后觉得是个不错的契机而转向了另一个轨道，周围的人也见怪不怪的。

诚然，曾经取得的成就饱含着我多年的奋斗史，我也不舍得轻易地去打碎和丢弃；但只要我心里对另一个高峰的执念仍在，就不可霸占着一个小山峰终老，终究会在适当的时候拿出重新出发去攀登高峰的勇气。这就好像小时候我们看的动画片《变形金刚》。动画片里金刚们随时可以不带任何心理负担地打碎后变形重组，在需要的时候变身、组合出各种更契合环境的形状去战斗；一个人如果能随时根据情势的变化重新组合、轻装上阵，就会有机会展示出自己最大的爆发力；那么这个人，无论是20岁、40岁，或者60岁，均能活出自己最大的能量。我希望我就是那种变形金刚。

更深一步讲，人活着为了什么？于我而言，是在每个阶段展示出自己的最大的能量，然后挥挥手向下一个阶段进发。正如《浮士德》中所说："尽管每一次都伴随着危险和牺牲，投入未知是我们前进的办法。"每一次转身，每一次放弃，每一次打碎，每一次重组，我们各个维度的能力都会受到不同程度的挑战，但所有杀不死你的必将让你强大！

其次，转型后，这位总法律顾问面对的日常工作情境和大公司、政府出来的总法律顾问有很大的不同，需要他发展特殊的"屠龙技"。

他所要开发的新的"屠龙技"是创新性解决问题的能力。开发新的能力固然痛苦，但一旦形成惯性思维方式，这种能力也将在他今后的职业生涯中为其提供额外的市场竞争力。

他供职的公司估值很高，市场前景广阔，但商业世界的发展是一种力量此消彼长的过程，他的对面则是强势而知名的商业合作伙伴，和极其苛刻的商业合作条件；作为初创企业总法律顾问，他不能因循守旧地开展工作，需要格外保持开放心态和高度灵活性，否则在这样的环境里是很难生存下去的；因此创新性解决问题的能力就显得尤为重要。同时反观他过往的工作经验，在去那家初创公司之前，他在一家知名律所工作了很多年，顺利地升到合伙人；那些律所的工作经验中，又有多少对他后来发展出新工作技能有帮助呢？

这也促使我展开更开阔的联想：**在转型发生的时候，（1）那些过去帮助我们取得成功的经验也好、习惯也罢，当周围的环境发生改变时，它们还能帮我们继续取得成功吗？（2）什么是我们需要放弃的？什么是过去留给我们**

的宝贵的遗产？（3）取舍的标准是什么？

告别过去有时候很难，但假设不告别就会沉船，面对这样两难的人生情境，我们该如何抉择？而如果这不幸是你不得不去面对的一件事情，纵身跳入冰冷而未知的大海时，你的救生衣是什么？有什么东西是你无论处于任何环境下都可以携带并有用的？

在我看来对于一个总法律顾问而言，企业平台仿佛是那艘船，运气好的时候你能借助船的远航去见识绚烂的风景，运气不好的时候也有沉船的可能；船是带不走的，但人是可以自由地流动的，而知识和能力将跟随人而流动！

最后，守成是基本的本分，总法律顾问更难能可贵的是去克服挑战和困境，去创新和开拓，完成不可能完成的使命！

我曾以为我的一项核心竞争力是完成别人不可能完成的任务，因为每当遇到这样的任务需要有人完成时，我总会被第一个想到。最典型的是别人花了十年没做成的工作，我花了两个月完成了。但在课程上，我看到了其他同学脑洞大开的思路和未来的可能性，虽然我尽力去突破自己思路的极限，但仅有一个思路被选中，我看到了自己的局限性。

这对我有两个方面的启发：**一是个人的力量再强大也是有限的，依靠团队协作更有爆发力；二是解决问题过程中的创新性是没有止境的，这是我的一个强项，但强项是相对而言的，这个局限性的边界仍然有很多的空间可以挖掘。**

04 结语

在我的眼里，一位总法律顾问在公司中所发挥的作用，和他/她的领导力、商业常识、创新性解决问题的能力息息相关。这不是说其他的能力不重要，而是在我上的这门课程上，这些点被格外地强调。

写到最后，还是鼓励出国读书的同学在上课有观点就说，不用害羞。因为我说得比较多，在期中和期末都收到了来自这门课程教学管理教授的感谢信，感谢我提供了国际化的视野下看美国法问题的维度。因为我说得比较多，有同学在学期结束的课程评价上建议学校考虑请类似我这样有国际化视野的其他国家的总法律顾问来授课，使课程真正变得国际化。因为我说得比较多，给课堂贡献过完全不同的破局思路，给教授留下了比较深刻的印象，在毕业授位典礼上院长特意告诉我："我的课上有你真好！"很意外，也很惊喜！

敢做“吹哨人”的
美国总法律顾问

做了多年总法律顾问，遇到过拷问心灵的艰难抉择。这种艰难抉择与技术层面无关，与律师职业伦理道德相关。

法律技术层面的事，内部无法消化解决时，总法律顾问有权聘请外部律师协助解决；真正让人难以抉择的是：（1）**CEO的决定违法或者与公司利益相违背时该怎么办？**（2）**董事会也站在CEO这边，但总法律顾问依然认为违法该怎么办？**（3）**穷尽办法无法改变违法局面时，是否应该向外部监管机构汇报？遭事后报复怎么办？**

我曾在总法律顾问手记《高能预警——法律顾问的职业道德边界》一文的总结部分回应了上述三个问题中的（1）和（2）：**公司雇佣内部法律顾问的作用，并非希望其为公司获取非法利益保驾护航，而是希望通过法律顾问的合规监管和安全守护，杜绝或者有效减少公司经营活动中发生法律风险的可能。如果公司法律顾问发现公司存在用不当程序或非法手段获取商业利益的行为，首先应立即警示管理层，其次要有能力有效地终止此类行为，包括及时向董事会汇报，通过公司内部流程强制终止。**

我带着自己的思考和疑问去美国求学，最终在公司律师职业道德课程中和教授课后探讨后，理解了美国总法律顾问在遇到类似问题时是如何处理的，以及他们的底气来自哪里。在这篇文章中，就把我的浅见和大家分享一下。

01 双重身份下的艰难抉择

之所以在某些语境下，CEO和总法律顾问意见相左会成为尴尬的问题，甚至导致总法律顾问面临职业生涯中的艰难抉择，与总法律顾问的双重身份脱不了干系。律师和公司高管的双重身份，二者有时能和谐共处，有时则危机四伏。

对于企业运营过程中所涉及的法律事务，有很多种分类方法，就本文中所讨论的、**迫使总法律顾问越级汇报甚至做吹哨人的法律事务，从合规的角度可分为两类：第一类是不会触发监管机构干涉的法律事务（以下简称非触发级法律事务）；第二类是会触发监管机构干涉的法律事务（以下简称触发级法律事务）**。

第一类非触发级法律事务很多见，占据了公司法律业务的绝大多数。在公司总法律顾问的管辖范围内，根据经验做大致的估算，70%~80%的法律事务均属于非触发级。所处的行业不同，监管要求也不一样，所以这里只能是大致的经验性质的估算。举个例子说，在重大合同条款的审阅和修改过程中，内部律师的意见和CEO不同；但由于此类非触发级法律事务上观点的不一致不属于监管机构干涉的区域，无非是风险分布在合同缔约人之间的对称性和对等性的问题，不会触发产生与律师职业道德相关的难题，进而也不会产生是否该越级汇报到董事会或者向监管机构举报之类的心灵拷问。

第二类触发级法律事务，则是对公司CEO和总法律顾问之间合作关系的严峻考验。能经得起考验的良性合作关系，双方在尊重法律监管的底线下相互理解向前走；而经不起考验的合作关系轻则出现裂痕，重则合作关系全方位破裂。

因为第一类非触发级法律事务占据了绝大多数，所以公司总法律顾问和公司法务部是能为CEO所用的，二者在绝大多数时间能和平共处、互相支持，乃至成为工作上的有力搭档。而第二类触发级法律事务，虽占比小但对公司影响重大，一旦触发容易产生“戏剧性剧情”，处理不好就成了总法律顾问越级汇报、向监管机构“吹哨”的导火索。

很显然，第二类触发级法律事务是本文要讨论的重点。这类法律事务一般和合规紧密结合在一起，比如进出口管制法、反垄断法、反腐败法、数据合规等。因为公司组织结构不同，如果公司有专设的合规部，这部分工作属于合规职责范围；但即便公司对此类业务在风险管理内部体系里做了细分，不少大公司在最后的汇报线设置上，也都是规定将合规工作向总法律顾问汇报。

实际上鉴于总法律顾问在公司内部的双重身份，无论组织架构是如何规定的，只要涉及法律监管和合规的议题，总法律顾问都很难事不关己、高高挂起。如果公司在组织架构里并没有专设和总法律顾问同级的首席合规官，发现第二类法律事务并且出现总法律顾问和CEO意见不一致的情形时，情况就有可能向一个我们所不期望的方向发展。退一万步讲，即使公司专设了不向总法律顾问汇报的首席合规官，遇到法律监管相关事务时，总法律顾问也必定在参与讨论之列，一旦发生意见不一致并且这种不一致触发法律监管底线，总法律顾问是无法回避是否需要越级汇报和向监管机构汇报这个问题的。

02 向CEO如实告知法律风险就能解除总法律顾问的责任吗？

趋利避害是人的本能。既然在一位总法律顾问的职业生涯中，其和CEO意见不一致的情形是无法回避的，一旦出现两者意见不一致并触发法律监管合规风险时，矛盾无法调和，通过什么方法能体面地让两个人互相有个台阶下呢？

思考解决方案的人包括CEO们，并不限于总法律顾问们。没有一个CEO愿意自己麾下的公司总法律顾问和自己在董事会上互相对质，更没有人希望公司的总法律顾问向监管机构依职责履行“吹哨”的职能。但是，两个在公司承担不同职责的人思考解决问题的思路是不一致的。

有的CEO会安慰发现触发级法律事务存在风险时显得焦虑不安的总法律顾问：“你把意见和我如实汇报了，我听明白了你就尽职了，剩下的事包括风险和责任由我作为CEO来承担。”这句话引发了下一个思考：总法律顾问对CEO尽到汇报告知之责，就能解除自己的责任吗？

CEO解决矛盾的思路，是从内部管理职位级别和汇报线的角度出发的。CEO认为总法律顾问向自己汇报，自己作为公司最高级别的管理人员，综合考虑后做出对公司最有利的决定。但总法律顾问严格来说受聘于公司而守护公司利益，不少跨国公司的全球总法律顾问都是由董事会聘用的，并不是CEO个人的法律顾问；那种单纯从汇报线的角度出发，认为汇报给上级（CEO）就算尽职，从而免除了总法律顾问责任的说法是站不住脚的；更何况此观点仅考虑了总法律顾问的一重身份，未考虑其作为执业律师的职业伦理道德规范要求，因此是苍白无力的，最多不过就是起到掩耳盗铃的效果。接受这种观点的总法律顾问，这么做不仅责任不能解除，而且严重的时候可能会面临触发法律职业伦理问题。

和中国的公司律师一旦进入公司工作就要被吊销已获得的律师执业证不同，在美国工作的公司内部法律顾问，他们的执业律师身份依然得到保留，他们仍然受法律职业伦理道德的约束，也享有执业律师才能有的“特权”。

执业律师的身份和职业伦理道德规范要求他们在作为公司内部法律顾问任职期间，如果发现公司有违反法规要求的行为，应向总法律顾问汇报，总法律顾问评估确认后（包括聘请外部法律顾问做专业评估）向CEO汇报，CEO如果不采取做出改观的行动，总法律顾问有义务向董事会汇报；如果不幸董事会支持CEO但总法律顾问坚信自己的判断，那他仍有义务向监管机构汇报。就是说，总法律顾问可以在其能力所及范围内进行内部沟通、说服和劝阻；如果尽了全力而依然无法阻止违法违规行为，总法律顾问有义务向监管机构汇报。而且不仅在执业律师的职业道德规范层面上有约束，与此相配套的还有，在有些管制法规中明确地规定了公司的总法律顾问有向监管机构汇报的义务。

由此可见，向CEO如实汇报，在美国法下不仅不能解除一位总法律顾问在法律监管要求下的预警和汇报义务，而且向董事会“越级汇报”也不是故事的结尾；总法律顾问作为一名执业律师，依然要根据法律职业伦理道德的要求，在确信公司的做法违法的情形下向外部监管机构汇报。这里面的尺度的拿捏着实考验一位总法律顾问的智慧和成熟度。

03 向监管机构汇报的底气来自哪里？

了解到这些规定后，疑问也自然而然来了，美国总法律顾问向监管机构“吹哨”的底气从哪里来？他们就不怕为此遭到打击报复以至于丢掉工作吗？

从常识上理解，律师事务所工作的律师由于不具备业务上对某个单一客户的天然依附性，如果他发现所服务的客户有违规行为则有举报义务，这个规定执行起来相对容易；但对于受雇于某公司的总法律顾问而言，公司就是他唯一的客户，让他冒着丢掉“金饭碗”的风险而去维护社会正义，这是否是强人所难呢？

诚然，外部执业律师“吹哨”会有经济损失，但外部律师一个人服务于多家客户，相对于他的整体收入池而言，为社会整体正义价值所牺牲的经济损失是有条件克服的；同时，执业律师也可事前采取有效的措施对客户进行筛选。但“吹哨”的义务，对受雇于公司的总法律顾问而言实在是太强人所难！因为公司是总法律顾问的唯一客户，一旦向监管机构“吹哨”就有失去这唯一客户的危险，牺牲职业生涯不说，生计都有可能成问题。即使总法律顾问做的事情是对的，即使最终CEO因此引咎辞职，即使董事会没有因此让总法律顾问辞职，继任的CEO也很难对该总法律顾问没有工作上的额外戒备之心，甚至董事会还有多少董事能在未来支持总法律顾问履行正常职责呢！在这种情况下，忽视其作为公司雇员身份，不考虑这件事情对总法律顾问的职业前途和生计的影响，而要求他去履行另外一重身份——律师所承担的“吹哨”义务，是强人所难。

强人所难的义务有人执行吗，它的保障机制又在哪里？就这个问题我和授课教授进行了讨论，答案是在美国公司对高管人员的非正常解雇补偿机制中。

在收购兼并过程中的“金色降落伞”（Golden Parachute）规定就是一个很好的解决方案。它是按照聘用合同中公司控制权变动条款对高层管理人员进行补偿的规定，最早产生在美国。“金色”意指补偿丰厚，“降落伞”意指高管可规避公司控制权变动带来的冲击而实现平稳过渡。这种让收购者“大出血”的策略，属于反收购的“毒丸计划”之一。“金色降落伞”规定是指在目标公司被收购的情况下，公司高层管理人员无论是主动还是被迫离开公司，都可以得到一笔巨额安置补偿费用，金额高的会达到数千万甚至数亿美元，从而使收购方的收购成本增加，是对恶意收购采取的一种防御措施。

“金色降落伞”规定的原理可扩大适用到经营者各种原因的退职补偿中。有经验的美国公司总法律顾问在入职前的劳动合同谈判中会加上这一条，以保障自己的合法权益。有了这一条款的保驾护航，在不得已需要“吹哨”的时刻，总法律顾问才有动力去履行这个义务，而不是选择陪着公司铤而走险，从而真正尽到一个执业律师的义务。在最坏的情形下，如果公司高管（总法律顾问在美国是高管之一）因为非正常原因而不得不离开公司，包括无过错履行法律要求的“吹哨”义务，公司应该给予经济上的丰厚补偿。

正是这种经济上给力的补偿机制很好地平衡了总法律顾问向监管机构履行汇报义务后的经济损失。为社会整体公平正义付出了经济代价和自己职业生涯代价的高管，由从事违法行为的公司进行补偿，这不失为另一种公平合理的社会正义实现机制。

04 我国总法律顾问“吹哨”义务在制度上的缺失

回到我国国情，首先，公司总法律顾问并非中国执业律师，他们绝大多数人的身份不是双重的，总法律顾问履行“吹哨”不是法定义务，而是一种道德正义感驱动下的行为，这是我国制度设计上的缺憾之一。同时，具有其他国家律师执照的、受其他国家法律约束而具有“吹哨”义务的总法律顾问除外。

我国法律规定，执业律师一旦进入公司执业，就失去了执业律师的身份，所以不受制于律师职业道德规范约束，也就没什么必须履行的法律义务可言。这一方面在制度上使得总法律顾问履行此类义务无法可依，没什么统一的操作守则作为业内一致的从业规则，他们只能凭良心做事；另一方面，缺乏从业守则的弊端是，当总法律顾问和CEO、董事会发生意见不一致时，拿不出明确的法律法规抵制CEO的不当指令。

其次，“金色降落伞”规定目前在中国公司适用非常有限，在CEO层面上尚且适用不普遍，更何况总法律顾问；没有制度保障，即使有法律上的义务也很难实施下去，这是缺憾之二。中国的人力资源市场上从来不缺人，“金色降落伞”条款在大公司都尚未成为劳动合同中的行规，更别提大量的中小型公司了。另外，公司总法律顾问在中国企业里的地位有待提高，明确公司总法律顾问属于高管的公司很有限，如果总法律顾问在公司的定位只是中层，“金色降落伞”制度即使有，能否惠及总法律顾问也很是成问题。

05 结语：对我国总法律顾问在合规监管上的借鉴意义

首先，明确总法律顾问受雇于公司成为公司员工后，提供法律服务也属于法律执业的范畴，受法律职业道德规范的约束，对触发监管级别法律事务具有法定汇报义务；其次，在总法律顾问的雇员身份和律师身份之间寻求经济上的平衡，从而实现社会正义的整体实现，引入“金色降落伞”制度无疑是一种不错的选择。此外，在文化层面，也要鼓励整体正义，增强正气文化，提倡合法合规经营是一切企业内部行为准则的起点，在企业内部行为准则和合法合规要求相互冲突时，合法合规优先。

回忆2018年某公司遭到美国出口管制制裁时，很多媒体报道中提到是中兴在美国聘用的法律顾问向监管机构做了举报，言下之意这位受雇于中国企业的外国律师吃里爬外、不忠不义。我们先不论何为忠义这个大概念，显然媒体关注点只落脚于该美国法律顾问是中国公司雇员这个身份，集体忽略了他同时也是美国执业律师的身份，在美国法下他有“吹哨”的义务。但通过上述介绍，相信读者在对美国公司法律顾问、总法律顾问的行为规范准则有了理解之后，再考察这位受雇于中国企业的美国法律顾问的行为，可能就有了另外一层深度上的理解。

对中国企业而言，摒弃传统观念，接受总法律顾问的双重身份，接受总法律顾问可以越级汇报和向外部监管机构“吹哨”，可能是一个长期的过程。即使有方案，实施起来在内部也有个适应过程。对于那些理解合法合规经营是公司生命线的企业，实施之初矫枉必须过正！公司董事会层面也好，管理层也罢，应给予坚定的支持。

附 | 录

职业发展问 Lily

去积极地提高沟通技巧，而不是从一个战场落荒而逃，却期待着在另一个战场上会不战而胜。

在国内排名前十的法学院读完法学研究生，再去美国读LL.M.或J.D.值不值？

法学是一门实践性很强的学科，国内的法学研究生教育实践性不够强，培养出来的人才更多的是理论学者。而与法学博士研究生相比，国内的硕士研究生在理论研究方面又处于一种比上不足的尴尬地位，所以容易对自己的职业发展产生疑惑。这是一条在知乎的提问，被我选中，做了如下回答，贴出来供大家参考。

*Lily*回复：

谢邀！我刚从美国读了LL.M.回来，去时40多岁，可能是你邀请的人里面少见的、新鲜出炉的老LL.M.，正好说说这个话题。我研究生读的是211、985学校的法学院，到目前工作20多年了，并且我是做过将近10年的商业工作后转的法律。读LL.M.是我十几年前上法学院时的愿望，但因为法学院毕业后从法务专员一路做到总法律顾问，从民企到知名跨国公司，被现实耽误了很久才去读。

之所以下定决心去读LL.M.，有圆梦的因素，也有非常现实的原因。正如有答主说外所基本只招LL.M.，跨国公司的高阶职位也是，LL.M.基本上就是标配。这些公司为什么值得你去？薪酬高，有很好的培训体系和企业文化，对年轻人自我磨炼是大有裨益的；有了这样的经历，以后你想去民企、国企、国内红圈所闯荡，相对容易。而如果你一入行去的层级不是很高，逆袭是很费劲的。所以条件允许，最好能一开始就站在职业制高点。

学历只是选拔人的其中一个维度，你有，不一定能进入这些金字塔尖的位置；你没有，99%不可能。现在市场上具有出众背景的人很多，国内排名前十法学院毕业的也只能勉强进红圈所；如果你是北大、人大、清华毕业的，另说，外所也可能会有个别机会给你，但进去之后，外所还是会要你去国外读的，你晋升之前也要去的。

所以如果你经济实力够，为什么不去读一个开开眼界，给自己的未来多几种可能性呢？当然，如果经济实力暂时不允许，也可以像我一样，先努力工作，然后再选择合适的时间去。

说白了，在北上广，背景出众的候选人一抓一大把，条件好的比比皆是，如果你没有特殊的人脉靠自己拼的话，至少你的基本教育背景要和别人持平。虽然一年的LL.M.时间有限，但有比没有强。

我选人也一样。同样条件，我会选LL.M.或者J.D.，接受过美国法学院1~3年洗礼的，写出来的法律英语真的和纯国内教育背景的有明显区别，更不用说国外律师执业资格的含金量。如果市场上有海外留学背景的人很多，要价也不贵，同等条件下我当然会选背景更好的。

以你的背景，前十名的国内法学院毕业，应该能申请到还不错的学校。当你见识到来自世界各地的优秀法律人才，遇到杰出的教授后，你会变得真正的有底气和有自信；同时，经过美国法学院考试的暴击，经过了每天10~13小时苦读的磨炼，你还会看到自己的局限，因此也更谦逊。供参考！

获得175个赞和32条评论的公益回答——该坚持做律师还是做法务？

28岁，男，法律硕士学历，2017年毕业后一直在家准备法考，2018年通过。目前在武汉一家律所实习，每月1500元的补助，非常迷茫。因为已经结婚，马上得考虑要孩子了，但是律师前期太过艰难，开始的三年连自己都很难养活，在律所做事情也没有反馈，做得好或者不好都不知道，压力很大。特别是家庭压力，本身家里就没啥钱，马上又上有老下有小了。现在纠结的是继续在律所做律师，面对未知的将来，还是先做法务，以后再考虑做不做律师，可进可退。

这是我在知乎上收到的邀请回答。我每个月会选择回答1~3个问题当公益做，这是其中之一，我觉得还挺有代表性，尤其是对面临职业选择的法律人，贴上来一起参考。

*Lily*回复：

> 我十几年前法律硕士毕业的时候，也面临同样的困境，当时北上广律师助理补助普遍是2000元/月，除非进入金杜、君合这样的一线大所（6000元/月，2006年）或者外所，如果靠个人的财力，生活会非常困难，我当时有过和你一模一样的纠结。最后我去了一家知名车企做法务专员，在那里开始一步步从法务专员升职到法务总监，做成了业内知名

交易，又去了跨国公司做总法律顾问多年，然后转身去美国排名前六的法学院留学，直到现在做法律职业导师。

我当时的想法是先在法律行业养活我自己再说，所以选择了法务工作，没有坚持去做入不敷出的实习律师。如果我坚持认真做法律的初心，却连生活都过不下去，内心难免会产生焦虑，在很多事情上动作就会变形，我不想这样；而且我认为那种残酷剥削小律师的做法，反过来也说明那个律所或者那个合伙人并不是很好的平台，让人基本生存问题都解决不了的平台，不值得去。

另外，我不赞成可进可退的想法。做一行爱一行，深挖下去才会成功。律师和法务虽说是职业共同体，但是转轨的成本也是很高的，除非你发现自己很不合适做某一种职业，否则做了就应该坚持下去，不要抱可进可退的想法。

法务不是在律师行业受挫后的避风港，工作压力同样存在；律师行业也不是法务做不好后的退路，律师有律师的压力；能力强的人在哪里都能发展好，能力弱的在哪里都可能受挫。

“刚出炉”的美国LL.M.，已在律所上班，没通过NY bar，是否对发展有影响？

Lily姐你好，我在寄托网法律版读到你申请美国法学院的文章《百战归来再读书》，在托福版读到你四战托福的提分经历，被你的精神深深地感动，从那时起一直关注你。今天冒昧地给你写信，有个问题想听听你的意见。

我2020年从美国Top14法学院LL.M.毕业，回上海上班没多久疫情就暴发了，我们从3月份开始就改线上上课，找工作非常难，买回家的飞机票时又经历各种折腾，面试中也是各种不顺，最后终于找到一家非红圈所但还算知名的二线所的工作。在这过程中我感觉疲惫不堪，也因此在NY bar的考试上准备、发挥均一般。考试刚结束，我又开始担心考试的结果了。

我想问，万一我这次没有通过，还需不需要继续拿NY bar的执照？个人打算是过几年转法务的，我是女生，长期做律师体力上吃不消，法务貌似不需要bar?

*Lily*回复：

感谢你的来信。我猜你应该是从国内还不错的大学法学院毕业的，然后申请的美国Top14的LL.M.。要回答你的问题，**我们首先要区分一下就业和取得执业资格这两件事。**

如果你从国内大学的法学院毕业后虽然运气不太好，没有一战通过国内的法律职业资格考试，但教育背景够好、公务员考试分数够高的话，也是可以找到公务员、律所工作的。就业机会并不会因为你缺少一个职业资格证而对你关上大门，尤其是初级的职位，毕竟每年能通过法律职业资格考试的人数有限，用人单位会有一定的容忍度；但在绝大多数情况下你应该还是会继续考，直到通过为止。

原因是虽然没证就业之路暂时是通的，但是你会损失不少其他本来可以考虑的机会；你的同学都过了你没过，你感到难堪，因此想去证明自己；你还有对未来的一些担忧，自己现在有工作，暂时不需要用学历和资格证书做敲门砖，但是如果你不打算一份工作做一辈子的话，依然是要趁早通过考试，让自己准备好，以免将来跳槽的时候再次在竞争中处于不利地位。

而现在你之所以在是否将来需要再考一次NY bar资格的问题上有点心思不定，无非是NY bar对你来说，不像中国的法律职业资格考试，是作为一个中国律师是非过不可的；纽约律师执业资格考试对你而言是锦上添花，是作为涉外律师的标配。但你环顾四周，大把的律师因为种种原因没机会去海外深造，大把的律师没有纽约律师执照；你会犹豫自己还要不要那么辛苦，我有工作经历也许这个就不重要了，对不对?

回答这个问题要看你个人的职业志向。如果你只想做一名研究中国法的律师，而并非从事涉外法律事务的律师，这个执照你获得了以后就只是对自己的一种证明而已，有多少用很难说。但如果你的志向是做一名涉外律师，将来即使转公司法务了也希望去的是体面的单位，我建议你再坚持一下，趁热打铁把NY bar拿下。我相信只要方法对、时间和精力投入足够，那你既然能去美国读完一个学位回来，也一定能拿下这个资格考试。

在北上广为主的好的工作机会，无论是律所还是法务职位，往往都不缺人才，一个职位被放出来能吸引来一大堆优质的简历，候选人毕业的学校一个比一个强，背景一个比一个牛，工作经历漂亮的很多，把自己准备好将来多些选择的机会是很重要的。

你在律所做的话，红圈所里凡是去美国读书回来的基本都有NY bar，若你没有是很难受的，别人看你的眼光也不一样；去公司做法务虽然不会强求你有纽约律师执照，但面试的时候你的面试官会有虽不明说但会影响其最终决定的顾虑。坦白说，如果竞争对手中有表现差不多的候选人有执照，那么你的机会就岌岌可危了。

另外，虽然你有工作经历了，但工作经历在今后求职中的权重是否能超过NY bar的影响？建议你先想一想自己的职业定位，是想过普通律师的生活，还是走涉外律师的路子。你的工作经历和过去一张白纸的你比起来是有进步的，你有了一些可以说也值得说的经历；但我要提醒你的是，和其他的候选人比起来，你的工作经历够独特出众吗？这是一个问题。

在北上广，一个招聘职位上工作经历的同质化竞争也很常见，我觉得工作经历很重要，但是作为一名涉外律师，持有海外的律师执照也同等重要。你既然已经花了这么大的成本代价去美国读法学院，那就再坚持、忍耐一下吧。考NY bar确实不容易，但务必相信道路是曲折的，前途是光明的。

工作内容与出offer时的约定相去甚远，但薪水满意，我该留还是走？

Lily姐，我去年从律所（做律师）跳槽到了现在的公司，想从事跨国并购业务和资本市场业务，面试的时候公司领导告诉我有金额约40亿人民币的海外并购案在接触；但到岗三个月后我发现主要从事的是上市公司体系内的集团公司和子公司、分公司之间的日常法律事务，比如审查合同、上市公司合规等，和我入职时的约定相去甚远。试用期六个月，目前已经过半，薪水满意，我该留还是走？

*Lily*回复：

关于与约定工作内容不一致或约定的项目近期无法实现的情况，以我做一对一职业辅导的经验来看，其实在转换职业的过程中有相当大的比例。

我希望你学习接受项目落地具有偶然性这个观点，并非老板有意去欺瞒，有可能是商业情况发生了变化所导致的差距。回到你的工作去留层面，我的看法是：只要工作依然是在法务工作范围内、薪酬满意，这份工作是可以接受的。

譬如十几年前我在吉利汽车负责法务部工作的时候，每年手上常有20多个海外项目；但坦白说很多都是在调研或在当地做一些尽调，真正能从头做到尾的项目不多，吉利汽车并购沃尔沃汽车就是其中少量的从头做到尾的“幸存”下来的案例，也是我从一开始觉得做不成但依然愿意满怀热情地去为之付诸努力的一个项目。

当然，如果你手头有更好的面试机会，试着接触接触亦无妨，具体落到实处后，我们可以通过一对一职业辅导的形式再来详细地分析。

另外关于你提到的实际工作内容与约定不一致的情况，建议先接受再谋动。上市公司这个平台本身不错，你私信我的薪酬在民企也属高薪，且上市公司的工作经历会给你带来潜在的履历增值的机会，工作几个月就离开，对你未来求职影响不好的概率偏大。

你提到你的个人规划，有规划、目标清晰是一件十分难得的事，但需要带着一定的灵活性和弹性的思维看待规划。不同的工作内容包含着不同的磨砺，你过去在律所做的资本项目比较多，想延续这个特色我很理解；但反过来想一想，目前的工作机会刚好给了你一个从事过去不太擅长但法务界非常常见的工作内容的机会，也算补短板。

别太紧张，神经别绷太紧，放松心情看这个问题，你会发现目前的情况虽然不太符合自己的跳槽预期，但其实也是一份不错的工作。你说呢？

在外企做法务遇瓶颈，转民企做法务是否会好点儿?

Lily姐，我今年36岁，从律所出来转法务后一直在外企工作，公司在业内挺出名的，但因为公司在国内的业务规模问题，目前只有我一个法务，算是什么都得负责，而且将来恐怕在比较长的时间内都不太可能增加人手。

虽然我有海外留学背景，但我在外企工作时间越长，越能感觉到跨文化沟通不是我所擅长的，从语言到思维都感到很无力，特别是在工作中有冲突和压力下的沟通。我想有意识地避开跨文化沟通的短板，尝试从未去过的民企，特别是去有发展潜力、有长远发展目标的创业企业做法务，不知道我这个打算是否可行?

Lily回复:

你的问题中涉及两个层次，一个是“沟通”，另一个是“跨文化沟通”。

你说你不擅长跨文化沟通，但我觉得可能更核心的是，你缺乏足够的在压力和冲突下从事法务工作所需要的沟通技巧。跨文化用英语和不同国籍的同事沟通，只是增加了语言转换上的难度而已。

换工作是一个很慎重的决定，如果纯粹是为了规避跨文化沟通，我觉得这个理由不够充分。你到了创业民企，确实在很大程度上可能不用为怎么把自己想表达的意思精准地传达给外国同事而焦虑了；但你的核心沟通技巧——压力和冲突状态下开展工作的沟通技巧——如果没有得到解决的话，你依然会觉得自己很无力。

我经常说在一个职场中出现的问题，逃避是解决不了的，它会在另外一个职场中再次出现，直到你有能力解决它，它才不会成为卡住你咽喉、让你时时感到不舒服的那根“刺”。相对于换工作我更鼓励你去积极地提高沟通技巧，而不是从一个战场落荒而逃，却期待着在另一个战场上会不战而胜。

如果你想从外企去民企的另外一个理由是，你已经看到自己的职业天花板，希望自己提高管理能力带小团队，而外企目前看短期内没有可能给你提供一个管理小法务团队的机会，那么这是一个比较严肃的换工作的理由。

我也需要提醒你，民企法务和外企法务在做派上有很大的不同，要评估一下自己的适应能力和灵活度。

创业公司对法务创新性解决问题的能力要求极高。一般而言，当一个企业尚处于为生存而战的阶段，它的第一要务是生存下来，明天还继续“活着”。这就要求去民企做法务的你，有很高的灵活性和极强的创新能力。否则你面临的冲突和压力只会比在外企更多，而你的小心脏也将一次次地受到更严重的冲击。想清楚这些问题，再去考虑自己的想法是否适合自己吧。

另外，在任何一类公司做法务，都需要不断提高自己在冲突和压力状态下的沟通能力。人类在长期进化的过程中遇到这种问题往往有两种下意识反应，战斗或逃跑。你现在的反应类似逃跑，可能是你战斗过了，但发现自己的战斗技巧不佳，这是很正常的，需要不断地提高。但是，难道另外一个战场就没有战斗了吗？这是一个值得深思的问题。

如何在关系复杂、不太规范的律所工作环境中更好地生存?

Lily姐你好，我刚入职律所一年，目前天天都很闲。带我的合伙人从事的不是所里的核心业务，业务量也很有限，刚入职时没有任何人给我安排工作，我主动和高年级律师及合伙人沟通交流后得到了一些锻炼的机会，但一直处于边缘地带。

后来带我的合伙人因自身业务不饱和，就和另外一个合伙人的团队合并了，这个过程中我也慢慢地变成了边缘中的边缘，和带我的合伙人交流过，收效不大。一方面，这对我的自信心是挺大的打击；另一方面，我也担心长期过着闲闲的律师生活，业务长进不大，将来到市场上换工作跳槽的时候自己没有什么职业竞争力；更要命的是我的职业安全感严重缺失。

请问Lily姐，我可以从哪些方面做些工作去改变目前的状态?

*Lily*回复:

工作一年，目前应该是在律所挂证阶段，先耐心忍耐一下，取得律师执业证是你目前的首要任务。

边缘化大致可归纳为两种，一种是人际关系不和引起的边缘化；另外一种是所从事的业务非所内的核心业务，加上合伙人业务量不饱和，由此引起的边缘化。

如果是后者，业务量不饱和，我的建议是拿到律师执业证后找新机会换工作平台。一架飞机要从跑道上滑行飞上蓝天的爬坡阶段，它急需的是速度。你现在就是在事业轨道上刚刚起步，是准备听候塔台的指令准备起飞的飞机，闲闲的律师生活会让你无法积蓄起飞所需要的速度和力量，你要寻找一切机会去找有活干的律所和团队，快速地形成事业上的加速度。从这个角度而言，我鼓励你在事业发展之初从事忙一点的工作；而且忙碌会带给你回报，如果你能坚持3~5年。

你目前还是入门级律师，在业务的种类和工作量上都非常依赖合伙人，如果合伙人的工作量都不饱和，而且他从事的是你们所里的非核心业务，他又怎能保证你的工作量和成长机会呢？如果遇到这类情况，沟通和交流是解决不了问题的，他实在是没什么工作可给你安排啊。

如果是合伙人没业务可以让你做，那你大可不必担心是自己的水平问题或者其他方面的问题而导致被边缘化。如果其中也夹杂一些人际关系方面的原因，你可以在等待获得律师执业证的这段时间好好琢磨下，怎么去打开和改善人际关系。

律所的人际关系有台面上的也有台面下的。台面上，律师形成一个先来后到的阶梯状团队，有的已经形成小团体，刚入门的律师要多观察，想办法融入。有些台面下的原因，比如关系户介绍进来的律师，比如其他你所不知道的原因形成的天然更紧密的关系，这也是有可能的。但总体上只要你平时留意观察，总会发现哪一位律师对合伙人很有影响力，这就是所谓的台面下的权力运作机制，找到那位关键律师去做工作很重要。

理工科背景
是否只有知识产权律师这条路可选？

Lily姐，你好！我是理工科背景毕业，曾在NGO工作，后来机缘巧合通过了律师职业资格考试，然后进入了律师行业；因为在北京执业没有北京户口不行，所以就考了研究生。但考试结束后，成绩没达到理想学校的分数线，我最终接受了调剂，读法律的全日制研究生。

目前我研究生在读，看到很多理工科背景的同学去考专利代理师资格证，我在工作期间也见到很多知识产权律师都有理工科背景，我想咨询的问题是理工科背景的我是否只有知识产权律师这条路径可以选？

*Lily*回复：

应该这么说，对于知识产权律师中的专利律师而言，有理工科背景是长期深入执业的基础，但这对商标律师或者著作权律师不是必需的。

专利律师有专利代理师资格，在工作中更受委托人信任，而且他们的工作围绕着专利的申请、授权、驳回、异议、诉讼等整个过程展开，如果有这个资格，将来事业的可持续发展性更好。

而专利代理师资格考试报名要求必须具备理工科背景，这就是为什么很多理工科背景的律师会在定位自己的职业竞争优势、想差异化发展的时候，将这两者不自觉地联系在一起。

但并非由于你是理工科背景，你的出路就有且只有知识产权律师这一条。你从法学院毕业后，在从事知识产权律师工作这个方向上具备天然的学科背景优势，但关于你未来的职业方向，我建议重点考虑你个人的兴趣所在，有很多方向可以大胆地去尝试。

而一个人的执业兴趣所在，需要去实践和感受，并非现在在法学院读书期间认定的那个专业方向，就真正适合你。

譬如我是国际贸易背景半路出家考的法律硕士，在研究生期间我的论文方向是国际经济法，但我做公司法务后接触了大量的公司法类业务，并购、反垄断都有涉及，我乐在其中。这也是为什么我在40岁出头去纽约大学法学院读LL.M.时，选择了公司法方向LL.M.；因为经过十多年的法律实践后，我认定这是自己喜欢的方向。

学生时代简单地看自己的背景，试图在复合型背景中找出自己独特的职业竞争优势，是值得鼓励的；但现实的事业机遇却要求我们时刻保持一定的灵活性和适应性，最终找到自己的真正兴趣所在。对我是如此，对你也是。所以不必因为你是理工科背景的法律硕士，就把自己的未来和知识产权律师锁定在一起。

相反，我鼓励你在读书期间找个律所实习机会去尝试一下，看看自己究竟对什么类型的法律实务特别来劲儿，看看这种劲头能否持久下去；毕竟一个终身执业的方向，是需要你具备持久的事业激情才能坚持走下去的。把这个采取行动去尝试的过程，当作是试错；落到实际行动中，远比在头脑中臆想更可靠。

每个人的底色不同，性格不一样，我只能与你分享如何去思考、去实践，不能替代你做决定，最终还是需要你自己做出选择。

去不了顶级律所工作，
我还有机会成为一个好律师吗？

Lily姐你好，我毕业于一所三本院校法学院，但不想认命，一心想去顶级律所（至少是红圈所）工作，将来能成为一名出众的律师。

我通过了法律职业资格考试，但因为三本学历在本地找不到好的律所工作机会；我知道我唯一的出路是在考取研究生阶段能够咸鱼翻身考上一个好学校。我想考中国人民大学的法学研究生，但从第一次考研的结果来看，差距挺大的；我现在不工作，在准备第二次考研中。

但我好担心考不上人大法学院，我的底子有限，那么多人竞争；我看到你公众号的“职业发展问Lily”栏目，冒昧地给你写封信，如果我一直考不上，一直去不了顶级律所工作，我该怎么办？

*Lily*回复：

如果你的愿望是成为一名出众的律师，我觉得进红圈所、外所等你眼里的顶级律所，虽然会增加你成才的概率，但并不能保证你成为出众的律师，两者之间不可简单地画等号。

你眼里的中国顶级律所，是很多中国法律学子梦想中的就业圣地，在那里你能见世面、开眼界，这些顶级律所也提供了很好的培训，你有更大概率遇到专业水平高的合伙人，有不错的业务学习机会，所以你成为一位出众律师的概率相对你去普通律所会大一些。

但有句话你肯定知道，师傅领进门，修行在个人。你究竟能不能成为当事人眼里、同行眼里出众的律师，还是在于你自己的修行，进了这些律所并不是进了成功律师的保险箱。即便你在一个相对普通一点的律所里工作，如果能遇到一个愿意教你业务、带着你成长的老律师，只要你不放弃成才的希望，不自暴自弃，依然有机会成为一名某个领域出众的律师，这类前辈的例子并不少。

说到考研和成才，我不知道你是否了解过我的过去。我20世纪90年代初毕业于一所普通大专院校，工作8年后，2000—2002年期间参加了考研，直到第三次才考上四川大学；四川大学不是顶尖名校，但也是985、211学校。

我支持你去考研，这能让你将来有机会在大城市里拥有一个还像样的“饭碗”。但你既然都知道自己的水平和人大法学院的要求有差距，而且差距不小，那能否调整下期望值，先考上一个相对差距没那么大的大学法学院再说？一年一年地考下去的时间成本是巨大的，如果现在的能力和目标有差距，我建议先忍一忍，务实地接纳自己的不足，然后在以后的人生中一点点去超越如何？

说几句实在话，和你一样，我毕业后也没找到特别体面的工作。我去了当时不被人看好的吉利汽车，从一个小法务专员开始，一路从民企到跨国公司做总法律顾问；后来为了实现早年去美国读法学院的梦想，我在2017年去考了托福，当时我40岁，去北京一个中学考点时保安不让我进，说家长你就等在外面吧；其实我是考生啊！最后我四考托福，考出不输给比我小20岁的小同学的托福成绩，申请到我喜欢的学校。

我不一定出众，但在人群中有自己的事业和影响力。我想用自己的故事来鼓励你，心有大海和星辰的人，无论暂时流落在哪个犄角旮旯，终究是不会淹没在人海中的，处处都是他可以自我进化的修行场，他的梦想在指引她不停地前行。

有好的学历，进入你认定的顶级律所的机会的确会更大，但其实要成为一名出众的律师，并不是只有顶级律所才能成就你，而勤奋、机遇、好的师傅和毕业学校的背景在事业发展上是一样重要的。不必有过分的执念，放下心里的包袱，先拿出勇气来认真考试吧！

我的建议是踏实地选个学校先考上再说，这是第一步；再踏实地找个好师傅，跟着学做律师；最后，诚恳认真地对待客户和工作。我相信这个社会上总有你的一席之地！

祝你好运！等你考上了记得告诉我！

主管合伙人突然要我转去别的合伙人组里工作，我该接吗？

Lily姐你好，突然约你一对一咨询，是因为团队合伙人昨天通知要把我转到“××组”，主要原因是我们团队整体业务不好、成本太高。我们团队合伙人去年收入五百万元多一点点，而接收我的那位合伙人去年收入大几千万元，并且那位合伙人声望很高，她的团队在各种排名上属于tier one，从团队实力来说没问题。但是我心理上的感受很不舒服，有种被抛弃感。

我担忧的原因有两点。一是担心重新开始一个执业方向，这就比同一年进律所的其他律师在专业上浪费了一年半时间，我一毕业就来了所里。毕竟我自己也在这个组，虽然合伙人创收不高，但工作的方向是我比较喜欢的，我也能学到东西；现在还没真正打扎实专业基础，这样学了半吊子转过去有点可惜；另外我原来的组也还在，并不是内部撤销。二来我也担心去了新的组是否能顺利融入的问题。我不是那个合伙人招聘的，对方被动接手，过去之后新合伙人会不会给我机会？和新团队怎么融入？

请问下Lily姐，我该如何选择？

*Lily*回复：

你提到的因为被动转去其他组而产生被抛弃感，反过来想一想，把自己辛苦培养了一年多的律师拱手让给其他合伙人继续培养，只因自己的创收业绩不足以维持现在的团队，我想对任何一位合伙人来说，都是十分不心甘情愿的事，甚至可以说是一件带羞耻感的事。

有时候现实就是那么无奈。合伙人并没有抛弃你，她在做团队自救，她在现实的情境下为你安排了一个她认为对你比较有利的内部转组的安排。她安排你去了业务属于tier one的合伙人的组，我想可能这是在目前情境下她能为你争取的最好的位置了。至少从最坏的情况来看，你可以继续留在所里工作，而且你的新合伙人无论是业绩还是创收都会让你有安全感。

这就好像一户穷人家里有四五个孩子，虽穷倒也一家子其乐融融。但有天实在养不起这么多的孩子了，一起饿死也不是个办法，只能接受把自己的孩子送到其他大户人家家里给人家当养子的结局。孩子从情感上怪父母狠心，但孩子不知道父母已经尽力了，让他们饿死才是最大的狠心。

事情既然已经到这个地步，实在是时运不济所致。人要学会向前看，不要沉浸在委屈的心态中，让它影响到你未来的发展。

如果我是你，与其沉浸于自己的被抛弃感，不如从合伙人的视角来考虑并理解一下真实的全局。向原来的合伙人表示感谢和理解，向新的合伙人及时地表示感恩接受，也愿意在新的律师团队里从头开始学习新业务。

你提到一入所就学习了一年多的业务，如今还没有形成一个很有价值的经验就要放手，着实可惜；确实这样浅尝即止的初步接触，从专业特长来说确实没有形成一个拿得出手的执业方向，但你从中学习到的作为一个初级律师做事情的思维方式和方法，并不会凭空消失，它会在未来的职业生涯中和你如影相随。

同样，即便你已经是某个方向的大合伙人，当有一天你熟悉的业务领域因为世事变迁而面临萎缩时，无论你过去的经验是多solid，你依然要果断地放下固有的经验去开拓新的领域。从这个角度来讲，执着于某种经验，恐怕不如执着于自己在专业上的学习能力和适应能力更可靠些。

关于和新合伙人的关系，无论你们之间的连接是直接招聘的，还是间接形成的，这是全新的关系，切不可自己事先设定了一个剧本去接近她，这反倒滋生了先入为主的偏见，我建议你放开心胸去建立新关系、融入新团队为好。

至于你的新合伙人是否会认真带你，我想所有律所的合伙人都喜欢踏踏实实做事情的律师，半路出家并不怕，怕的是眼高手低。你也提到新合伙人在各种榜单上排名都是第一梯队的，我相信这类合伙人十有八九领导力差不离，否则也不可能养一个大团队并保持人员相对稳定；所以端正自己的态度，拿出初学者的心态认真做事就好。

如何将薪水从30万元迅速提升到50万元？

Lily姐，你好！我毕业于非主流院校法学本科，后申请到美国排名30左右的法学院念了一年LL.M.。硕士毕业后我先到一家律所工作，两年后转为创业法务，现在毕业有四年了。

我的第一个问题是老板言语之间经常把我当小孩子，其实我也快30岁了。可能因为我给人的感觉小，老板不是特别信任我，他更信任外聘律师（也是他的关系户），有时候言语之间有点轻视我的意思，这点我很困扰。

第二个问题是我目前薪酬30万元出头，该怎么改善才能迅速将年薪从30万元提升到50万元？

*Lily*回复：

> 年龄小，不是被轻视的原因，没能提供企业所期待的价值，才是被轻视的原因。我觉得你将年龄小等同于被轻视的原因，这个归因逻辑不牢靠，一攻就破。
>
> 我从小学到大学毕业一直是班里年龄最小的学生，18岁大学毕业就参加工作了，而绝大多数人在那个年龄刚刚进入大学；职场上一路经历和感受过来，我认为自己有发言权。
>
> 具体到要获得老板和同事（内部客户）的尊重而不被轻视，需要做

到以下几个方面：一是在专业领域有所长、有所深入；二是在思维逻辑上心智成熟；三是在内部沟通协调过程中情绪稳定；四是在着装打扮上不稚气。

因此，你需要回顾一下是否在工作中展示了一名律师应该有的专业精神，是否能提供企业所期待的价值，并在需要法务做的大量的内部沟通协调过程中具备成熟心智的特质，由此你在内部树立起了律师的专业权威，巩固了自己的职场地位。

关于老板更信任外聘律师，说明在过往合作过程中，贵公司的外聘律师给老板留下了可信的印象；反过来讲，你作为一个内部律师没有获得和外聘律师同等的待遇，可能是你在专业能力、思维逻辑、沟通协调和外形气质上，都和“可信”这两个字还有一点儿差距。

再进一步讲，如果你的老板并不是很信任你，你也没有满足公司所期待的作为一名内部律师应该提供的价值，那么不去关注自身能力的提升和进化，而关注如何将年薪从30万元提升到50万元，这种期望是很难实现的。

首先，你可以在最容易下手的职业着装上做出改变。以西装、衬衫、公务包的形象示人，平时言而有信，给人留下职业化的形象。这是在律师专业范的“型”上做出的改善，先把架子搭起来。

其次，在“神”上的改善就没有那么容易了，需要长年的积累和历练，不可能一蹴而就。就专业能力而言，如果你未在专业上形成自己的积累，就无从谈起专业体系，很难在某个专业领域上给内部客户以权威感。建议以后在专业领域上多花点儿时间和心思深入探索，不断提高专业素养。

最后，沟通协调过程中，情绪稳定、不孩子气太重要了。我在咨询过程中见过不少心智尚未完全成熟的律师，在内部互动中将一件原本普通的事情，因过度反应而升级成一件大事，过度曝光和暴露自己缺点的例子。这方面如果有困扰，多数有一些心理原因，建议可以和心理医生做一些沟通。

总之，你提到的如何快速将年薪从30万元提升到50万元，我觉得在能力和薪酬不太匹配的时候，与其关注一个简单、直接的数字，不如回顾原因，致力于自己能力的提升和改善。

只有在专业上得到了承认，在公司里树立了权威，在老板处取得了信任，和合作伙伴能够高效快速地合作，谈升职加薪才有希望；千万不要出现年资不断增长，职位薪酬却总是原地踏步的情形。

法务工作十余年却没有带过队，会遭遇职场危机吗？

Lily姐，你好！我是一名法务老兵，工作时间十年多了，我本身还是挺喜欢法务工作的。

我最近两年比较焦虑。原因是我的几位朋友在工作八年到十年后都时来运转，有的当上法务总监，有的去了互联网创业公司，年薪200万元+；可是看看我自己呢，薪水比上不足比下有余，最重要的是我虽然级别还可以，但是从来没有带团队的经历，做的是专家岗位。

听人说，如果40岁职场人不能升职到高级管理岗，将来裁员什么的就很危险了。我年龄也35岁左右了，请问Lily姐，我该不该在有机会的时候转管理岗？这样能否避免和中年职业危机正面相撞？

Lily回复：

能帮助你跨过中年职业危机这道坎的是你在这个岗位上创造的价值是公司所需要并期待的；如果不能创造出这样的价值，无论你是法务总监岗，还是法务专家岗，都有可能被职场无情地淘汰。

十年前我在上海工作的时候，有一个真实的故事。一个非常知名的公司的总法律顾问，在同一个公司的岗位上干了六年，因为公司福利好年年涨薪，但工作内容却是重复的并没有多大改变，最后CEO说，“我们真的特别喜欢你，但我们请不起你了”。你看，无关乎公司利润率高低、年营收额的高低，对于某个固定的岗位，如果工作内容不变，但是薪酬却每年保持一定比例的增长，公司就会考虑总法律顾问的性价比问题。总法律顾问尚且如此，更何况普通员工。

对于大部分在公司做in-house的法务而言，做到高级管理岗位并不是能有效避免中年危机的保险箱，你觉得升职到了高级管理岗位，譬如法务副总裁、总法律顾问，就安全了，这想法站不住脚。

相反，随着职位提升、曝光率的不断增加，公司对你的贡献价值期待也在不断增加。需要经常问自己的是：我在这个工作岗位上做出了什么新的贡献？这些贡献是否符合公司的期待？如果有偏差，如何去改善和提升？

同时，你在职业发展道路上该走专家路线还是管理路线，则是另外一个问题，和你提到的中年职业危机问题不要混为一谈。

走什么职业发展道路，取决于你的人格特征的底色。如果你更擅长与人打交道，喜欢去影响人、领导人，那不妨向法务管理岗位进军；如果你享受解决具体法律问题的快感，这能带给你持久的事业热情，那就不妨安心从事专家岗位。

我认为只要自己喜欢，并且愿意去不断钻研，在这两类岗位上都会有很不错的发展，与其为了别人说的某句不着调的话，专门去管理岗位打个卡、刷个脸，不如专注于自己擅长的领域。

后记

将初心进行到底

01 初心

不知不觉中，“总法律顾问手记”专栏文章写了六个年头，我不敢想象自己竟然写了这么久。

如果开始的时候我知道会写这么长久，可能当时就没有然后了。因为写法务管理类的文章，少不了思辨和逻辑推演，相当烧脑；嫌累是人的本能，我也不例外。

其实，我本想等实现财务自由之后再写分享文章，但读商学院的经历改变了我的想法。因为我发现，财务自由没有上限，在商学院有的同学年纪轻轻创业而身家过亿，而有的同学年过五十依然在创业的路上。做分享，我觉得在自己能承受的范围内量力而行就好。

2015年，我处于事业达到一定高度后的盘旋调整期；同时可能我星盘中最得力的水星（代表沟通、交流和写作）进入了一个新的相位，我有了对自己的人生进行总结复盘、表达出来的想法。

写文章，传播我认为有价值的法务管理理念，分享职业生涯中的得失，为中国法务业整体的职业素养提高出点儿力，是我在这个阶段力所能及的事情。

“复盘”是典型的商学院用语。我受当时创立不久的湖畔大学（现为湖畔创研中心）致力于传授企业家一生中失败教训的理念启发，萌生了把自己人生中逆袭经历、走弯路不断调整的经验和教训进行分享从而避免他人走错路的想法。

而当时我正在法国雷诺汽车中国区任总法律顾问，“总法律顾问手记”这个题目自然而然地在我脑海中闪过，用这个标题写一些经验、心得和我犯过的错正合适，一来点名身份，二来不死板。我给专栏的定位是写干货、广交朋友、免费传播。

于是在2015年的6月2日，我的第一篇总法律顾问手记悄然问世了。

02 招安和打压

第一篇手记谈的是从事法律工作的初心，传播方式主要是同学、同事、朋友转发朋友圈，口碑传播为主；没想到一炮走红。

文章发布的第二天，我就收到某大号来信，要求我授权所有总法律顾问手记的连载权，但是没有提任何版权和稿费安排。朋友们觉得这已经是个很不错的开始了，毕竟借力别人更容易传播文章。

但是，我从一开始就没有“寄生”于大号发展的想法。一来我做到总法律顾问这个层次了，虽然我的经验是被验证过的有价值的干货，和大号合作也能给大号带来粉丝，但我自己终归受制于人，不够痛快；二来我自己开拓虽然辛苦些，且前途未卜，但在那一方文字世界里可以自己做主。更何况，大号对刚起步的作者尊重程度实在有限，将作者的署名权都霸道地侵占了，着实令我瞠目结舌。

中间也有过一些犹豫，但和法务组织接触后我坚定了自己发展、适度和同行合作的思路。其间，有个插曲。一个民间组织很热情，提出一起做合伙人共同发展的建议，但条件是把我的文章放到它的公众号下，而我的公众号上不再发文。

这个提议让我想起做吉利并购沃尔沃案时，福特购买了沃尔沃汽车品牌后，把沃尔沃品牌闲置起来不让其发展，使其品牌逐渐失去生命力，最后挂牌出售换现金的真实故事。

事实上，在彼此缺乏信任和没有开展实质性合作之前，提出这些条件实属为时过早；虽然我的个人公众号和系列文章不能和沃尔沃汽车品牌相比，但招安意思类似。

当然，如果我选择独立发展，把一个名不见经传的公众号做出名声，我就选择了一条辛苦程度类似于创业的路，从选题到编辑定版面，需要面对非常多的琐事。

两相权衡，我还是坚持了独立发展。

我写文章时感到快乐，这很重要，我不想让本该享受其中的自己，却因为受制于人而感到痛苦；而且，只有通过自己的公众号，我才能直接、畅快地和读者沟通；再者，我对合作伙伴有平等尊重的诉求，自己开拓要好过和不合适的人合作。

另外，我在公司做总法律顾问这么多年，一直依附于公司而获得个人的发展，这一次，我倒想试试离开公司的平台，在这茫茫人海中，能否开辟属于自己的一方天地。

对我招安不成，但文章内容又不错，法律自媒体就开始了没节操地对我原创作品洗稿的操作，这个过程中我看到了各种乱象。我写一篇就被一帮自媒体一哄而上洗稿一篇，这种情形大概持续了一年。中间我请知识产权律师特意对比过，连错误都错得一模一样！学法的人都不知道尊重知识产权，让人情何以堪！

最讽刺的是，我的“律政职场先锋”公众号的原创功能，还是因为某号见我粉丝数量不够没有原创保护，反复洗稿被我投诉后微信给开通的。

等到第一本著作《总法律顾问手记——律政职场胜经》出版后，有法律界朋友向我请教怎么出版一本属于自己的书；正因为经历过这些不愉快的事，我还是想提醒有志于写书的业内朋友，如果文章质量好，选择自己列提纲闷头写，多几份属于自己的乐趣，否则烦心事一堆。

写书是一件需要投入时间和用心打磨的事，既然决定写就要写精品，不要着急赶时间出版，书店里并不缺书，缺的是有精神内涵的精品，坚持初心很重要。还有就是尽量独立出书，避免和不了解的作者合并成册出版。

写经得起时间考验的作品，是我的追求。毕竟，最后我们都会老去化作尘土，但有两样东西是可以传代的：下一代子孙和书本知识。而且在我看来，有深度的知识比起人类遗传基因，可能流传得还长久一些。

好作品的培育需要长时间经验沉淀和不断打磨，我作为作者在这个过程中也在不断地进步和成熟，最大的收获便是形成了自己的一整套系统的法务管理体系。

03 原创领跑的代价

有一次我在巴黎出差，和多年不见的当地朋友吃饭聊天，正聊着收到一条短信，可能是当时我的表情变得很凝重吧，朋友问我发生了什么事。我说读了别人转给我的某自媒体洗稿文章，生气；朋友听我说明来龙去脉后，问我打算怎么处理。

创作产生价值，复制和粘贴不创造价值。

如果我从来没有另外一个身份——创作者，那我只需要处理好公司的事情就好，但因为我的公众号和我写的文章，我和这个世界多了这些我并不希望有的连接。

既然他们是我文章“忠实的”洗稿追随者，那说明我是这方面的领跑者，从市场价值的角度看，我应该感到欣慰；而且与其天天为此事生气，不如提炼自己的观点角度，加快出版进度，把他们甩得远远的。

作为刚开始写的作者，作品保护很重要；但更重要的是不断地持续输出，突出个人的IP，甩开别人一大截，令其知难而退。

一个人在成长过程中会遇到不公平，很多委屈无处倾诉，我从一个小法务到总法律顾问的过程中，也不是一帆风顺的，早已深刻体会到了这一点。同样，新创立的公众号在发展过程中，也会遇到各种类似人的成长期的情况；唯有树立特色，加速发展拉开距离后，才能逐渐摆脱那些以洗稿为生的“追随者”。

而更难的是，写作并不是我一时兴起，而是我对读者一份长久的承诺；写不下去的时候很多，是这份坚守承诺的初心让我坚持了下来。

平时我边工作边捕捉灵感，确定本周主题，周末则是创作时间；运气好的时候，灵感和思路喷涌而出，而更多的时候，则是写到一半写不下去断片儿的痛苦。在自己的蜗居里写得有点困难的时候，我就去咖啡馆继续写。

我以前一直不明白为什么国外的作家喜欢去咖啡馆写作，不怕周围的人打搅吗？后来我明白了，可能对于小说作者而言，咖啡馆是观察生活的很好的角落；对于我来说，咖啡馆提供了很优质的白噪音，有利于创作。

我曾经居住的公寓楼下有家阅咖啡，咖啡很一般，但小资，几乎每个周末都客人爆满。我刚开始只是写不下去的时候去那里写，到后来在那里约见一对一辅导，在包厢做律政职场私董会的线下活动，我的不少周末时间都在那里度过。

正因为我是阅咖啡的常客，以至于有一年生日，有位被我辅导过的女学员不知道通过什么方式获得了我的生日信息，将生日花束送到了阅咖啡，托店员转交。那天在众目睽睽之下接过花束，我着实感到一份惊喜。

我从前写散文和小说，但凡写得优美流畅的，基本都是一气呵成；但这种浑然天成，写专业内容的文章是很难达到的。

我的体会是经过反复推敲之后，更容易得一佳作，我的不少“爆款”文章都是经过多次修改写成的，过程并不顺利；但我发现在修改的过程中，自己的思维也在不断深化，观点得到不断打磨，文章的价值也并未减损，反而更有特色。

写得轻松的时候我反而比较紧张，怕内容会不会不够有深度；写得艰难的时候，我则相对放松，那反而是我挑战思维不断精进的征兆。

04 命中注定

写作渐渐地步入正轨，我在读者的建议下尝试做线下的活动“律政职场私董会”，使得读者和我有机会更深入地交流法务管理和职业发展相关话题。

文章是我的单向输出，但活动是互动双向的能量流动，帮助我和读者彼此建立更深的连接；一对一的职业辅导也逐渐开展起来，从此我再也没有休息日一说了。

有天早上，我无意中发现额头上添了几根白色的刘海，着实有一种莫名的幽怨。写文章真的是很耗费心力的事情，写到夜深人静是常有的事，有时候甚至梦里也放不下这件事。但人毕竟不是机器，过度消耗自己的代价就是过早衰老。

第一本书出版后，有些同行问我怎么写专业书；平时也有不少读者在现场活动问我：怎么做到生活和工作的平衡。

生活和工作平衡在瞬间可以动态地达到，但其实长期的完美状态是不存在的，越早清醒越好。

每一个人每天都是24小时，上天对每一个人都是公平的。如果你什么都没做，你得到了休息和健康的身体；如果你的时间绝大多数属于孩子和家庭，你收获了家庭温馨；如果你把时间花到了事业上，你有很大概率收获事业。我之所以能利用平时的时间写两本书，那只不过是我把绝大部分时间花到了一般人不愿意花的地方。

写作也好，做事业也罢，没有捷径。首先要找对自己适合的方向，然后老老实实地投入足够的时间和精力，日复一日、年复一年地打磨耕耘就好。

但很多人连时间都不愿意花，或者象征性地蜻蜓点水般掠过，并未深耕下去，哪来的收获？

记得有外所合伙人问我：出书是不是事先规划过的？

当然没有！写书是个创造性活动，能写，那是老天爷赏饭吃的天分！计划有用的话，估计我们身边会冒出许多作家。

我虽然从小展露了写作天分，但只是在散文和诗歌领域，我没想过写专业类的书，读法律对我而言都是个意外选择。再者，就算是自己做法律工作技术过关，但这和深入浅出地把其中的道理和窍门写出来，是两回事。

长期以写作为生的人会比较同意我的观点，能否写出好的文章和是否有兴趣一直写下去，冥冥之中自有安排。

有几年你想写几行字都很困难，而有那么几年你灵感不断，特别有想表达的欲望。用占星师的话说，能否有出版和著作方面的机遇，这取决于主管我这方面才能的水星的相位如何，行进到哪一宫。

当老天爷认为时机到了，神奇地打开我的某个闸门之时，我就趁着这个时机把想表达的表达出来。

说命中注定，是不是会太玄？

05 柔软和慈悲

写文章，逐渐为人所知，连带着把我和作品一起推到了前台，这有好也有坏。

好处是我有了一定的影响力，可以用自己的法务管理思路、对职场问题的处理技巧，甚至是对社会现象的一些观点，去影响读者。

不好之处是，我不得不把自己置于某个中心，曝光度增加，这对我是一个不小的心理考验。

我是个性典型的太阳摩羯、上升白羊。摩羯的保守、城府、严谨和企图心，遇到了白羊的单纯、开拓精神、行动力。

所以我在工作中风风火火，想做一件事决不等过夜；但我在大事上能看得相当长远，想得很透彻，是有谋略的，也特别有向上攀登的韧性。

这些特质在事业中对我很有帮助，但在写作、做法律社团、影响他人方面是否能同样奏效，当初我也是一脸问号。

我的辅导对象受众范围很开阔，小白律师、法务常见，资深博士、博士后毕业的法律人士也常见。读者身份不同，但对我来说辅导一个小白和辅导一个资深法务副总裁所花费的时间和投入是一样的。

通过文字作品我们之间建立了初步的信任，见面辅导或在知识星球提问，是信任在现实世界或者网络世界中的延伸。

平时，我一般不会花费过多时间在人际交往上，而是更喜欢处理事情本身；工作性质也要求我处理问题时需要一个客观公正的立场，因此和同事之间也或多或少保持一段距离。如果没有文章这个纽带，我和很多人即使在社交场合遇见了，交谈也可能不会超过三句。

但开了线下活动，开了知识星球的线上律政职场私董会后，来者都是客，无论你是什么身份，法总或者律政“菜鸟”，也无论你的问题多初级或者多复杂，只要你问，我都认真作答。我根据对方提出的问题来筛选是否适合辅导，是可以两分钟线上解答，还是需要一个小时见面沟通，而不是根据对方的身份。

写文章、做活动、做一对一辅导，以及开放律政职场私董会平台，还要求注意到别人的感受，需要更多的同理心。这些事情潜移默化地改变了我。

我多了份耐心，有时候也被批评作为一个“大咖”太没架子。因为我自己不喜欢别人摆谱，我对别人也尽量平等尊重，只要我能感受到你的诚心。

而我自己则认为，我在这段发展生涯中最大的收获是——慈悲心。

最近大家和我互动最频繁的是在知识星球的律政职场私董会平台上，我每天针对提问的语音回答，大部分是我录了几遍才放上来的。

我在意对方的情绪和感受，因此尽量用一种更容易产生共鸣、令对方接受和给予对方鼓励的方式给提问者一个答案；或者，即使没有现成的答案，我至少可以提供一份思路上的启发和情绪上的支持与理解。

如果不注意对方的特定心理症结去有针对性地沟通和疏导、提供方案，被辅导者就不能发自内心地认同我，那么我提出的关于法律职业问题的解决方案，就仅仅只是“我”的方案，而不是“我们”的方案。

06 砥砺前行

再回首，我庆幸自己开始了这一写作的“壮举”，但这不是我的第一次写作尝试。

1999—2001年，我曾在四川某市电信门户网站“文艺沙龙”版块任BBS版主。我接任的时候帖子不足100条，当我为了考研而离开的时候，那上面已经有10000多条高质量文学帖子了。

印象最深的是，有位城管队员为呼应我写的诗歌，在两年内完成了100多首诗歌创作。他的天分和才华在我之上，许多诗歌陆续发表在《星星》诗刊，他也成为当地作协的成员。我第一次知道，原来通过文字，一个人对其他人可以有那么深刻的影响，即使是从来没见过面的网友。

这次当我抱着忐忑不安的心情，开始写“总法律顾问手记”的时候，当我打算把我那些坎坷成长路上的感悟得失、做总法律顾问多年的一些体会分享给他人，避免他人走弯路时，我不知道世界将如何回应我的这一举动。

很幸运！通过文章，我结交了业内同行，扩大了社交圈，收获了众多粉丝，出版了作品，在写作过程中完成了我的留学梦。

在这个过程中我感受到了生命的活力和张力，也触摸到了自己的局限和边界。最终，我改变和影响了身边的人，身边的人也影响和改变了我。

感谢读者包容我作品中的不完美；感谢改错字志愿者团队五年来在后台默默付出；感谢编辑忍受我对出版物的挑剔要求；感谢同行的转发支持；更感谢那些为我作品做背书推荐的新老朋友。

甚至要感谢洗稿剽窃者的“不懈努力”，让我的观点变味儿地广为传播，也算是为推动中国法务行业变革做出点微薄的贡献。

至此，“总法律顾问手记”系列完成了它的阶段性使命。我的分享还会继续，但是时候以另一种互动性更强的方式开启另一个专栏了。

其实，叫什么专栏并不重要，重要的是，它们是我写的原创文章，是将初心进行到底的文字作品。